2016年度国家社科基金重大项目"中国对外援助与开发合作体系创新研究"（16ZDA037）

国际发展合作研究丛书

服务经济时代的西方发展援助

——产业结构变化与英国废除捆绑援助政策

（1992—2002年）

王 钏◎著

Western Development Aid in the Era of Service Economy:

UK's Changing Industrial Structure and Its Untying Aid Policy
(1992—2002)

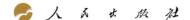

人民出版社

策划编辑:郑海燕
封面设计:王欢欢
责任校对:白 玥

图书在版编目(CIP)数据

服务经济时代的西方发展援助:产业结构变化与英国废除捆绑援助政策:
 1992—2002 年/王 钊 著. —北京:人民出版社,2019.10
(国际发展合作研究丛书/黄梅波主编)
ISBN 978－7－01－021232－6

Ⅰ.①服… Ⅱ.①王… Ⅲ.①对外援助-研究-英国-1992—2002
 Ⅳ.①D856.12

中国版本图书馆 CIP 数据核字(2019)第 200151 号

服务经济时代的西方发展援助
FUWU JINGJI SHIDAI DE XIFANG FAZHAN YUANZHU
——产业结构变化与英国废除捆绑援助政策(1992—2002 年)

王 钊 著

人民出版社 出版发行
(100706 北京市东城区隆福寺街 99 号)

北京中科印刷有限公司印刷 新华书店经销

2019 年 10 月第 1 版 2019 年 10 月北京第 1 次印刷
开本:710 毫米×1000 毫米 1/16 印张:17.75
字数:255 千字

ISBN 978－7－01－021232－6 定价:73.00 元

邮购地址 100706 北京市东城区隆福寺街 99 号
人民东方图书销售中心 电话 (010)65250042 65289539

丛 书 序

"发展"作为全球性的信仰,极大地改变了人类历史进程与整个世界的面貌。自第二次世界大战后国际发展时代开启以来,经济合作与发展组织成员国开展了大量的国际发展实践,其理论政策的研究也渐趋成熟。2015年9月,联合国发展峰会正式通过了《2030年可持续发展议程》,开启了人类国际发展历史的新纪元。改革开放40多年来,中国通过艰辛的探索实现了经济的快速发展,同时也衍生出有别于发达国家的国际发展合作理念与实践。中国国际发展合作具有鲜明的南南合作特色,一方面坚持平等互利、不干涉他国内政等基本原则,另一方面在实践中更偏重基础设施与经济领域,更重视援助与贸易投资的结合,更关注援助对受援国的经济增长和减贫的影响。2013年习近平主席提出的"一带一路"倡议是新时期中国版的国际发展合作倡议,随着"一带一路"建设的推进,中国国际发展合作的理念和经验的价值进一步凸显。2015年9月习近平主席在联合国发展峰会上宣布了中国一系列的国际发展合作举措,向世界宣示中国将会在全球发展领域发挥更大的作用。2018年4月中国国家国际发展合作署成立,以推动中国的国际发展合作更有效地服务中国大国外交战略、"一带一路"倡议及联合国可持续发展目标。在此国际国内背景下,中国的国际发展合作研究进入重大战略机遇期,特别需要相关智库和学者深入研究国际发展的理论与政策,推动国际发展知识的交流与互鉴,培养中国本土的优秀国际发展人才,增强中国全球发展治理话语权;同时,需要认真总结中国发展合作经验,弘扬中华民族智慧,推动南南发展合作,对接联合国可持续发展议程,为全人类共同发展作出重大贡献。

2018 年 5 月，上海对外经贸大学校领导适时把握机遇，在上海市人文社科重点研究基地国际经贸研究所基础上组建了国际发展合作研究院，使上海对外经贸大学成为中国国际发展研究的又一重镇，国际发展合作研究也成为上海对外经贸大学智库建设、学术研究、人才培养的新的增长点。研究院成立以来，首先进行国际发展合作研究团队建设。通过招聘专职研究人员及充分发挥国际经贸研究所原有研究力量，组成了国际发展、国际贸易、国际投资及国际经济法等研究团队，努力构建既掌握国际发展理论与趋势又谙熟中国国际发展合作政策与经验的国际发展研究人才队伍。其次致力于国际发展合作理论与政策研究，在国际发展合作领域推出一系列具有国际视野和水准、融汇国际发展理论与中国国际发展合作理念和实践的高质量研究成果。最后定期举办国际国内高端国际发展合作及相关主题的研讨会，力求建设中国一流的国际发展合作交流网络。研究院每年举办的中国世界经济学会国际发展论坛、中非产能合作论坛已成为中国国际发展学界以及中非经贸合作领域的重要论坛和会议品牌。除此之外，研究院还根据年度研究重点，组织小型专题研讨会，对国际发展合作领域专题进行针对性的深入探讨。经过一年的建设，2019 年 4 月在第二届"一带一路"国际合作高峰论坛上，研究院已经入选"一带一路"国际智库合作委员会成员单位，也是国内智库中唯一专门从事国际发展合作理论与政策研究的研究机构。

我们认为，国际发展作为极具魅力的理论与实践领域，不仅有实际的价值，更有终极的意义。从小处看，具体的发展援助项目可以改善落后地区部分人群的生存状况；从大处看，有效的国际发展理论与政策能够切实提高发展中国家和地区人民的发展水平。回顾历史，把握国际发展演进的脉络有利于我们深刻了解人类社会变迁的规律；翘首远望，国际发展哲学及理论的研究促使我们深入思考人类的前途与命运。人生的价值，只有融入一项伟大的事业，才能更好地实现。国际发展合作就是一项伟大的事业，而专注国际发展合作理论与政策研究正是我们推进这项事业向前发展的方式。

中国国际发展合作研究丛书是以上海对外经贸大学国际发展合作研

究院为主体整合国内相关研究力量在国际发展合作研究领域推出的系列研究成果,该系列成果的推出,一方面汇集了上海对外经贸大学国际发展合作研究的阶段性成果,另一方面也希望由此推动中国国际发展学科的建设以及中国国际发展合作理论与政策研究的进一步深入,为中国的国际发展合作事业的发展作出贡献。

特别希望国内国际发展及相关领域的专家学者、政府相关部门及国际发展合作实践者能对我们的成果提出宝贵意见。希望我们共同努力,推进中国国际发展相关理论与政策的研究工作、同时也通过我们的研究服务国家战略、推动国际发展合作、创新智库服务。

黄梅波

于上海

目　录

前　言

经济合作与发展组织发展援助委员会（OECD DAC）的 30 个成员国被认为是西方传统援助力量的代表，它们仅在 2018 年就向外提供了超过 1430 亿美元的官方发展援助。这些钱都用到了哪里？为什么众多发展中国家的基础设施建设资金缺口仍然巨大？历史上，世界银行曾被称为"大坝银行"，日元贷款在中国支持了宝山钢铁、大秦铁路的建设，德国曾以混合信贷援助拿到了北京地铁建设项目。但现在这些西方国家和国际组织为什么不那么重视基础设施援助了呢？为什么中国与西方在对外援助政策特点和管理实施中有很多差异？本书试图从援助国国内产业结构变化和捆绑援助政策存废等角度出发，回答这些西方国家和中国对外援助研究领域的关键问题。

本书试图挖掘援助国国内产业结构与对外援助政策间的关联性。官方发展援助在第二次世界大战后逐步成为西方最为主流的对外援助类型，这使得援助与发展议题交织在了一起，一国的对外援助政策会受国内发展理念、发展资源和发展压力的影响。具体来讲，西方发展理论在第二次世界大战后的演变——从单纯关注增长，到加强对农村、教育、医疗、性别等社会议题的重视，再到相信宏观经济稳定与自由民主制度是发展的前提，后又走向减贫与新制度主义、可持续理念的融合——深刻影响了西方国家的对外援助行为，使其援助资源越来越倾注于公共服务和专业咨询等第三产业部门，在无形中完成了西方发展援助的全面服务化。十分有趣的是，第二次世界大战后西方国家国内主导产业的变化，也是经历了从重工业与基础设施建设，到消费者和政府需求导向的劳动密集型服务业，再到高度专业化的生产性服务业的转变。这就使得西方援助的全面服务化可能是其国内发展模式的外溢,也可能是其对国内优势发展资源的积极利用,当然也可能是国内主导产业集团为谋求更大的海外市场而向政府施加压力的产物。

本书以英国在2002年领先其他西方大国单边宣布废除捆绑援助政策为例详细阐述援助国国内产业结构变化对其援外行为的影响,揭示服务经济时代西方对外援助政策演变的国内政治经济基础。捆绑援助是指援助国要求受援国使用其援助资金购买指定范围的产品和服务,从而使对外援助成为援助国政府补贴本国企业、促进出口的一种工具,是体现一国援外经济动机的最直观指标。一国降低捆绑援助率或废除捆绑援助政策往往被认为是基于道德驱动和国际规范内化的结果。本书在英国议会档案等一手材料的基础上提出,英国废除捆绑援助的决策建立在国内产业结构变化的理性基础之上,是服务贸易的全面繁荣构筑了英国在对外援助去捆绑规范领域的独特优势:服务出口的产品性质使其相对于制造业资本品出口,对政府补贴的需求低;英国服务出口的全球竞争力使其成为对外援助去捆绑规范加速扩散的最大受益方;服务业主导国民经济触发了英国贸工部机构利益的质变——从过去的争夺援助预算补贴制造业出口,到后来的支持废除捆绑援助以撬动全球服务贸易自由化。

总而言之,西方在援助形式上强调方案援助的优越性、在援助资源投放上青睐软性社会部门、在援助实施上依赖生产性服务行业;而中国在援助形式上偏重项目援助,在援助资源分配上倾向基础设施建设与生产性部门、在援助实施上更多是建筑工程类第二产业企业。国内产业结构与对外援助政策的关联性可以解释这种差异:作为新"世界工厂"的中国与以英国为代表的第三产业化的西方在国内发展理念、发展资源和发展压力等方面的区别导致了对外援助政策的不同。但这种差异性同时构筑了中国与西方基于各自国内发展资源优势进行合作的天然基础,中国与西方在援助领域的良性合作将有利于广大受援国经济社会部门的均衡发展、国际发展事业的稳步推进、可持续发展目标等全球愿景得到更好实现。

导　　论

研究对外援助,首先应厘清该领域的基本概念和研究现状。本章将首先在援助和发展两个元概念的基础上界定官方发展援助等核心概念,并阐明西方发展理论在第二次世界大战后的不断变化对援助行为和援助主导产业的深刻影响。然后将回顾现有官方发展援助国际体系的历史由来,并梳理其机制现状。可以看到西方对外援助的制度框架,国内普遍是由一部法律和一个机构维持运行,国际上则由经济合作与发展组织(Organization for Economic Cooperation and Development, OECD)协调双边事务,由世界银行集团管理多边援助事务,联合国系统、国际货币基金组织(International Monetary Fund, IMF)和世界贸易组织(World Trade Organization, WTO)等则在特定议题上起到补充或辅助的作用。同时,从援助国和受援国两个角度梳理对外援助研究的基本现状和前沿议题,涉及援助有效性、援助资源的国别和产业分配等问题。最后将聚焦于本书的核心议题——捆绑援助,阐明其概念、厘清其与条件援助、出口信贷等的差异与联系,界定其在对外援助研究中的位置,并对20世纪70年代以来该领域的兴起与演变进行梳理。通过本章,读者可了解到捆绑援助是理解一国对外援助决策动机的核心议题;并可以从援助国对外援助资源的产业分配子领域着手,对援助去捆绑规范进行理性解构,具有较强的学术创新性和现实政策意义。

第一节　概念与理论:援助与发展

本节由三部分构成:一是界定援助、对外援助、发展援助、官方发展援助等基本概念;二是解释发展和发展学的基本内涵和学科属性;三是梳理第二次世界大战后西方发展理论的演变,并分析其对西方国家援助行为,尤其是对外援助国国内产业基础的影响。

一、什么是援助

援助(Aid)是人类历史上长期存在的、不同行为体之间(人、国家或其他组织)进行无偿资源转移的一种行为;以国家为界,援助可分为内部援助和对外援助。一国之内,政府对困难企业提供的财政补助、律师事务所为弱势群体提供的司法援助等都属于内部援助。而对外援助(Foreign Aid)是指一国或国家集团对另外一国或国家集团提供的无偿或优惠的有偿货物或资金,用以解决受援国所面临的政治经济困难或问题,或达到援助国家特定目标的一种手段。[①] 第二次世界大战结束前,对外援助往往是以争取政治支持、减轻自然灾害等临时性、短期性资金帮助为主要表现形式的。美国国际开发署前副署长卡罗尔·兰开斯特(Carol Lancaster)认为第二次世界大战前的对外援助有三种原始形态:一是利用公共资源的跨国转移进行人道主义救助,这在西方历史中可追溯至公元前226年,当时地中海贸易的重要结算地罗德岛遭遇大地震,在埃及法老托勒密三世的带领下,地中海地区的几个国家向罗德岛援助了食品等救济物资;二是在两次世界大战之间,欧洲宗主国向殖民地提供的少量援助,以促进当地发展;三是在第二次世界大战初期,美国向拉美国家提供过少量的技术援助。[②]

当前,对外援助按照内容、提供方等可细分为不同的类型。例如按照对外援助的内容,可将其划分为军事援助、人道主义援助和发展援助三类。军事援助的定义十分明确——为增强联盟国军事力量给予其军事或后勤保障援助的行为。军事援助的原始材料和数据往往是难以获得的,所以相关研究较难开展。人道主义援助是指为应对人道危机而提供的资金或物质帮助,具有临时性和短期性等特点。这类援助的年际波动大,较难统计;且在对外援助研究中,对人道主义紧急援助的质疑声音很小,因

---

① 宋新宁、陈岳:《国际政治经济学概论》,中国人民大学出版社1999年版,第216页。

② Lancaster, Carol, *Foreign Aid: Diplomacy, Development, Domestic Politics*, Chicago: University of Chicago Press, 2008, p.25.

为此类旨在帮助解决因危机特别是自然灾害带来的困难,对受援国的国内政治经济介入较少。发展援助是以促进受援国国内发展为主要目标的,内容多为经济资助和技术合作,所以有时也被称为对外经济技术援助。发展援助往往对受援方的国内政治经济涉入程度较深,具有长期性特点。再如按照对外援助的提供方,则可划分为官方援助和其他援助两类。前者是指由一国的中央政府或地方政府,或政府间国际组织对外提供的援助,一般具有较为完整的档案材料和统计数据;后者则多表现为私人慈善事业或社会志愿事业,援助提供方往往是慈善类基金会或其他非政府组织(Non-Governmental Organization,NGO),例如洛克菲勒基金会、福特基金会、盖茨基金会,以及乐施会、绿色和平组织、英国海外志愿服务社等。

发展援助与官方援助的交集——官方发展援助(Official Development Assistant,ODA),可被认为是第二次世界大战后至今最为主流、成熟的对外援助类型,统计体系完善且具有重要的学术和政策意义。经济合作与发展组织(Organization for Economic Cooperation and Development,OECD)将 ODA 定义为"由官方机构对外提供的(包括中央和地方政府及其执行机构),以促进发展中国家的经济发展和福利为主要目标的,至少包含 25%赠予部分的资金"①。这使得 ODA 包含了两种具体的资金形式:一是无偿赠款;二是优惠贷款(指利率等还款条件优于市场水平,综合计算赠予部分不低于 25%的贷款)。根据 OECD 的统计,ODA 的全球总规模在 2016 年再创新高,达到 1426 亿美元,较之 2015 年上涨了 8.9%。② 本书所谈的对外援助基本局限于 ODA 范围,所使用的捆绑援助率等数据也是以 ODA 统计资料为基础的。

二、什么是发展

上文提到,对外援助中最受政策界关注、最有可能成为学术研究对象

---

① OECD 官网,见 http://www.oecd.org/development/stats/officialdevelopmentassistancedefinitionandcoverage.html,登陆时间 2017 年 9 月 11 日。

② OECD 官网,见 http://www.oecd.org/dac/development - aid - rises - again - in - 2016 - but-flows-to-poorest-countries-dip.html,登陆时间 2017 年 9 月 11 日。

的是发展援助。这里有必要首先对"发展"及其相关概念进行阐释。发展是一个用于描述、比较、管理世界范围内社会经济变化过程的术语。人们也常常将其理解为由小到大、由少到多、由简单到复杂,或者是新事物取代旧事务的过程。在社会科学研究中,通常将第二次世界大战的结束与殖民体系的崩溃作为"发展"一词诞生的时代背景。例如在《发展的历史》一书中这样写到:以杜鲁门总统 1949 年 1 月所提出的"第四点计划"为分界线,世界的两分范式从宗主国和被殖民地区转变为发达国家和欠发达国家。① 威廉·伊斯特利也曾就此作出进一步的阐释:"第二次世界大战后,言论(同样是思想)发生了改变。什么种族优越论、落后民族需要托管、人们尚无法自治,统统被扔进了垃圾桶。自治与反殖民成为一项全球通行的准则。西方把老旧的种族主义换了说法。'欠文明'摇身一变成了'欠发达';'原始民族'也变成了'第三世界'。"② 所以,实现经济增长、摆脱贫困饥饿、维护社会公正等通常被认为是欠发达国家应追求的发展目标。在学术研究和实际工作中,"发展"也被操作化为一系列的指标,如 GDP 增长率的上升、失业率的降低、收入差距水平的缩小、人均寿命和教育年限的延长等。而 2000 年联合国千年发展目标和 2015 年可持续发展目标则是当下最为完整和权威的发展指标体系,代表了目前社会、学术界和政策界等对这一概念的理解。③

---

① Rist,Gilbert,*The History of Development*,London:Zed Books,2008,p. 1.

② [美]威廉·伊斯特利:《白人的负担:为什么西方的援助总是收效甚微》,崔新钰译,中信出版社 2008 年版,第 20 页。

③ 联合国千年发展目标的内容:(1)消除极端贫穷和饥饿(到 2015 年,将每日靠不到一美元过活的人口比例减半,将饥饿人口比例减半);(2)实现普及初等教育(到 2015 年,确保不论男童或女童都能完成全部初等教育课程);(3)促进两性平等并赋予妇女权利(到 2015 年,消除初等教育和中等教育中的两性差距,并至迟于 2015 年消除所有各级教育中的这种差距);(4)降低儿童死亡率(到 2015 年,将五岁前儿童死亡率降低 2/3);(5)改善产妇保健(到 2015 年,将死于怀孕和产后并发症的妇女人数降低 3/4);(6)与艾滋病、疟疾和其他疾病作斗争(到 2015 年,遏制并开始扭转艾滋病的蔓延、疟疾和其他主要疾病的发病率);(7)确保环境的可持续能力(到 2015 年,将无法持续获得安全饮用水的人口比例减半,到 2020 年,至少 1 亿贫民窟居民的生活明显改善);(8)建立促进发展的全球伙伴关系。2015 年进一步提出可持续发展目标由 17 个指标体系组成,明确了 2015—2030 年间,全球发展工作的开展方向。见 http://www.un.org/zh/aboutun/booklet/mdg1.shtml 及 https://www.un.org/sustainabledevelopment/zh/。

发展学是关于如何理解和实现发展的研究,也被称为发展研究(Development Studies)或国际发展学(International Development)。这是一个跨学科的研究领域,其权威刊物《世界发展》(World Development)曾在2002年第3期刊登了关于国际发展多学科、跨学科特点的系列论文。发展学主要涉及经济学、政治学、社会学、人类学和历史学等社会人文学科。且当研究至具体发展领域时,如环境议题,会涉及大气物理学、化学等学科;再如农村议题,会涉及农学、生命科学等研究领域。但应当说,到目前为止,仍然是"经济学家和经济学思想主导着领先的发展研究机构"①。

官方发展援助可被看作发展学体系下的一个概念,是发达国家政府为帮助欠发达国家实现发展而提供的一种支持或协助。同时,援助、发展与政府的结合使 ODA 成为一个承载了太多学术和现实意义的概念,例如"对发展中国家而言,发展是最大的政治,是国家利益的最高体现。对中国而言,发展更具有文明复兴的特殊意义。"②ODA 从狭义上讲只是对外政策的工具之一;从广义上讲则包含了援助国的发展模式外溢,是涉及华盛顿共识与北京共识等的重大研究领域。

三、西方发展理论演变及对援助主导产业的影响

OECD 对于 ODA 的定义存在一个问题:它并未提及援助资金如何才能帮助受援国实现经济增长和福利改善。是不是国际社会只要定期给欠发达国家提供一定规模的资金就能彻底扭转其落后面貌? 如果从社会科学的研究方法出发,援助是自变量,发展是因变量,而两者之间的因果机制就成了国际发展领域理论争鸣的核心。英国海外发展研究所(Overseas Development Institution, ODI)在其发行的刊物上写道:"真正的问题不是要不要帮助,而是如何帮助。"③中国学者李小云也说:"第二次世界大战后,'发展'一词开始成为社会科学中的一个新概念。对其含义

---

① Kanbur, Ravi, "Economics, Social Science and Development", *World Development*, Vol. 30, No. 3, 2002, p. 477.

② 刘鸿武:《中非合作的战略价值与时代意义》,《参考消息》2018 年 8 月 27 日。

③ "The Aid Debate", *Development Policy Review*, 1969, p. 68.

的不同理解从根本上影响着发展目标的确立和发展战略的选择,进而将人们导向不同的发展道路,产生不同的甚至是大相径庭的结果。"①而这自第二次世界大战结束后70余年的理论争鸣也塑造了国际援助主导产业的演变:从以基础设施建设和生产性项目为主体,逐渐向第三产业各部门倾斜;从与资本品出口的密不可分,逐步向趋近于服务贸易的方向转变(见表1)。

表1　西方发展理论及所涉产业的演变

时期	西方发展理论	援助理念	援助内容	援助承包商	其他理论
20世纪五六十年代	哈罗德-多马模型外生增长理论二元经济模型两缺口模型	"增长即发展"→将物质资本援助给效率最高的部门	援建基础设施和生产性项目(自上而下)	工程类企业	
70年代	托达罗模型人力资本理论内生增长理论	人的基本需求→将援助给最贫穷的人群	减贫援助(自下而上):1.农业(人的生存)2.医疗(人的健康)3.教育(人的发展)	劳动密集型服务供应商	依附理论
80年代	新自由主义公共选择理论	华盛顿共识→宏观经济稳定是发展的前提	以结构调整贷款触发市场经济导向改革、支持私营部门发展	生产性服务业供应商	
90年代	新制度经济学	后华盛顿共识→良治是进行经济改革的前提	良治方案援助	治理咨询类服务供应商	发展型国家理论
21世纪	人类发展指数环境经济学	千年发展目标可持续发展目标	社会减贫、结构调整、良治贷款、环境援助	服务业供给主体	

资料来源:笔者整理。

(一)自上而下的增长即发展阶段

西方世界在公元1500年后的崛起建立在工业革命的基础之上。第

---

① 李小云编:《普通发展学》,社会科学文献出版社2005年版,第1页。

二次世界大战结束后,十分明确的是,所有的发达国家都是工业化国家。并且在当时,两大阵营的发展哲学和理论虽有不同,但都认为国家工业化是实现发展的必由之路;由前现代向现代的过渡,具体表现为由农业、农村和农民,向工业、城市和工人的转变。这就使得"第三世界国家的精英,一旦掌权,除了进行工业化,并没有什么其他的选择"①。只有极少数的领导者提出了其他发展路径,如甘地主义,但并未得到大规模实践。这就使得如何快速实现工业化、完成资本原始积累成为战后经济发展理论的核心。

第二次世界大战后出现的"大推进""起飞""增长极"等理论建立在哈罗德-多马模型($g=i/v$)的基础之上,其中 g 代表增长率、i 代表投资量、v 代表资本-产出比例(在现有技术水平之上保持不变)。以索洛模型为代表的外生增长模型进一步完善了这一理论②,强调资本投入是决定一国经济增长率的唯一变量。对于贫富差距问题,刘易斯(Arthur Lewis)所提出的二元经济模型③则假定伴随经济增长,农村劳动力不断流向城市,且劳动力供给无限,在城市和工业部门不断进行投资就成为了解决欠发达国家发展问题的关键。库兹涅茨曲线所表达的——经济增长在初期会加剧分配的不平等,但伴随着国家经济的整体进步,在人均收入达到700—800 美元时,收入最低的 40% 人口的收入水平会迅速得到提升,从而最终实现社会收入分配平等——也呼应了这一点。时任世界银行首席经济学家的钱纳里(Hollis Chenery)提出的两缺口模型④认为欠发达国家存在储蓄和外汇两大资金缺口,这是其经济发展停滞不前的关键。国际发展援助作为一种跨国财政转移,通过政府间途径将资本从发达国家注入发展中国家,可解决发展资金两缺口问题。基于上述经济学理论,在各

---

① McMichael, Philip, *Development and Social Change: A Global Perspective: A Global Perspective*, SAGE Publications, 5th Edition, 2012, p. 37.

② Solow, Robert M., "A Contribution to the Theory of Economic Growth", *Quarterly Journal of Economics*, Vol. 70, No. 1, Feb., 1956, pp. 65–94.

③ Lewis, Arthur, "Economic Development with Unlimited Supplies of Labor", *The Manchester School*, Vol. 22, No. 2, 1954, pp. 139–191.

④ Chenery, Hollis B. & Alan M. Strout, "Foreign Assistance and Economic Development", *American Economic Review*, Vol. 56, No. 4, Sept., 1966, pp. 679–733.

生产要素中,土地是给定的、技术是外生的、劳动力是无限供给的,所以资本积累就成为欠发达国家能否实现经济增长的唯一变量。

这类理论直接影响了"第一个发展十年"的到来。美国总统肯尼迪于 1961 年 9 月 25 日在联合国大会上发表演讲,表示美国愿意为提高欠发达国家的发展水平作出贡献,号召高收入国家每年向低收入国家转移相当于国民生产总值 1% 的资本(发展援助+出口信贷+私人投资),以帮助它们到 1970 年实现年均经济增长 5%。肯尼迪建议把 20 世纪 60 年代定为"发展的十年",联合国大会迅速作出回应,通过了第 1710 号决议。这样,ODA 通过政府间协议的形式被投入到欠发达国家事前规划好的集群化工业部门以及工业化发展必备的基础设施部门(当时主要为电力和交通,现在增加了通信设施部分)之中,以期实现高效率产业的"起飞",可首先促进城市经济条件的改善,然后农村人口不断流入城市,在工业化和城市化的过程中实现国家的现代化。在这种援助理念下,欠发达国家的各级政府,以及发达国家的资本品出口类企业、工程类企业,如电力交通等重工业生产商和土木工程企业等,成为这一时期 ODA 项目的主要执行者。

(二)自下而上的社会减贫阶段

1969 年皮尔森委员会(Pearson Commission)发布了"第一个发展十年"的总结报告《发展中的伙伴:委员会关于国际发展的报告》(*Partners in Development:Report of the Commission on International Development*),并将 1970—1979 年确定为"第二个发展十年",呼吁为使发展中国家到 1980 年能够实现年均经济增长 6%,高收入国家每年应向其提供相当于国民生产总值 0.7% 的援助。但这种延续 20 世纪 60 年代既定方针的做法很快被逆转了。

自上而下的、跨国间财政转移式的援助帮助发展中国家在 20 世纪 60 年代取得了年均 5.5% 的经济增长率;但与此同时,各受援国平均失业率不降反升,贫富差距不断扩大①,农村地区的发展和底层人民的生活并

---

① Grant,James P., "Development:The End of Trickle Down?" *Foreign Policy*, No. 12, Autumn,1973,pp. 44-45.

没有因为国家的经济增长得到改善,尤其是 1967 年非洲大饥荒的爆发,超过 1.5 亿人口的基本生存都难以维持,促使学术界和政策界反思当时的援助方式。在"将资本投入到效率最高部门以快速实现经济起飞"等发展理念的指导下,欠发达国家的政府将可获得的国内外资本尽可能地投入到城市(当时以压低农产品价格为国家快速实现工业化提供资本并不只是发生在社会主义计划经济国家,而是一种较为通行的快速资本积累方式),使得城乡差距进一步扩大。这时农村人口虽大规模流入城市,但这种城市化却与刘易斯理想化的二元经济模型有很大差距。因为这种人口流动并不是完全因为城市生产部门的成长增加了工作岗位,而是农村地区的发展资源被抽走,农村人口羡慕城市在各种政府干预下的经济社会特权,在没有正式工作岗位的情况下盲目向城市转移。这一方面形成了很多欠发达国家大都市的贫民窟,一方面也进一步剥离了农村发展的人力资源,托达罗模型①即是在总结分析这一社会现象的基础上产生的。同时,劳动经济学在 20 世纪 70 年代有了新的发展,以西奥多·舒尔茨(Theodore Schultz)等为代表,提出了人力资本理论。这修正了外生增长模型,提出除资本外,劳动力这一生产要素本身也是可变的;也可理解为将资本分为了两部分,即物质资本和人力资本,在经济增长中人力资本的作用甚至大于物质资本②。而提升一国人力资本的关键,在于改善农业、卫生和教育部门,即为劳动力的再生产、健康水平和技术能力等提供必要保障(后又扩展至性别平等领域)。这也为内生增长模型在 20 世纪 80 年代的提出打下了基础,技术内生于经济增长意味着对于"人"的投资成为决定一国发达程度的关键。

　　从美国国防部部长职位调任世界银行行长的麦克纳马拉(Robert S. McNamara)在 1973 年宣布了世行援助政策的转向;1974 年世行首席经济

　　① Harris,John R.& Michael P.Todaro, "Migration, Unemployment and Development:A Two-sector Analysis", *American Economic Review*, Vol. 60, No. 1, 1970, pp. 126-142.

　　② "什么可被认为是资本? 在一定时间后可产生大量收益的事物。资本可以以物质的形式存在,如钱;也可以以非物质的形式存在,如人的能力,即人力资本,再如社会网络的动员能力,即社会资本。"引自 Feinberg, Richard E.& Ratchik M. Avakov eds., *U.S. and Soviet Aid to Developing Countries:From Confrontation to Cooperation?* Transaction Publishers, 1991, p. 172。

学家钱纳里等出版了《伴随增长的再分配》(*Redistribution with Growth*)一书,成为人类基本需求援助路径(Human Basic Needs)的理论基础。西方国家纷纷响应,例如美国国会在 1973 年通过了"新方向"立法,要求美国官方援助的重点从增长转向贫困和人类基本需求。时任英国海外发展部部长的茱蒂丝·哈特(Judith Hart)在 1973 年出版了《援助与解放:一个社会主义者的援助政策研究》(*Aid and Liberation:A Socialist Study of Aid Policies*)一书,强调仅仅增长是不够的,增长也不能作为援助资源分配的标准,应将提高农村生活水平,而不是增强二元制,作为优先选项;英国政府也在 1975 年发布了白皮书《英国援助政策重心的变化:给贫困人口更多帮助》(*The Changing Emphasis of Britain's Aid Policies:More Help for the Poor*),回应国际发展援助的"人类基本需求转向"。

这样,国际发展议程出现了从"援助效率最高部门"向"援助最需要人群"的转变,为人的生存(农业部门)、健康(医疗部门)和发展(教育部门)提供援助成为 20 世纪 70 年代国际发展议程的核心。从另一个角度讲,这也是援助事业深入发展的表现,从简单援助贫困国家,将资金直接交予受援国政府,转变为试图精准聚焦于贫困国家的底层人民。这也使发展援助需要解决的问题从单纯的经济学领域,向社会学等学科扩展;从以往较为简单地与受援国政府达成协议进行集中式工业建设,向深入欠发达国家社会底层,针对某一特定人群提供具体解决方案转变。例如孟加拉国的穆罕默德·尤努斯(Muhammad Yunus)在 1974 年前后开始筹划建立格拉明乡村银行,以主要向当地农村妇女提供小额贷款的方式帮助农户脱贫,如为一位老太太贷款 100 美元,让其在家里养几只鸭子以补贴生活等;这种模式得到西方援助界的舆论肯定和资金支持,后获得了诺贝尔和平奖。1980 年布兰特委员会(Brant Commission)关于"第二个发展十年"的总结报告《南北之间:一种生存方案》(*North-South:A Programme for Survival*)明确记录了这种从自上而下向自下而上的转变。

　　"这种新的市场环境促使了一批新的国际发展咨询公司的出现。它们的领导和员工一部分是从美国国际开发署辞职的,更多的

是青年一代,通常以参加'和平队'的方式开始他们的职业生涯,然
后从相关领域取得研究生学位,以满足日益增长的市场需求……20
世纪 70 年代,一个发展咨询公司每年如果能接到 5—15 个项目,就
意味着 50 万—100 万美元的收入。"①

　　和平队的经历意味着对欠发达国家的较深了解,相关领域的研究生
学位通常来自农学、社会学等领域,这些专业知识帮助发展咨询公司的从
业人员不断完善微观援助项目的设计和实践,例如,如何更好地在巴基斯
坦的一个小村庄为学生提供营养餐补贴。除了 ODA 的主要项目承建商
从资本品制造和工程类企业向社会减贫咨询类企业转变外,由于各类
NGO 在深入受援国社会方面拥有天然的比较优势,使得社会组织相对于
市场企业成为各国对外援助项目招投标中的新宠,跨国 NGO 倡议与服务
网络萌芽。

(三)宏观经济改革是发展的前提

　　依附理论和人力资本理论的关系可以理解为以往发展理论在实践受
挫后左右两派经济学者提出的不同解决方案,前者甚至在当时成为主流。
在"中心—外围结构"分析视角下,第三世界国家以控制汇率、提高关税
和补贴幼稚产业等方式来抑制进口,以推动国内工业化进程。但国有经
济部门的低效率加上 20 世纪 70 年代以石油为代表的大宗商品价格的迅
速上涨,使得发展中国家债务危机在 80 年代集中爆发;再加上东亚"四小
龙"等依靠出口导向型发展战略迅速崛起,越来越多的国家放弃了依附
理论。而新自由主义/华盛顿共识的提出旨在为 70 年代结构主义所引发
的众多问题提供可能的解决方案。② 这样,推动受援国向自由市场方向
改革并最终走向宏观经济稳定的结构调整计划(Structure Adjustment

---

① Council of International Development Companies,"50 Years in Development:How Private
Companies Adapt & Deliver",2013,p. 11.

② Lin,Yifu,"From Flying Geese to Leading Dragon:New Opportunities and Strategies for
Structural Transformation in Developing Countries",*Policy Research Working Paper*,World Bank,
2011,p. 23.

Programs，SAPs）成为新兴的国际援助方式。

　　而在政府—市场—社会关系方面，1930 年大危机之时，凯恩斯主义以政府介入解决市场失灵问题成为经济学的主导范式；20 世纪七八十年代从发达国家到发展中国家的经济危机，又使得公共选择理论等以解释"政府失灵"为核心问题的新政治经济学理论兴起。主导理论的变更在国际发展机构的人事任免上也有所反映：1981 年奥尔登·克劳森（Alden Clausen）成为世行新行长，他聘请以研究寻租理论和发展中国家"政府失灵"而著名的安妮·克鲁格（Anne Krueger）担任首席经济学家；前任首席经济学家钱纳里及其团队大部分离开了世行。相似地，《资本理念：IMF 与金融自由化的崛起》（*Capital Ideas：the IMF and the Rise if Financial Liberalization*）一书也涉及这一时期 IMF 是如何通过内部经济学家的大换血来确立金融自由化理念在机构内的主导地位的。

　　经济学和政治学理论的这种变化甚至对 ODA 这一政府间资金流动形式存在的必要性提出了质疑。在新自由主义的逻辑框架下，ODA 就是一种扰乱市场的力量，是造就受援国"大政府"制度框架的经济基础之一，这尤其阻碍了需要大规模资本投入的基础设施援助项目的实施。这在国际援助主导产业的变化中表现为援助最基本的目标转变为帮助受援国建立市场友好型的经济制度，以吸引私人资本自发进入发展中国家的各个经济领域，并在这一前提下实现经济社会的全面发展。这样，援助项目从"硬件"向"软件"，从第二产业向第三产业的转移趋势更为明朗，会计师事务所等财务咨询类企业成为援助链的新玩家。而东欧剧变更为结构调整计划提供了广阔的市场。例如，在 1990 年 12 月 3 日，有议员在英国下议院提问关于向东欧提供援助的情况时，相关负责人回答说："波兰、匈牙利和捷克斯洛伐克在处理其面临的巨大挑战时已取得了可观的进步。我们将继续帮助他们，将援助聚焦于私有化、金融服务、管理和其他有助于创建市场经济的领域。"①再如，美国国际开发署在 1991—1996

---

　　① 英国议会议事录，见 http://hansard.millbanksystems.com/commons/1990/dec/03/eastern-europe，登陆时间 2017 年 9 月 9 日。

年间的前 25 位项目承包商中,有当时六大会计师事务所中的 4 家。东欧剧变后,这些财务咨询类公司迅速占领了中东欧新兴市场。① 1992 年毕马威(KPMG)也成为中国内地首家获准合资开业的跨国会计师事务所。

此外,ODA 实践中激进的反国家意识形态,使得在援助国眼中低效率、腐败的受援国政府被日益抛弃;更有甚者认为"不是政府"(Non-government)就意味着公平正义与人性光辉,这样"非政府组织"不仅拥有了深入受援国底层社会的功能优势,更凭借其被认为具有可规避"政府失灵"的组织优势,一时之间在国际发展领域成为核心行为体。

　　"20 世纪 80 年代,新兴起的发展经济学与凯恩斯主义相分离,新自由主义模式在发展援助中的应用所带来的最重要后果是,越来越少的援助资金被直接交予受援国政府,而是更多地由 NGO 和私人企业等来执行。这也导致了援助领域新行为体的'发现',如妇女组织、社区组织和非正式部门中的创业者,这些都被描述为发展真正的推动者。"②

这里还有一个问题:20 世纪 70 年代与 80 年代国际援助链中的服务提供商是否具有明确的区分特征。本书认为,20 世纪 70 年代的第三产业项下援助是消费者和政府需求导向的劳动密集型服务供给,尤其体现在卫生和教育领域。这种"公共事业从一开始必须有公共资本提供融资,且是这种发展不可或缺的基础。甚至在工业化国家,服务产业也并不具备对私人企业的吸引力"③。所以发展中国家在 70 年代以后得到的满足人类基本需求援助,仍是在补充其国内公共服务预算的不足。而在 80 年代后,非劳动密集型服务业,更多地融入了制造业产品的生产链条之

　　①　Berrios,Ruben,*Contracting for Development:The Role of For-profit Contractors in US Foreign Development Assistance*,Praeger Pub Text,2000,p. 49.

　　②　Hyden,Goran & Rwekaza Mukandala eds.,*Agencies in Foreign Aid:Comparing China, Sweden and the United States in Tanzania*,Springer,1999,p. 17.

　　③　Hart,Judith,*Aid and Liberation:A Socialist Study of Aid Policies*,London:Victor Gollancz Ltd,1973,p. 251.

中,尤其在信息技术革命之后,以金融、管理咨询、技术咨询为主体的知识密集型服务业全面兴起,并带动了发达国家生产性服务出口走向繁荣,改变了国际贸易的内在结构。此时以会计师事务所为代表的商业服务提供商大规模进入国际援助领域,也在一定程度上反映出援助国国内产业结构的变化、强势产业集团的利益所在,影响了国际发展援助的实践方式。

(四)良治是前提的前提

自由化、私有化等措施本是为了帮助欠发达国家营造有利于发展的宏观经济环境,但现实却是大量企业被破产兼并,本就十分脆弱的社会服务体系因政府补贴的减少而面临崩溃,受援国政府被日益边缘化,经济陷入停滞。这使得国际发展问题亟须新的解决方案,此时新制度经济学和发展型国家理论几乎同时进入了国际发展议程之中,前者是西方学术界和政策界积极推动的主流理论①,被称为"扩大版的结构调整计划"②;后者则主要基于东亚地区日本、"四小龙"经济腾飞的历史经验。十分有趣的是,在20世纪80年代,东亚出口导向型经济还是西方国家说服欠发达国家放弃进口替代战略的关键证据,到了90年代却成为与之存在竞争关系的经济发展路径。"东亚奇迹"因1997年金融危机落入尴尬境地,东亚国家认为是IMF等主推的金融自由化措施将其推入险境,西方主流经济学则以"裙带资本主义"的制度缺陷来解释这一危机,主推建立真正的"良政"才是东亚的未来发展方向。这种争论伴随90年代后带有较多"发展型国家"色彩的中国、越南等东亚国家的快速发展而得以继续。但这两种理论也存在一定的相通之处,例如都主张重新重视受援国政府在发展中的角色,当然新制度经济学是将政府作为制度的一种,而发展型国

---

① 20世纪80年代末90年代初,西方社会逐渐认识到结构调整计划的不足。但在新制度经济学的指导下,受援国落后状况持久难以改变的原因被认为是国内政治环境不佳、专制腐败等阻碍了结构调整计划等的实施。以世界银行1989年报告《撒南非洲:从危机到可持续增长》(*Sub-Saharan Africa:from Crisis to Sustainable Growth*)为主要标志,建立良治政府成为一国实现发展的前提,大量援助资金被投入到制度建设领域,在经济上主要表现为预算、审计、税收等制度的建立与完善,在政治上则主要表现是为多党民主选举提供资金技术支持、建立完善受援国司法制度等。

② Rodrick,Dani,"Goodbye Washington Consensus,Hello Washington Confusion?", *Journal of Economic Literature*, Vol. 44,No. 4,Dec.,2006,pp. 973-987.

家理论则将政府看作行为体的一种。这种相似性造成了很多学者误认为国际发展议程正在与中国发展路径融合,例如"受援国所有"(Ownership)等概念被认为是在借鉴中国对外援助的不干涉他国内政原则,但"Ownership"其实是新制度经济学的核心概念,即"所有权/产权"。

20世纪70年代后,NGO等社会组织在国际发展援助等领域替代了原本是受援国政府所应承担的很多工作,这引发了一些新问题。例如在巴基斯坦农村供水部门中,按照世界银行的指示,公共部门计划被强制应用于假定受益人身上,甚至在社区组织并不存在的地方、在社区组织难以或不愿承担运营这些任务时。但所有这些被美其名曰"参与式救助"和社区管控。① 在自上而下以受援国政府为主导和自下而上以NGO为主体来实施援助项目都经历了各种挫折后,"公私联合"在20世纪90年代后以新制度经济学为支撑迅速兴起,最为人所熟知的应属基础设施建设融资中的"公私伙伴关系"(Public Private Partnership,PPP)。在这种背景下,NGO、受援国政府和咨询服务企业在国际援助链中都找到了自己的位置。

(五)新共识:千年发展目标与可持续发展目标

东欧剧变后,大量原本用于最不发达国家的减贫援助资金被转往中东欧及独联体国家,为其转型发展提供融资支持,1991年新成立的欧洲复兴开发银行也是这一目的。同时,两德统一、苏联解体、朝鲜半岛南北经济差距等又为OECD积极推动的"良治援助"提供了所谓"天然对比实验"证据。这使得非洲国家所能得到的实际援助资金迅速下降,出现了20世纪90年代前半期的"援助疲劳"现象(Aid Fatigue)。由于布雷顿森林体系为"董事会制",受援国在世界银行等机构中的话语权极其有限,这促使它们以"一国一票制"的联合国系统作为发声平台,突出表现是联合国开发计划署(UNDP)于90年代后在国际发展领域的复兴。但这与70年代基于西方马克思主义的结构理论不同,受援国的知识精英已是西方主流学术界的一部分,例如印度学者阿马蒂亚森提出"人类发展指数",

---

① Zaidi, S. Akbar, "NGO Failure and the Need to Bring back the State", *Journal of International Development*, Vol. 11, No. 2, March/April, 1999, p. 268.

呼吁减贫援助重回发展议程主流;非洲国家领导人联合提出"非洲发展新伙伴计划",以期在接受良治和结构调整援助的同时增强本国政府对发展的所有权,扭转援助国与受援国之间的不平等关系,建立"伙伴关系"。此时世界银行和 IMF 之间也出现了分歧:"世界金融机构(或者说他们重要的组成部门)分裂了,世行变得越来越缺乏安全感和不确定性,而 IMF 则坚持说现在的问题是因新自由主义改革推进不够彻底造成的。"①对结构调整计划提出严厉批评的代表学者就是世行首席经济学家——约瑟夫·斯蒂格利茨(Joseph Stiglitz),他在《全球化及其不满》等书中对世行和 IMF 的政策选择和援助实践进行了抨击,后在压力下从世行辞职。

1996 年 OECD 发布了《塑造 21 世纪:发展合作的贡献》(*Shaping the 21ˢᵗ Century*:*The Contribution of Development Cooperation*),成为扭转"援助疲劳",建立新共识的起点。这一报告再次将援助与发展之间的因果机制拉回到 20 世纪 70 年代基于人类基本需求的减贫路径,并提出了千年发展目标的雏形。在此之后,2000 年联合国千年发展峰会、2002 年蒙特雷国际发展筹资会议、2005 年《巴黎援助有效性宣言》等陆续展开,国际发展合作在全球治理中所扮演的角色得到了越来越多的认可,ODA 的规模也得到了大幅度提升,例如,美国在 2000 年的对外援助规模为 100 亿美元,到 2005 年上升至 275 亿美元。

与之前不同的是,千年发展目标并不局限于单一因果机制,从增长援助,到宏观经济稳定、再到构建良治,虽不像减贫机制那样明确,但也都可模糊地包含其中,成为一个妥协的"大篮子"。此外,千年发展目标的计划是通过 2000—2015 年的努力实现全世界贫困人口比例减少 50%,但在第二阶段目标(2015—2030 年)的谈判中,环境问题被扩充其中,这使得2030 年目标演变为"可持续发展目标"。这使得当下的国际援助链包含了基础设施与生产性项目建设,卫生、教育、性别等社会问题改善,宏观经济稳定,政治制度改革,以及环境保护等各个方面。这也意味着环境技术

---

① Peet, Richard & Elaine Hartwick, *Theories of Development*:*Contentions*,*Arguments*,*Alternatives*,Guilford Publications,2015,p. 107.

类、咨询类企业和相关 NGO 成为当下 ODA 实施中的新宠。而这自 20 世纪 70 年代以来的国际发展援助服务化趋势，一方面直接改革了受援国的政治经济制度，进口替代类企业无法生存、跨国公司蜂拥而入；另一方面也从认知层面削弱了受援国发展第二产业的意愿。这还衍生出一个结果："非洲国家在 20 世纪 80 年代后经历了去工业化的过程。至 21 世纪初，非洲的工业化水平甚至比 30 年前还低。"①

　　综上所述，西方发展理论在第二次世界大战后的演变——从单纯关注增长，到加强对农村、教育、医疗和性别等社会议题的重视，再到相信宏观经济稳定与自由民主制度是发展的前提，最终走向减贫与新制度主义、可持续理念的融合——深刻影响了西方传统援助国的对外援助行为，使其援助领域越来越趋向于公共服务和专业咨询等第三产业部门，在无形中完成了西方对外援助的全面服务化。十分有趣的是，战后西方发达国家的国内主导产业变化，也是经历了从重工业与基础设施建设，到消费者和政府需求导向的劳动密集型服务业，再到专业性服务业的转变。这可能是西方传统援助国发展模式的外溢，也可能是其对国内优势发展资源的充分利用，当然也可能是国内主导产业集团为谋求更大的海外市场而向政府施压的结果。

第二节　历史与制度：国际援助体系的起源与现状

　　国际援助体系（International Aid System），或称国际援助机制（International Aid Regime）、全球援助架构（Global Aid Architecture）等起源于第二次世界大战结束后，包括国际援助组织、国际援助的原则、规范、规则和惯例等。② 美苏冷战直接导致了现有国际援助体系的起源，两大阵营的主要国家于 1960 年前后在国内建立了对外援助的管理实施机构（如苏联对外经济联络委员会 1957 年、美国国际开发署（United States Agency for International Development，USAID）1961 年、中国对外经济联络

---

　　① 郑宇：《援助有效性与新型发展合作模式构想》，《世界政治与经济》2017 年第 8 期，第 146 页。

　　② 丁绍彬：《国际援助制度与发展治理》，《国际观察》2008 年第 2 期，第 46 页。

总局 1961 年、日本海外技术协力事业团 1962 年、英国海外援助部 1964 年等)。也是在这个时期,OECD 协调西方国家双边援助、世界银行集团总揽多边援助的国际制度也日渐清晰。20 世纪 70 年代资本主义世界经济危机导致了阵营内部激烈的经济竞争,捆绑援助等以援助预算促进出口和对外投资的机制开始出现,可被看作是国际援助体系发展过程中的一个插曲。之后冷战的结束一方面导致了 1991—1996 年援助疲劳期的到来,世界主要大国的对外援助预算锐减;另一方面也直接形成了原资本主义阵营对国际发展援助事务的垄断,社会主义阵营国家对外援助的消失或锐减,使得西方援助国组成了"卡特尔",其发展理念和援助行为开始被认为是主流规范和最佳实践。进入 21 世纪后,中国、印度等发展中国家开始增加对外援助规模,被称为新兴援助国。这一概念是相对于 OECD 成员国而言的,后者常被称为西方传统援助国,国际援助领域开始出现竞争性制度萌芽。

一、冷战格局对国际援助体系的塑造

1952 年苏共十九大后,苏联开始放弃以往支持前殖民地国家国内共产党革命建国的政策,转而援助其现政府,以与美国争夺中间地带。面对苏联在援助领域的攻势,美国在 20 世纪 50 年代经历了以援助服务安全目标和"是贸易而不是援助"的调整过渡期后,终于在 1961 年完成了对外援助的制度化,即一部法律、一个国内机构、一个双边协调国际组织、一个多边援助国际组织,以及一个联合国十年周期的完整架构,并将其推广至阵营内其他国家。美国主导的这一套援助制度持续至今,依然是全球发展治理的"骨骼框架"。

(一)苏联在中间地带的"经济攻势"

第二次世界大战后初期,苏联在国际体系中存在双重身份:它是第一个也是最大的社会主义国家,同时也是两个超级大国之一。这两种身份定位可能导致两种不同的对外援助政策选择:一是侧重于援助殖民地及新独立国家国内的共产党力量,以在全球范围内建立更多的社会主义政权;二是援助殖民地及新独立国家的现政府,以迅速与这些国家发展政治经济关系,与美国等争夺中间地带。苏联在 1945—1952 年间的援外集中于援助社会主义阵营内部国家,援助包括伊朗阿塞拜疆地区、菲律宾、印度尼西亚、马来西亚、缅甸和印度等国当地的共产党发动革命夺取政权。但在 1952 年苏共十九大后,苏联制定了针对发展中国家的新政策,希望通过贸易、贷款和技术援助等方式扩大在亚非拉的影响。例如,苏联代表1953 年 7 月在联合国经社理事会上宣布将向"联合国技术援助扩大项目"提供约 100 万美元的支持①;1955 年苏联援助阵营外国家印度建造比莱钢铁厂等。"和平共处"外交路线在 1956 年苏共二十大上得到了进一步确认,这使得苏联以优惠贷款为主要形式的对外援助规模迅速扩大,成为其对中间地带发动"经济攻势"的重要抓手。

　　苏共二十大在苏联战后初期对外援助政策上的分水岭意义主要体现在两个方面:一是苏联在 1956 年后对阵营外国家援助规模的迅速扩大,例如到 1955 年,该集团给非集团地区的贷款几乎为零。但是到 1956 年 4 月 30 日,该集团向不发达国家提供贷款的协议估计已经达到了 7.29 亿美元,其中 62% 的贷款由苏联提供,还有包括贷款在内的贸易也达到9200 万美元,两者合计大约为 8.21 亿美元②。二是苏联在 1956 年前后开始建立完善对外援助管理实施机构,并逐步实现阵营内援外协调的制度化。苏联在 1955 年设立了对外经济联络总局;在 1957 年将其升格为部级单位——对外经济联络委员会。这个委员会在 1957 年 7 月的建立代表了对外援助管理部门在苏联官僚体系中位置的提升。③ 在 1951—1958 年间曾担任苏联援华专家组总负责人、中国政府经济总顾问的阿尔希波夫,回国后的职位就是苏联对外经济联络委员会第一副主席。中国等社会主义阵营中的国家也都在 20 世纪五六十年代建立了相似的对外

---

①　Rubinstein, Alvin Z., *The Soviets in International Organizations*, Princeton University Press, 1964, pp. 32-33.

②　《美国经济情报委员会经济情报报告:战后中苏集团在不发达国家的经济活动》(1956年 8 月 8 日)。引自沈志华、杨奎松编:《美国对华情报解密档案(1948—1976)》(第二编),东方出版中心 2009 年版,第 397 页。

③　The U. S. Government Printing Office, *The Sino-Soviet Economic Offensive in the Less Developed Countries*, New York: Greenwood Press, 1969, p. 27.

援助管理机构,且存在阵营内部的援外协调情形。在很多的学术论文和报纸文章中可以看到,社会主义国家间存在有跟随援助的行为,如苏联向埃及提供一定数量的援助时,波兰、捷克斯洛伐克等国也会在同一时期向埃及提供援助。美国罗伯特·沃尔特斯教授(Robert S.Walters)也曾从规模和比例的角度猜测如同美国与盟友在 OECD 框架下分担双边援助份额那样,苏联与东欧国家间可能也存在相似的责任分担机制。例如西方一直在倡导每年以各国 GNP 0.7%的比例向欠发达国家提供援助;相似地,东欧国家 1964 年的 GNP 与苏联 GNP 的比值为 0.26∶1,而当年双方承诺的对外援助规模比值为 0.25∶1。[①]

(二)美国推动西方援助制度化

通常认为,第二次世界大战后兴起的 ODA 是以 1949 年美国杜鲁门总统提出"第四点计划"为出现标志的;但如认真梳理美国在 1945—1961 年间的对外援助政策、制度和机构变化,则会发现 ODA 成为美国乃至整个西方在第二次世界大战后对外援助的主体形式,是经历了一个错综复杂的历史过程的。美国国家档案馆有关于这一段历史的专门记录[②],中国也有学者涉及过相关研究,如谢华在 2012 年出版的《冷战的新边疆:美国第四点计划研究》等书。根据这些材料,美国在 1945 年到 1961 年间的对外援助历史可被分解为:1945—1947 年的战后恢复时期、1948—1951 年的马歇尔计划时期、1952—1953 年的共同安全法案时期、1954—1955 年的安全与贸易并重时期、1956—1961 年的安全与发展援助并重时期。在这其中,1956—1961 年间的对外援助政策变化和制度建设尤为重要。这一方面是在回应苏联自 20 世纪 50 年代初期,尤其是 1956 年前后对中间地带加强"经济攻势"的威胁;另一方面美国在这 6 年间在国内—国际层面上构建了一系列影响至今的援助制度。

---

① Walters,Robert S.,*American & Soviet Aid:A Comparative Analysis*,University of Pittsburgh Press,1979,p. 227.

② Records of US Foreign Assistance Agencies (1948 - 1961)-National Archives, 见 https://www.archives.gov/research/guide-fed-records/groups/469.html。

1.马歇尔计划、第四点计划与共同安全法案

1948 年 2 月美国国会通过了马歇尔计划,支持欧洲盟友的战后重建工作。4 月国会又通过了有效期为 4 年的《经济合作法案》(*Economic Cooperation Act*),同时在行政部门建立起经济合作署(*Economic Cooperation Administration*),为马歇尔计划的实施提供法律和机构保障。但因朝鲜战争的爆发,国会希望将美国的军事行动与经济援助项目结合起来,于是马歇尔计划提前 6 个月结束了。国会在随后的 1951 年 10 月通过了《共同安全法案》(*Mutual Security Act*),并建立了共同安全署(Mutual Security Agency),在 1951—1953 年间全面负责美国对外军事和经济援助工作。在同一时期,美国行政部门架构中与这一机构平行的是 1950 年 9 月建立的技术合作署(Technical Cooperation Administration),负责在第四点计划下为欠发达国家提供技术援助。

2.共同安全、私人贸易与 ODA

艾森豪威尔总统上台之初,受到朝鲜战争亟须盟友军事支持以及共和党财政保守主义价值倾向的影响,对于杜鲁门总统时期所推动的对外经济技术援助持怀疑态度,更倾向于向盟国提供军事援助,构建以"是贸易而不是援助"[1]为基础的对外经济政策体系。艾森豪威尔认为以美元为基础的国际支付体系应当通过私人贸易和投资来解决,为了美国的国家利益,以赠款为基础的经济援助应尽快结束。[2] 他还接受了财政部部长乔治·汉弗莱(George Humphrey)的建议,迅速改组了美国进出口银行,使其长期发展贷款业务迅速缩水,从 1952 年的 2.75 亿美元减少至 1953 年的 400 万美元。在这种背景下,海外工作总署(Foreign Operations Administration)在 1953 年 8 月成立,负责对外经济技术援助的执行工作,并协调对外安全项目。

但自 1954 年起,艾森豪威尔总统逐渐将对第三世界的经济援助作为

[1]　Kaufman, Burton I., *Trade and Aid：Eisenhower's Foreign Economic Policy, 1953 - 1961*, Baltimore：Johns Hopkins University Press, 1982, p. 33.

[2]　Kaufman, Burton I., *Trade and Aid：Eisenhower's Foreign Economic Policy, 1953 - 1961*, Baltimore：Johns Hopkins University Press, 1982, p. 24.

其对外经济政策的基础①。多数美国学者将其归因于苏联在第三世界的
"经济攻势"(Economic Offensive),例如维农·瑞坦(Vernon Ruttan)写
到,"由苏联发起的经济援助前线对美国的政策产生了深刻影响。1955
年布尔加宁和赫鲁晓夫对亚洲的访问就是其中之一。也是在这次访问
中,苏联提出援建印度钢铁厂。……与苏经济援助竞争开始主导美国对
外政策"。② 国际合作署(International Cooperation Administration)于1955
年6月成立,负责美国所有的非军事援助项目,军事援助事务则改由国防
部管理。1957年美国在《共同安全法案》之下建立了发展贷款基金
(Development Loan Fund),成为日后西方各国对外提供ODA的雏形。此
外,美国国务院下属非洲司也是在1958年建立的,对外提供援助以对抗
共产主义在非洲的影响力,尤其是中国在非洲的新动作。③

3. 美国发展援助的全面兴起与制度化

从以上梳理可看出,美国在第二次世界大战结束之初的对外援助并
不是一开始就与发展紧密结合在一起的,援助资金根据政府在不同时期
的不同需求,或支持发达国家重建,或用于巩固军事同盟体系等。有评论
认为,在20世纪50年代初期,美国启动《共同安全法案》后,很少会有人
在是否促进发展的基础上批判援助,这是因为促进受援国发展本就不是
当时援助的目标。从发展的角度系统地谈援助始于1957—1961年间发
生的一系列事件,如非洲独立的到来,欧洲经济合作组织(Organization for
European Ecomomic Coperation, OEEC)转变为经济合作与发展组织
(OECD),联合国发展十年的启动,以及进步联盟的提出等。④

此外,当时即使是用于支持欠发达国家实现发展的援助,在如何实现
受援国经济发展和社会福利改善方面所拥有的理论基础也十分薄弱。这

---

① Kaufman, Burton I., *Trade and Aid: Eisenhower's Foreign Economic Policy, 1953-1961*, Baltimore: Johns Hopkins University Press, 1982, p. 6.

② Ruttan, Vernon W., *United States Development Assistance Policy: The Domestic Politics of Foreign Economic Aid*, Baltimore: Johns Hopkins University Press, 1996, pp. 72-73.

③ Krozewski, Gerold, "Global Britain and the Post-colonial World: The British Approach to Aid Policies at the 1964 Juncture", *Contemporary British History*, Vol. 29, No. 2, 2015, p. 222.

④ 参见"The Aid Debate", *Development Policy Review*, 1969, p. 64.

种情况直到以罗斯托（Walt Rostow）等学者为代表的 MIT 国际研究中心走向美国对外援助政策制定的核心后才有所改变。罗斯托的研究方法与20 世纪五六十年代的主流经济学家并不相同,他更像是一个经济史学家。30 年代,还只是耶鲁大学本科生的罗斯托就下定决心,以不同于马克思的方式,重新解释世界史。罗斯托曾表示一生将致力于两个问题:一个是经济史,另一个是马克思研究。因为他认为马克思提出了一些有趣的问题,但给出了一些糟糕、残忍的答案。罗斯托要为马克思的历史理论提出另外的回答。①　所以,他提出现代化理论的代表作,全称为《经济增长的阶段:非共产党宣言》(*The Stages of Economic Growth*: *A Non-Communist Manifesto*)。1954 年罗斯托和米利肯（Max Millikan）召集会议,试图扭转美国对外经济技术援助规模的下降趋势;随后他将会议总结提交给艾森豪威尔总统②,希望以增加对外经济技术援助规模的方式来对抗苏联在第三世界的影响力;但总统当时的核心幕僚副国务卿小赫伯特·胡佛（Herbert Hoover,Jr）,财政部部长乔治·汉弗莱和对外经济政策委员会的主席约瑟夫·道格（Joseph Dodge）都属于财政保守主义者,均反对这一提议。③　但罗斯托后来成为肯尼迪总统竞选团队的核心成员,并提出了对外经济技术援助是美苏冷战新边疆（New Frontier）的口号④。罗斯托 1959 年在莫斯科演讲时说:"例如说美国应该做四件具体的事情,首先就是接受这样的思想——其在这些领域的主要目标是为了创造独立、现代、增长的国家,无论这些国家是否准备加入美国的军事同盟体系。"⑤罗

---

①　Milne,David, *America's Rasputin*: *Walt Rostow and the Vietnam War*,New York:Hill and Wang,2008,p. 25.

②　后出版为 Millikan,Max F.&Walt W.Rostow, *A Proposal*: *Key to an Effective Foreign Policy*, New York:Harper & Brothers,1957。

③　Pearce,Kimber, *Rostow, Kennedy, and the Rhetoric of Foreign Aid*,East Lansing:Michigan State University Press,2001,p. 60.

④　"新边疆"后来被用于特指冷战时期两大阵营的对外援助竞争;也是中国学者谢华所著《冷战的新边疆:美国第四点计划研究》一书(中国社会科学出版社 2012 年版)的题目由来;这体现出国际政治因素在 20 世纪五六十年代成为各国对外援助政策制定的主要考量。

⑤　原文为"The United States,for example,would have to do these four specific things:first,to accept the idea that its major objective in these areas was to create independent,modern,growing states,whether or not they were prepared to join in military alliance with the United States."

斯托主张以具备潜在战略价值的发展援助对抗共产主义对贫穷地区的渗透①。1961年肯尼迪上台后,罗斯托进入了其行政团队核心,并主管东南亚事务;1966年,他更是被约翰逊总统任命为国家安全事务助理。作为1961年推动美国对外援助完成制度化的灵魂人物,罗斯托将美国决策者对现代化理论日益增长的兴趣,归因于苏联在1952年十九大后制定的针对发展中国家的新政,且在斯大林去世后这一既定政策得以继续落实。②

  1961年肯尼迪总统上台后立即成立了美国国际开发署,全面推进向包括中间地带国家在内的广大欠发达地区提供发展援助的工作。随后国会通过了《对外援助法案(1961)》(Foreign Assistance Act of 1961),取代1951年《共同安全法案》,成为美国援外事业的法律基础。1962年6月肯尼迪总统向国会提交了《共同安全计划最终报告》,这份报告是在美国国际开发署主导下完成的,标志着美国长达十年的共同安全援助计划画上了句号,也标志着另一种以发展作为主导目标的援助计划的开始。且国际开发署和《对外援助法案》延续至今,在1961—2017的五十多年中,美国再未出现过援助管理机构不断重组改名、援助法案不断变更替代的情况。

  同时在多边层面,以美国为主导的国际发展援助大厦也逐渐清晰。世界银行被认为是当前多边发展援助事业的核心组织。但"事实上,世界银行最初主要是被视作一个负责重建工作的机构。尽管今天看来似乎难以置信,哈里·怀特在财政部内部散发的世界银行计划第一稿中甚至没有提到'发展'一词"。③美国从1958年开始着手扩大世行,在原有的、主要用于支持欧洲重建的国际复兴开发银行之侧,建立了主要为发展中国家提供援助的国际开发协会(International Development Association,

  ① Pearce,Kimber,*Rostow*,*Kennedy*,*and the Rhetoric of Foreign Aid*,East Lansing:Michigan State University Press,2001,p. 5

  ② Pearce,Kimber,*Rostow*,*Kennedy*,*and the Rhetoric of Foreign Aid*,East Lansing:Michigan State University Press,2001,p. 15.

  ③ [美]理查德·加德纳:《英镑美元外交:当代国际经济秩序的起源与展望》,符荆捷等译,江苏人民出版社2014年版,第28页。

IDA），增强了世行的发展属性①。国际开发协会被认为是私人资本市场
与欠发达国家获得资本之间的桥梁：除了成员国每三年的官方捐资之外，
它主要依靠在美国资本市场上发行债券获得资金；因为通常欠发达国家
凭借其主权信用或企业信用是难以基于商业标准获得贷款的，这样通过
国际开发协会所创造的信用将国际资本市场的钱引入了欠发达国家，且
利率水平通常低于市场基准。

1948 年为协调马歇尔计划而建立的欧洲经济合作组织在 1960 年新
增发展援助小组（Development Assistance Group，DAG）以协调成员国的双
边对外援助，这是欧洲国家从马歇尔计划受援国集体转变为援助国的标
志。1961 年 OEEC 改名为经济合作与发展组织（OECD），DAG 也正式更
名为发展援助委员会（Development Assistance Committee，DAC）。这一组
织也就是持续至今的、协调主要援助国家双边 ODA 政策的核心机构——
经合组织发展援助委员会（OECD DAC）。

美国总统肯尼迪 1961 年 9 月在联合国大会发表演讲，表示美国愿意
为提高欠发达国家和地区的社会发展水平作出贡献，并建议把 20 世纪
60 年代定为"发展之十年"。联合国大会迅速回应了肯尼迪的提议，通过
第 1710 号决议。这也就是前文提到的国际发展援助领域两个关键文件
的来源：1969 年皮尔森委员会对第一个发展十年的总结报告《发展中的
伙伴：委员会关于国际发展的报告》和 1980 年布兰特委员会对第二个发
展十年的总结报告《南北之间：一个生存方案》。

（三）阵营内国家的跟随

值得注意的是，不仅是美苏，当时世界上的主要国家，如中国、英国、
日本、法国、德国和加拿大等，也是在 1960 年前后建立起了相对成熟的对
外援助管理体系（见图 1）。这些国家的援外机构通常是采取了统一管理
对外经济技术援助的方式，如当时的美、苏、英、中四国；但也有分设经济
和技术援助两机构的，例如日本在 1961 年建立了海外经济协力基金

---

① IDA 官网："As the resolution was passed in the U. S. Senate, the U. S. Treasury Secretary
announced at the 1958 annual Bank and Fund meetings in New Delhi that the U. S. was seriously
studying the proposal of a Bank-based IDA and hoped others would do the same."

（Overseas Economic Cooperation Fund）对外提供优惠贷款，就是现在日本国际协力银行（JBIC）的前身；1962 年成立了海外技术协力事业团（Overseas Technical Cooperation Agency）对外提供技术援助，就是现在日本国际协力事业团（JICA）的前身。① 而中国于 1995 年 9 月国务院下达《关于改革援外工作有关问题的批复》后逐渐形成的中国进出口银行负责援外事务中优惠贷款部分，和以商务部援外司负责无偿赠款与技术援助部分的分工，与日本对外援助管理机构的设置有一定的相似性，这种机构组织形式有利于国内经济动机在对外援助决策中发挥核心作用。2018 年 3 月，中国十三届全国人大一次会议提出将商务部对外援助工作有关职责与外交部对外援助协调等职责整合，组建国际发展合作署，作为国务院的直属机构。这一机构调整与美国国际开发署的设置相似，预示着中国的对外援助政策将发生较大变化。

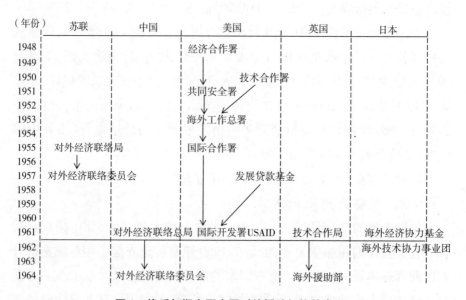

图 1　战后初期主要大国对外援助机构的变迁

资料来源：笔者绘制。

---

① 日本对外援助管理机构演变过程参见 JICA 官网，见 https://www.jica.go.jp/english/about/history/index.html。

《对外援助法案》、美国国际开发署、世界银行集团、OECD 以及联合国发展十年,这些名称都延续至今,成为国际援助领域最为耀眼的符号。从东欧剧变到今天,美国主导的框架体系仍然是全球发展治理最为重要的制度基础。

二、东欧剧变后的西方援助垄断

冷战时期,与资本主义阵营相似,社会主义阵营国家不仅在国内建立起了以对外经济联络部(总局/委员会)为归口管理机构的对外援助实施体系,且国际上也建立起了与西方相似的分工协调制度。但东欧剧变后,援助领域的两极竞争彻底结束了。国际发展援助在 20 世纪 90 年代呈现出 OECD 一家独大的鲜明特点。

(一)西方对发展模式的垄断

这突出体现在发展思想和理论的高度统一上,苏联式社会主义发展模式在 1989—1991 年间的衰落预示着再也没有任何西方新自由主义以外的发展模式可供选择①;也有学者将这种现象称为"西方发展援助卡特尔"②。《全球化百科全书》提供了更为形象的描述:

> "到 20 世纪 80 年代后期,所有多边机构都与'华盛顿共识'步调一致,中心放在正统的宏观经济方面(如结构调整计划),其舵手是总部设在华盛顿特区的机构,特别是国际货币基金组织、世界银行和美国国际开发署。这些组织构成了世界单一援助体系的发令层,并获得总部在巴黎的两个组织的支持:OECD 主要负责援助体系中的数据收集和标准设定;巴黎俱乐部则负责协调债权国对债务国的立场。"③

---

① Sorensen, Jens Stilhoff eds., *Challenging the Aid Paradigm: Western Currents and Asian Alternatives*, Palgrave Macmillan 2010, p.viii

② William Easterly, "The Cartel of Good Intentions", *Foreign Affairs*, No. 131, July/August 2002, pp. 40-49.

③ [英]罗兰·罗伯特等编:《全球化百科全书》,王宁译,译林出版社 2011 年版,第11 页。

在这一过程中,虽也有阿拉伯地区等保有较为特殊的援外制度,但并未形成新的、具有竞争性的对外援助制度体系与多边协调平台。这就使得 OECD 成员国所推出的发展理念和援助行为通常就被认为是全球发展治理的主流规范(Norms)与最佳实践(Best Practices)。

(二)西方对援助资源的垄断

西方在发展领域的垄断当然也体现在援助资源的单一供给上。冷战时期,美苏两国曾将对外援助作为获取中间地带国家支持的工具,这就使得以不结盟国家为代表的受援国群体渔利其间。冷战结束后,西方援助集团一度成为唯一的资金提供方,这就使得援助从买方市场转向卖方市场,受援国的国内政治因此受到了更多的外部干预。此时,OECD 集团提出良治是发展的前提,以受援国国内政治改革,如多党选举、司法独立等,作为提供援助的条件。发展中国家若不接受条件,不建立西方式的政治制度,就得不到援助;若接受良治援助,建立西方式政治制度,一致对外的政策就难以推行。也就是说,国内政治派别之间竞争的成败很大程度上取决于援助方的选择,谁更跟随西方的价值体系和利益诉求,谁就能获得更多的援助资金支持,谁就更可能成为执政党;一旦其难以匹配西方援助集团的期望,更换一个执政党只是援助方在众多候选团队中做重新选择而已。在 1992—2000 年间,有 36 个发展中国家年均接收 ODA 规模超过了中央财政支出的 15%[①];且新兴的也是最能够带来选票的公共服务部门的相关预算承诺对大选结果至关重要,而这部分预算通常来自 ODA 资金,所以甚至出现了哪个政党能够与世界银行达成新一轮的借款协议,哪个政党就可以上台的情况。在"良治援助"的潮流中,除了体量巨大的国家之外,国际援助资金成为左右受援国国内政治的重要因素,很大程度上也成为支撑所谓"民主化第三波"的物质基础,中小发展中国家除了服从再无选择。

---

① 世界发展指数数据库(World Development Indicators):援助依赖度数据(Aid Dependency)。国家列表及年度数据见附录 A。

三、新兴援助国崛起与制度竞争

21 世纪后,以金砖国家为代表的发展中大国,开始扩大对外援助规模,甚至是构建新的多边发展融资机构,被称为新兴援助国。例如中国在 2000 年启动的中非合作论坛,在 2007 年成为世界银行的新晋捐资国,之后还推动建立了亚洲基础设施投资银行、新开发银行等;印度在 2004 年启动了"印度发展倡议",开始通过进出口银行向外提供优惠贷款;印度、巴西和南非三国还在 2003 年建立了印度—巴西—南非论坛(India Brazil Sonth Africa Forum,IBSA)信托基金,用于帮助最不发达国家发展农业,该基金获得了 2010 年千年发展目标南南合作奖。

新兴援助国尤其是中国,由于对外援助的规模更大、制度创新能力更强,而遭受了来自西方更多的怀疑和批评。例如 2006 年 2 月时任英国外交大臣的杰克·斯特劳(Jack Straw)在访问尼日利亚时,将中国与贫困、地区冲突、恐怖主义等一起列为非洲面临的十大挑战。再如 2007 年 2 月美国《外交政策》(Foreign Policy)杂志主编摩西·纳伊姆(Moises Naim)发表文章,指责中国在非洲进行的是"流氓援助"(Rogue Aid)。更广为人知的是,2011 年 6 月时任美国国务卿希拉里在访问非洲时,告诫非洲国家警惕中国在当地的资源索取,认为这是一种"新殖民主义"。

这表明国际发展领域开始出现新的制度竞争态势[①],西方一家独大的情况发生了改变,受援国集团也因此获得了更多的主动权。此外,不仅仅是制度竞争,更为关键的是中国等新兴援助国家其援外行为所依托的发展理念与西方存在一定的差异,这使得国际援助竞争与发展模式的竞争被联系在一起,影响更为深远。2017 年 8 月,中国国际发展知识中心在北京成立,下属国务院发展研究中心管理。这一机构是习近平主席在参加 2015 年 9 月联合国峰会时宣布设立的,旨在总结自身发展经验,加

---

① Morse, Julia & Robert, Keohane, "Contested Multilateralism", *Review of International Organization*, Vol. 9, Issue 4, Dec., 2014, pp. 385–412.

强与其他援助国和受援国的交流,在发展理念推广和发展援助投入等方面贡献更大的力量。

第三节　议题与前沿:援助研究现状与前沿问题

在 ODA 的概念中,援助是以促进受援国国内发展为目标的;但在具体实践中却附带了大量的援助国利益诉求。例如英国学者奥利弗·莫里斯(Oliver Morrissey)曾写道:"受援国的发展利益和目标所发挥的作用,相对于援助国自身的利益而言是弱势的。后者包括政府利益和国内经济利益,特别是商业团体(虽然工会经常也采取了相似的自利姿态)倾向于将援助转化为一种贸易政策工具。"①ODA 附带目标的多元化使相关研究不可避免地要涉及经济学、政治学、社会学等多个学科领域,文献浩如烟海,而如何对这些文献进行分类梳理可被认为是进行 ODA 研究的起点。

从对外援助行为本身出发,它一定涉及两方面研究(见图 2):一是援助在受援国是否真正发挥了促进当地发展的作用,即援助效果问题;二是作为出资方,援助国在某一时期如何形成了特定的对外援助政策,即援助决策问题。英国海外发展部前部长莱蒂丝·哈特曾写道:"在决定对外援助项目的过程中,需要评估和关联两个单独的因素,一个是国家间的分配(Country Allocation),一个是部门间的分配(Sector Allocation)。"②简单来说,援助国的援外决策通常会涉及三大动机:援助效果所体现出的道德动机、国别分配所体现出的国际政治动机和部门分配所体现出的国内经济动机。而援助去捆绑恰恰是连接国内经济动机和道德动机的核心机制,这也就是研究一国对外援助去捆绑进程的重要性所在。

---

① Morrissey, Oliver, "ATP is Dead: Long Live Mixed Credits", *Journal of International Development*, Vol. 10, No. 2, 1998, p. 248.

② Hart, Judith, *Aid and Liberation: A Socialist Study of Aid Policies*, London: Victor Gollancz Ltd., 1973, p. 248.

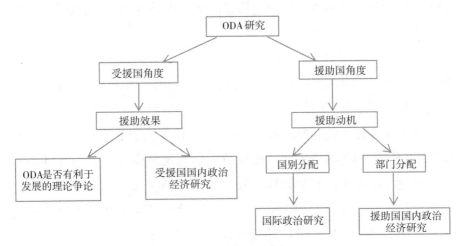

图 2　ODA 研究概况

资料来源:笔者绘制。

一、援助效果及有效性问题

援助效果在冷战结束后,尤其是 1996 年 OECD《塑造 21 世纪:发展合作的贡献》报告后,逐渐成为 ODA 研究的核心;其重要性在之后的 2000 年千年发展目标、历届援助有效性高级别论坛(罗马 2003 年、巴黎 2005 年、阿克拉 2008 年、釜山 2011 年),以及 2015 年可持续发展目标中不断被强化。相关测量指标体系——援助有效性(Aid Effectiveness)已经成型,且呈现出由"援助有效性"向"发展有效性"的进化。

援助效果的研究在长时段下是关于受援国能否真正实现发展的宏观研究,也就是本书在导论第一节中详细阐述的西方发展理论的演变问题。库兹涅茨、刘易斯、钱纳里、托达罗、普雷维什、多斯桑托斯、舒尔茨、弗里德曼、杜德利·希尔斯、约翰·威廉姆森、斯蒂格利茨、阿马蒂亚森、罗德里克、巴格沃蒂等,一个个闪耀的名字,成为引导如何实现发展、如何更好地发挥援助作用的理论引路人。① 近年来,越来越多的中国学者也投入

———————

① Simon, David eds., *Fifty Key Thinkers on Development*, London and New York: Routledge/Taylor & Francis,2006.

到关于发展模式总结和发展理论构建的研究中,例如林毅夫教授提出的新结构经济学等。

援助效果的研究在中短期视角下是关于在现实运行中,ODA 作为一种外来资源在受援国国内政治经济社会变化进程中所扮演的角色,是否起到了促进当地发展的作用,是否还有改进的空间等。围绕这一议题,学术界的主张分野可概括为四派:以当年主导拉美经济改革和在中东欧推行"休克疗法"而著称于世的哥伦比亚大学教授杰弗里·萨克斯(Jeffery Sachs)为代表的援助支持派,认为战后 ODA 总体来说有利于受援国的经济增长和减贫事业;以长期担任英国国际发展部顾问的发展学专家罗杰·里德尔(Roger Riddell)为代表的温和怀疑学派,认为 ODA 的积极效应建立在一定条件下,比如受援国国内的政治经济制度是否允许援助资金最大限度地抵达底层民众;以纽约大学经济学教授威廉姆·伊斯特利(William Easterly)为代表的援助怀疑派和受援国本土精英戴妙玉(Dambisa Moyo)为代表的激进反对派,认为 ODA 在第二次世界大战后的长期存在恶化了受援国的国内状况,引发了"援助荷兰病"等负面效应,甚至将 ODA 认为是新殖民主义的工具①。在现实中,经历了 20 世纪 90 年代前半期的"援助疲劳"后,世界主要国家在联合国平台上达成了"千年发展目标"这一新共识;且进入 21 世纪后,双边和多边 ODA 实际规模不断扩大。这显示出以杰弗里·萨克斯和罗杰·里德尔为代表的泛支持力量仍占据主导地位。这两派认为过去 50 余年的国际发展援助之所以没有取得预期效果,是因为受援国的国内特殊性,例如政府腐败、经济战略失误、有别于西方的传统文化等,干扰了援助发展目标的实现。这样,关于 ODA 在受援国国内政治经济社会发展过程中所扮演角色的实证分析就成为国际发展学最为重要的研究内容;对于某一欠发达国家的个例

---

① 各派代表文献:Sachs, Jeffery, *The End of Poverty: Economic Possibilities for Our Time*, Penguin Books, 2005; Riddell, Roger, *Does Foreign Aid Really Work?* Oxford University Press, 2008; Easterly, William, *The Whiter Man's Burden: Why the West's Effort to Aid the Rest Have Done So Much Ill and So Little Good*, Penguin Books, 2006; Moyo, Dambisa, *Dead Aid: Why Aid is not Working and How There as a Better Way for Africa*, Farrar, Straus and Giroux, 2010。

分析与田野调查,并在此基础上测量 ODA 在这一国家发展中所发挥的作用,成为《世界发展》(*World Development*)、《国际发展期刊》(*Journal of International Development*)、《发展政策评论》(*Development Policy Review*)等主流国际发展学期刊的核心内容。

援助效果是发展研究的核心概念,甚至可概括或代指当下国际发展学的全部研究内容。援助条件、受援国所有、伙伴关系、援助协调、援助碎片化、有效性指标构建等前沿议题都是由如何更好地实现援助效果而衍生出来的。英国在 ODA 研究领域具有传统优势的几个高校也都已将研究重心从国际政治等方向转移过来,与跨国倡议网络展开合作,例如国际发展类 NGO 与苏塞克斯大学发展研究学会在食品安全和饥荒领域建立了联系,与伦敦政经学院在主权和人道主义干涉方面,和曼彻斯特大学在NGO 影响和责任方面建立了联系。① 曾任英国国际发展部中国办事处官员的戴艾颜(Arjan De Haan)曾发文指出,在中国采取国际发展学路径进行对外援助研究的学术机构主要包括:中国农业大学人文与发展学院、北京师范大学社会学系、清华大学公共政策与管理系和中国人民大学人类学系。② 进入新千年后,中国政府也着力推动对外援助体系的科学化、现代化,其中重要的一环即是完善援助监督评估体系,使中国的对外援助具有更好的发展有效性。上海对外经贸大学国际发展合作研究院等机构在这一领域已开展了卓有成效的研究。

二、援助决策动机与资源分配问题

丁韶彬教授等曾写道:"国际政治学/国际政治经济学关于对外援助的研究,其核心内容在于探讨援助国对外援助的动机。"③援助资源分配为确定一国的援外动机提供了直观的证据。它又可细分为国别分配和部

---

① Hilton,Matthew and Jean-François Mouhot,*The Politics of Expertise：How NGOs Shaped Modern Britain*,Oxford University Press,2013,p. 81.

② Haan,Arian De,"Will China Change International Development as We Know It？"*Journal of International Development*,Vol. 23,Issue 7,2011,pp. 881-908.

③ 丁韶彬、阚道远:《对外援助的社会交换论阐释》,《国际政治研究》2007 年第 3 期,第40 页。

门分配两种,前者指一国的对外援助资金给了哪些受援国,例如是集中于撒哈拉以南非洲还是东南亚,是去了沿海国家还是内陆国家等,主要体现了援助国的国际政治动机;后者是指一国的对外援助资金是集中于生产性部门及基础设施建设领域、教育卫生等社会公共服务部门还是专业性咨询领域,主要体现了援助国的国内经济动机。

(一)援助资源的国别分配问题

援助资源的国别分配,即以什么样的标准在全球范围内挑选受援国及对应预算规模,主要体现了援助国的国际政治动机。短期而言,对外援助的国别分配可影响受援国就特定国际政治事件的立场、投票、表态,可为高访创造友好环境;就中长期而言,对外援助可作为联盟政治的黏合剂、可彰显一国的软实力、可推动受援国的民主政治建设,甚至可作为在受援国扶植领导人的主要资金形式,成为实现援助国对外战略的工具。对外援助的国别分配与国际政治因素的密切联系尤其体现在冷战时期。国内国际关系学界对于 ODA 的研究也集中于这一领域,例如社科院欧洲所周弘教授主编的《对外援助与国际关系》一书、中央财经大学白云真教授的论文《中国对外援助的战略分析》、清华大学庞珣教授等的论文《中美对外援助的国际政治意义——以联合国大会投票为例》等①。

(二)援助资源的部门分配问题

援助资源分配的第二个子议题是——部门分配,即 ODA 是选择资助受援国第二产业相关的基础设施建设和生产性项目,还是在社会公共服务等第三产业相关领域,也可理解为对外援助项目的产业选择问题。有数据显示,当下超过 2/3 的援助流入了受援国的经济和社会部门。一个重要的趋势是流入社会部门的发展援助比例自 20 世纪 80 年代早期以来翻了一番,到 2000 年前后,占到了所有 ODA 承诺的 40%;同时流入经济基础设施和生产性部门的 ODA 比例下降了,其中流入生产性部门的援助比例从 20 世纪 80 年代早期到 21 世纪初期从占全部援助的 28%—29%,

---

① 周弘主编:《对外援助与国际关系》,中国社会科学出版社 2002 年版;白云真:《中国对外援助的战略分析》,《世界经济与政治》2013 年第 5 期;庞珣、王帅:《中美对外援助的国际政治意义——以联合国大会投票为例》,《中国社会科学》2017 年第 3 期。

下降至7%—9%。① 根据OECD在2014年发布的《英国对外援助同行评议报告》(*UK Peer Review* 2014),英国援外的主导部门在2001—2012年间一直是社会类基础设施及服务(教育、医疗、人口与生殖健康、供水与卫生、政府与公民社会等),且在2011—2012年度,英国在此类部门的对外援助资源分配高于OECD DAC的平均水平;而在经济类基础设施及服务、生产性部门等与第二产业关系更为密切的产业领域,英国对外援助的资源分配则在平均线之下(见表2)。英国对外援助最新数据显示,英国2016年援助资源分配排在前五位的部门是:人道主义(15%)、多部门(包含环保、研究、城乡发展,13.3%)、政府与公民社会(包含公共政策、人权与冲突的预防与解决、和平与安全,13.1%)、卫生(12.2%)、教育(11.3%)②。英国在对外援助中重服务部门、轻生产性部门的特征愈加明确。

表2　2001—2012年间英国双边ODA资源的部门分配情况　(单位:%)

部门类别	2001—2005年均	2006—2010年均	2011—2012年均	OECD DAC 2011—2012年均
社会类基础设施及服务	36	43	50	41
经济类基础设施及服务	7	11	11	16
生产性部门	6	4	5	8
多部门	3	8	12	10
货物及方案援助	2	8	6	3
债务相关	24	11	2	3
人道主义援助	11	9	8	8
援助国行政开支	9	6	6	10

资料来源:OECD(2014),OECD Development Co-operation Peer Reviews:United Kingdom 2014,OECD Development Co-operation Peer Reviews,OECD Publishing,p.106。

①　数据来源:Akramov, Kamiljon, "Foreign Aid Allocation, Governance, and Economic Growth",IFPRI,Nov.,2012.
②　DFID,"Statistics on International Development 2017",Nov.,2017,p.30.

第四节　捆绑援助：概念、机制与历史

本节将首先介绍捆绑援助机制和对外援助去捆绑规范的基本概念，界定其在国际发展援助研究领域的位置。前文多次提到对外援助的三大动机，捆绑援助率可被视为经济动机最为直观的指标，对外援助去捆绑则多被认为是援助国从经济利益诉求向道德行为转化的机制所在。这些都表明了研究一国的对外援助去捆绑进程的重要性。此外，20世纪70年代资本主义阵营内部经济竞争的一个突出表现——出口信贷竞争，与捆绑援助议题的出现有着直接联系，回顾这两者自70年代以来的历史，将有助于读者更好地理解本书的核心研究对象。

一、什么是捆绑援助

捆绑援助(Tied Aid)是指援助国要求受援国使用其援助资金购买指定范围的产品和服务，从而使对外援助成为援助国政府补贴本国企业、促进出口的一种工具。捆绑援助有两种形式：一是援助国对援助资金的采购来源进行限制，如仅援助国本国企业可参加项目投标，可被看作是一种特殊的政府采购；二是援助国将对外援助与出口信贷相结合，以形成优惠程度更高的混合信贷(Mixed Credit)或软贷款(Soft Loan)，帮助本国企业在国际贸易竞争中获得优势，可被看作是一种特殊的出口信贷。捆绑援助的这两种形式都破坏了市场经济的基本原则，妨碍了受援国在全球范围内选择最优援助实现方案；而这两者之中，尤其是后者更引人关注，因为混合信贷和软贷款的方式能够撬动的资金规模更大，对于全球自由贸易体系的扭曲程度更深。有数据表明，以捆绑援助形式资助的发展项目，其平均成本要比公开招投标高15%—30%①，是对援助资源的极大浪费，影响了援助有效性的实现。所以，对外援助政策与贸易、投资政策脱钩，

---

① OECD官网：Development Co-operation Directorate-Financing for sustainable development Untied Aid，见 http://www.oecd.org/dac/financing－sustainable－development/development－finance-standards/untied-aid.html，登陆时间2018年3月16日。

ODA 与出口信贷脱钩,不再限制援助资金使用的招投标范围,即为对外援助去捆绑。它是国际发展领域的一个重要规范①,是对外援助研究领域的核心议题。

(一)捆绑援助与条件援助的区别

为了更好地理解捆绑援助的概念,下面将进一步比较其与条件援助、出口信贷等的区别与联系。

条件援助,或曰援助条件、援助条件性(Conditionality/Aid with Conditions),是指援助方在提供对外援助时,要求受援国接受一些附加条件。这里的附加条件主要是指"一种双边安排,政府借此采取或承诺采取某些政策行动,国际金融机构或其他机构则提供特定数量的财务援助作为支持"②。在西方传统援助国的认知中,条件援助通常与援助有效性不矛盾,例如附加受援国需落实的反腐败措施。以 IMF 和世界银行所推动的结构调整计划最为典型,受援国为得到援助需实行经济紧缩政策,或者私有化其他公共部门,如邮政业、电信业、铁路交通、金融业等。换句话说,建立市场经济制度和自由民主制度是一国实现发展的前提,是援助能够发挥应有效果的必要条件。由于中国等奉行不干涉他国内政等原则,这也使得是否使用条件援助成为新兴援助国与西方传统援助国对外援助方式最为根本的区别。③

当然也有少数学者将条件援助与捆绑援助放在一个大类中进行理解,认为捆绑援助是援助国提出的经济附加条件,条件援助是援助国提出的政治附加条件。这种理解也存在,但较为少见。

(二)ODA 与出口信贷的区别与联系

满足优惠程度高于等于25%的政府贷款即可被记为 ODA 的规定,在

---

① "规范是用来描述给定认同下对于某一行为体合适行为的集体期望。"引自[美]卡赞斯坦:《国家安全的文化:世界政治中的规范与认同》,宋伟等译,北京大学出版社 2009 年版,第5页。

② Killick, Tony, *Aid and the Political Economy of Policy Change*, London: Overseas Development Institute, 1998, p. 6.

③ 黄梅波编:《中国对非援助及其投资的效应研究:中国发展经验及其对非洲的意义》,中国社会科学出版社 2017 年版,第81页。

20世纪六七十年代的出现和巩固,是捆绑援助概念和制度得以产生和存在的基础,且尤其体现在混合贷款和软贷款捆绑援助中。战后初期,所有带有优惠性质的政府间资金流动都被称为官方援助。无偿赠款在统计上是没有问题的,但优惠贷款的减让水平就有些棘手,含1%或99%无偿赠予部分的贷款如果都被称为援助的话,那国际援助的规模数据质量就非常差,各援助国也可能出现"向下竞争"的情况。为解决这些问题,OECD在1969年将之前使用的官方资金流动概念细分为:官方发展援助(ODA)和其他官方资金(OOF)。在当时的定义中,ODA需要满足两个要求:一是以促进发展中国家经济发展和福利为目标;二是贷款条件(如利率、偿还期限)等需低于商业贷款水平。之后,OECD又在1972年巴黎高级别会议上将要求二细化为:减让部分不低于资金总额的25%。也就是说,ODA的精确定义与制度化是在20世纪六七十年代才完成的,在此之前对外经济技术援助与官方出口信贷等资金间的差异是模糊的,更遑论对外援助去捆绑规范了。目前,OECD关于各国对外援助捆绑率的统计也是基于ODA数据(OECD Statistics > Aid(ODA)Tying Status)。

跨国资本流动的主要形式有三种:私人资本流动(包括投资、侨汇等形式)、出口信贷和ODA。其中,出口信贷是介于政府和市场之间的一种贸易金融——政府或私营银行发放贷款为出口提供融资支持[1]。英国是世界上最早建立官方出口信贷机构的国家,1919年成立的出口信用局,最初旨在帮助英国企业在第一次世界大战后重建全球贸易关系,后改名为英国出口信用担保局(Exports Credit Guarantee Department,ECGD),直至今日仍在英国的对外经济关系中发挥着重要作用。在英国之后,主要的资本主义国家都建立了相似的机构,如1934年成立的美国进出口银行[2]、1952年成立的日本进出口银行(1999年并入日本国际协力银行)

---

① Moravcsik,Andrew,"Disciplining Trade Finance:the OECD Export Credit Arrangement",*International Organization*,Vol. 43,No. 1,Winter 1989,p. 176.

② 美国进出口银行相关历史参见 Becker,William H. & William M. McClenahan Jr,*The Market,the State,and the Export-Import Bank of the United States*,1934-2000,Cambridge University Press,2003。

等。这些机构之间相互合作也彼此竞争,并在国际层面上建立了协调组织——伯尔尼协会(Berne Union),至 2017 年年初已涵盖了来自 73 个国家的 84 个成员机构。出口信贷天生就具有介于政府与市场之间的性质,这也使得它难以避免地拥有多重目标,如单纯为促进出口的经济目标、选择性支持的产业政策目标、密切国与国之间合作关系的政治目标、保障战略性资源采购的国家安全目标,甚至是辅助对外战争后勤事务的军事相关目标等(例如美国进出口银行曾在 1939 年为修筑滇缅公路提供融资)。在这其中,又以促进出口为其基本、主导目标。

出口信贷与 ODA 既有区别又有联系;在特定历史时期、强势利益集团、政府机构间博弈等影响下,两者经常会被混合使用。就形式而言,出口信贷,尤其是官方出口信贷与 ODA 中的优惠贷款部分非常相似:都是由一国政府对外提供的资金,需要对方在一个相对较长的使用时段后还本付息;且在优惠属性层面,有时一些国家提供的出口信贷在利率等方面也有低于市场水平的情况。这就使得官方出口信贷与 ODA 优惠贷款之间的界限十分模糊,经常会被联合使用。就放款宗旨而言,出口信贷聚焦于促进出口这一主导动机,而 ODA 优惠贷款在理论上则包含促进援助国出口和推动受援国发展两个动机。但在实际操作中,后者的发展动机往往会被挤占或忽略。例如英国政府在 1977 年推出"援助与贸易条款"(Aid and Trade Provision,ATP),规定每年从对外援助预算中拿出 5%—10%,用于帮助本国企业在具有发展属性的国际项目投标中获胜,配合英国出口信用担保局的业务。但在资本主义阵营内部出口竞争激烈化、英国政府内部各机构争夺对外援助预算、国内第二产业发展陷入瓶颈的综合影响下,"援助与贸易条款"资金后来甚至被用于英国企业在葡萄牙、希腊等发达国家的项目竞争中,也被用于与马来西亚、印度尼西亚等国的军购合同中,空有 ODA 资金之名,却大行出口信贷资金之实。

具体而言,出口信贷与 ODA 间难分彼此的关系通常体现在两个时段(见图3):一是在对外援助行为开始之时,援助国的 ODA 按一定比例配合出口信贷使用以形成混合贷款,或用于补贴出口信贷的利率以形成软贷款,提升本国企业在全球出口竞争中的相对优势;二是在受援国偿还以

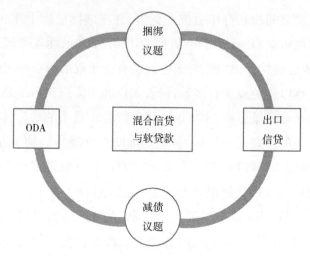

图3　ODA 与出口信贷之间的关系

资料来源:笔者绘制。

优惠贷款形式借出的援助款项时,ODA 与出口信贷又在国际减债议题上相遇。1955 年在荷兰海牙成立的巴黎俱乐部(Paris Club)是西方国家寻求以多边途径解决与发展中国家官方或半官方债务的国际机构,与之相对的是解决私营部门债务问题的伦敦俱乐部(London Club)。冷战结束后,NGO 推动了减免重债穷国债务的国际倡议,使减债成为 20 世纪 90 年代国际援助领域的关键议题。但在最为重要的两次运动中——1996 年和2000 年——巴黎俱乐部成员国免除重债穷国(Highly Indebted Poor Countries,HIPCs)的官方债务,只有 20%是 ODA 优惠信贷,剩下的 80%都是出口信贷。且免债的方式也充分显示出 ODA 与出口信贷间难分彼此的关系,例如英国的部分免债资金是由其国际发展部支付给自己的出口信贷官方管理机构出口信用担保局,作为英国当年对外提供的 ODA 进行统计。[①]

二、捆绑援助是对外援助经济目标的实现机制

对外援助的政策目标是没有自我实现功能的,要想成为现实,必须有

① Blackmon,Pamela,*The Political Economy of Trade Finance:Export Credit Agencies,the Paris Club and IMF*,Routledge,2017,p. 9.

一定的实现机制,例如捆绑援助、条件援助、援助制裁、援助分配与援助协调等①。而捆绑援助是一国对外援助经济动机的直接体现②。前文曾详细介绍了西方发展理论的演变及其对援助国对外援助行为和国内产业依托基础的影响。而捆绑援助就是连接发展理论、援助行为与援助链的核心机制。《全球化百科全书》是这样界定"援助链"概念的:"多数官方双边援助的金钱被用来消费于或回流到援助国或贷款国。此种流动增强了国内赞成援助的声音。从资助单位一直到官方办事处、银行、供货方、智库、大学、咨询公司以及非营利方,援助体系把上述各类组织捆绑在一起,铸成一条又长又复杂的援助链。"③

　　ODA 资源的部门分配在相当程度上受援助国国内经济动机的影响,与国内政治经济进程密切相关,例如援助国愿意在哪些产业进行援助,能够在哪些产业进行援助,哪些产业集团在对外援助资源分配议程中占据优势地位,援助国政府机构中贸工部/商务部在援外事务中的话语权,以及某一产业在国家贸工部/商务部和援助部中的政策诉求与游说能力。在这其中,又以援助国对外援助政策与促进出口政策的结合堪称是以ODA 实现国内经济目标最为明确的形式,具体表现为以对外援助资金配合出口信贷资金使用,以改善援助国的国际收支平衡、保证出口厂商的经济利益、为劳动力提供更多的就业机会。同时,援助国国内产业集团涉入对外援助的决策过程是需要一个前提的,即援助国国内产业集团可中标对外援助项目,从中赚取商业利益。这一前提可以通过两种途径获得——市场途径和政府途径——前者是指援助国国内某一产业或厂商具有全球竞争力,可在公开招投标中获胜;后者是指援助国政府限制其所提供的 ODA 的招投标范围,帮助本国厂商在不具备全球竞争力的条件下中标。而这个将企业与政府、贸易与援外联系在一起的机制就是"捆绑援

　　① 丁韶彬、杨蔚林:《西方国家的对外援助:政策目标及其实现》,《世界经济与政治》2008年第6期。
　　② 黄梅波等编:《南南合作与中国的国际发展援助》,中国社会科学出版社2018年版,第50页。
　　③ [英]罗兰·罗伯特等编:《全球化百科全书》,王宁译,译林出版社2011年版,第11页。

助"。众多相关文献认为捆绑援助是通过 ODA 创造出口的最主要途径。[①]所以，对外援助去捆绑在 ODA 研究中属于"援助国>援助决策动机与资源分配>部门分配"这一路径下的议题，需要从研究援助国国内政治经济社会相关进程入手。

三、对外援助去捆绑规范及其历史

捆绑援助有两种形式：一是援助国对无偿赠款的采购来源进行限制，使 ODA 成为一种特殊的政府采购；二是援助国将 ODA 资金作为一种优惠程度更高的出口信贷来使用。其中，第二种形式能够撬动的资金规模更大，对全球自由贸易体系的扭曲更深，所以更引人瞩目。在 1969 年 OECD 区分 ODA 与其他官方流动（Other Official Flows, OOF）前，一国对外援助中的优惠贷款部分与贸易融资中的官方出口信贷部分难分彼此；所以在 1969 年，或者说在 1972 年 OECD 界定 ODA 的减让比例不低于 25% 之前，对外援助去捆绑是难以作为一个单独的问题在多边层面上讨论的。且从笔者读到的文献材料看，当时虽存在有一些西方国家希望通过对外援助加贸易方式来促进出口，但这并非是一种普遍的潮流，或者说没有成为国际经济关系的热点。例如 1956 年英国企业在罗德西亚与尼亚萨兰联邦一水电站项目的投标过程中遭遇了法国和意大利的补贴竞争。在与产业代表们讨论过这件事后，英国财政部部长在 1956 年 7 月 20 日发表声明"以英国的贷款仅能购买英国的产品和服务不符合英国广义上的利益。如果有十分需要和可实施的特殊情况，可具体案例具体决定"。且之后出现的 1960 年 6 月 10 日文件也显示，英国并未改变 1956 年的既定政策。[②]

① McGillivray, Mark & Oliver Morrissey, "Aid and Trade Relationships in East Asia", *World Economy*, Vol. 21, No. 7, 1998, pp. 981-995. Silva, Simone J. & Douglas Nelson, "Does Aid Cause Trade? Evidence from an Asymmetric Gravity Model", *World Economy*, Vol. 35, No. 5, 2012, pp. 545-577. Martinez-Zarzoso, Inmaculada et al., "Does German Development Aid Pomote German Export?", *German Economic Review*, Vol. 10, No. 3, 2009, pp. 317-338.

② Morgan, David J., *The Official History of Colonial Development*, Vol 3: *A Reassessment of British Aid Policy*, 1951-1965, Atlantic Highland, N.J.: Humanities Press, 1980, pp. 212-213.

(一)1973 年开始的出口信贷多边谈判

从 1973 年开始,出口信贷竞争问题逐渐成为资本主义阵营内部国家间经济协调的重要议题。1973 年 9 月,在世界银行内罗毕年会上,法国、德国、意大利、日本、英国和美国达成了限制出口信贷竞争的第一个"君子协议"。但之后的具体条款谈判并不顺利,当时的一种说法是应升格谈判级别;于是 1975 年 11 月在法国朗布依埃召开的首届七国集团峰会上(当时为六国,加拿大为 1976 年 G7 第二次会议时加入),各国元首表示将在出口信贷谈判问题上增加努力,以尽快达成协议。随后七国集团在 1976 年就限制出口信贷竞争问题达成进一步共识,并在此基础上形成了 OECD 1978 年协议——《关于官方支持类出口信贷的指导方针》(*Arrangement on Guidelines for Officially Supported Export Credits*)。

关于为什么多边层面出口信贷竞争问题的谈判在 1973 年后才出现,主要有两种解释:一是认为这是 20 世纪 70 年代石油危机的伴生产物。例如有学者提出:"在第一次石油危机之前,一些 OECD 的主要国家已经开始探索如何使 OECD 在避免发生难以控制的出口信贷竞赛中发挥作用。石油危机及其伴生而来的官方出口信贷增长,为这一努力增加了动力。"[1]二是从霸权稳定论的角度出发,认为这是美国利益发生转变而导致的国际制度变化。安德鲁·莫劳夫奇克(Andrew Moravcsik)提出,"欧洲在 20 世纪 60 年代呼吁改革没有任何的效果,但美国自 1974 年突然产生了减少补贴的兴趣,这成为开始认真协商的催化剂"[2]。他认为决定一国在国际出口信贷竞争中位置的变量有两个:一是该国企业的国际竞争力;二是该国政府的资源调动能力。1974 年之后,作为霸权国家的美国,其出口产业竞争力开始相对下降、国内利率水平相对升高,且政府调动资源的能力相对日本等国较弱,这推动了 1978 年第一个限制出口信贷竞争多边协定的出现。

---

[1]　Ray, John, *Managing Official Export Credits: The Quest for a Global Regime*, Peterson Institute, 1995, p. 50.

[2]　Moravcsik, Andrew, "Disciplining Trade Finance: the OECD Export Credit Arrangement", *International Organization*, Vol. 43, No. 1, Winter 1989, p. 199.

(二)1982 年捆绑援助问题凸显

根据约翰·雷的数据,在石油危机爆发后,除商业银行外,各国的出口信贷机构也参与其中,官方支持的长期信贷增长了四倍多,从 1972 年的 52 亿特别提款权(Special Draning Rights, SDR)增长至 1982 年的 244 亿 SDR。[①] 但这种增长态势在 1982 年发展中国家债务危机爆发后出现了逆转,1982—1987 年间,一年期以上的官方支持类出口信贷下降了43%,五年期以上——主要用以进口资本品的信贷——下降了 66%。[②] 这一方面是因为多数发展中国家深陷债务危机,已无力进口更多的资本品;另一方面即使发展中国家愿意继续举债,西方国家国内的商业银行体系和需要保本微利维持运转的官方出口信贷机构也难以通过其贷款风险评估。在这样凄凉的环境下,ODA 成为那些希望补贴出口国家的最后避难所。在资本品部门的竞争性融资中,捆绑援助信贷在 1982 年的规模仅相当于一般出口信贷的一半;而在 1987—1988 财年,前者则超过了后者。[③] 这意味着在 1982 年债务危机后,捆绑援助成为 70 年代西方国家出口信贷竞争的重要补充,成为扰乱资本主义世界自由贸易体系的重要因素。在国际平衡收支方面困难重重的国家纷纷要求像规范出口信贷竞争那样限制捆绑援助的使用。例如 1985 年 9 月,美国总统里根就要求国会通过了 3 亿美元的"捆绑援助战争基金"(Tied Aid War Chest),其机制是"以牙还牙、后发制人"——若美国厂商在海外进行投标时遭遇其他国家对本国企业的捆绑援助补贴,可向美国进出口银行申请这一基金的补贴,对冲对方企业的报价优势,以推动国际贸易体系的有序运转。

(三)1992 年生效的"赫尔辛基准则"

OECD 国家在 1991 年 4 月达成共识——"赫尔辛基准则",规定:"限

---

① Ray, John, *Managing Official Export Credits: The Quest for a Global Regime*, Peterson Institute, 1995, p. 49.

② 数据来源:Ray, John, *Managing Official Export Credits: The Quest for a Global Regime*, Peterson Institute, 1995, p. 65。

③ 数据来源:Preeg, Ernest H., "The Tied Aid Credit Issue: US Export Competitiveness in Developing Countries", The Center for Strategic and International Studies, 1989, p. 2。

制在可进行商业融资的项目上使用捆绑援助";并于1992年2月15日正式生效。史蒂芬·霍尔(Steven Hall)认为,"赫尔辛基准则"是美国在20世纪八九十年代试图改善国际收支平衡的举措之一,与广场协议等一脉相承。除了币值高估外,日本和欧洲国家以捆绑援助促进出口的方法也在恶化着美国的贸易赤字。在OECD框架下进行的关于限制捆绑援助使用的多边谈判中,美国为一方,北欧、英国、德国等支持其主张;法国、日本则抵制这一倡议,但最终美国取得了胜利。① "赫尔辛基准则"要求按人均收入划分,在能够进行商业融资的中低收入国家的项目招投标中,不允许以捆绑援助配合出口信贷;在最低收入国家的项目上则不做要求。这样以受援国人均收入作为划分捆绑援助使用范围的标准,使很多人口密度较低的发展中国家被排除在可使用捆绑援助的名单之外,而中国、印度、印度尼西亚等人口大国就成为西方国家捆绑援助争夺的市场。与此同时,在学术领域,捷普马(Catrinus J.Jepma)在1991年出版了《援助的捆绑》(*The Tying of Aid*)一书,成为最早介绍捆绑援助问题的专著。②

(四)2002年生效的OECD建议

此后,1998年OECD发展援助委员会开始着手制定、2001年正式推出、2002年正式生效的《关于官方发展援助去捆绑的建议》,要求成员国逐步将对最不发达国家的援助捆绑率降为零。这可以理解为是对1992年"赫尔辛基准则"的补充,将援助去捆绑的范围从中低收入国家扩大至最不发达国家。也可以理解为这两次的援助去捆绑文件是在不同的规范体系下完成的:1992年准则旨在规范国际出口信贷市场,减少对自由贸易秩序的扭曲;2002年建议则是为了更好地推动在1996年后逐渐兴起的援助有效性框架。如果1992年准则就是为了实现援助有效性的话,从道德角度出发,应当首先在最不发达国家推动去捆绑,而事实正好相反。2002年蒙特雷会议后,援助去捆绑率成为千年发展目标的量化指标之一

① Hall,Steven,"Managing Tied Aid Competition:Domestic Politics,Credible Threats,and the Helsinki Disciplines", *Review of International Political Economy*, Vol.18,No.5,2011,pp.646-672.
② Jepma,Catrinus J.,*The Tying of Aid*,Paris:OECD,1991.

(Indicator 8.3 for Goal 8);2005 年巴黎会议后,援助去捆绑率成为衡量援助有效性的量化指标之一。

2002 年 OECD 建议去捆绑有两个例外领域:一是粮食援助,是因为其多边协商平台不在 OECD,而在联合国世界粮食计划署(WFP);另外粮食援助是美国一家独大,2009 年全球登记食品援助的 51% 来自美国,欧盟及其成员国 17%、日本 7%、加拿大 4%、澳大利亚 2%。[①] 且日本的 7% 也是因为在 WTO 框架下成员方必须每年进口一部分农产品,日本不希望这部分粮食流入国内市场,就将这些进口粮食以援助的形式提供给发展中国家。二是技术合作,这一项更多体现了援助国国内政治对援助政策的影响。根据 OECD 2007 年 9 月 6 日文件,"在投资相关技术合作和独立技术合作部分,一般认为,发展援助委员会成员国的政策可能是被维持援助国国民参与的重要性所引导"[②]。

(五)新兴援助国与对外援助去捆绑规范

伴随西方国家逐步实现对外援助去捆绑,金砖国家就成为在国际市场上提供混合信贷和软贷款的新兴力量。中国进出口银行提供的援外优惠贷款业务(Government Concessional Loan)与优惠出口买方信贷业务(Preferential Buyer's Credit)就是由其机构内部"两优"贷款审批委员会统一管理、混合使用的。关于这两笔资金的捆绑率,中国商务部有明文规定:"由中方企业为总承包商/出口商,设备、技术、材料和服务优先从中国采购,中国成分原则不低于 50%(工程类项目可适当放宽)。"[③]当下,

---

① 数据来源:Chimia, Annamaria La, *Tied Aid and Development Aid Procurement in the Framework of EU and WTO Law*,Hart Publishing,2013,p. 60。

② DAC Recommendation on Untying Official Development Assistance to the Least Developed Countries and Highly Indebted Poor Countries,25 April 2001–DCD/DAC(2001)12/FINAL amended on 26 September 2007–DCD/DAC(2007)41,"In respect of investment-related technical cooperation and free standing technical cooperation,it is recognized that DAC Members'policies may be guided by the importance of maintaining a basic sense of national involvement in donor countries alongside the objective of calling upon partner countries'expertise,bearing in mind the objectives and principles of the Recommendation."

③ 中国商务部官网,见 http://caiec. mofcom. gov. cn/article/g/201610/20161001406979. shtml,登陆时间 2018 年 2 月 24 日。

金砖国家不仅要面临国际去捆绑规范的道德压力,美国等也仍保留之前对冲日本、法国捆绑援助信贷攻势的"以牙还牙"基金。例如在 2011 年,美国进出口银行为对抗来自中国的出口信贷,出资 4.77 亿美元,帮助通用电气公司获得巴基斯坦的火车头订单。[①] 这也反映出研究对外援助去捆绑问题具有重要的现实意义。

---

① "Reauthorization of the Export-Import Bank: Issues and Policy Options for Congress", Congressional Research Service, May 7, 2012, p. 19.

第一章　英国废除捆绑援助政策的原因探析

　　根据 OECD 的统计,英国在 1960—2017 年间对外提供的官方发展援助净支出约为 2823.32 亿美元,占到 OECD DAC 对外援助总规模的 7.95%。在这 58 年间,美国和日本交替成为 DAC 对外援助规模最多的国家,英国则有 6 年排在第 2 位,分别为 2006 年、2010 年、2012 年、2013 年、2014 年和 2015 年;英国有两年排在七国集团的末尾,分别为 1986 年和 1987 年。根据《中国的对外援助》白皮书(2011 年、2014 年)的数据,中国在 1950—2009 年间对外援助总额为 2562.9 亿人民币,2010—2012 年间总额为 893.4 亿人民币。英国在 1960—2009 年间的 ODA 总额为 1498.75 亿美元,2010—2012 年间的 ODA 总额为 407.77 亿美元,约相当于中国对外援助的 4 倍和 3.2 倍。[①]

　　就援助规模而言,英国在西方传统援助国集团中只算是中流水平。第二次世界大战结束后,英国在推动对外援助制度化、构建国际发展体系等方面,也长期扮演着跟随美国或服从 OECD 大氛围的角色。但在 2000 年前后,英国在国际发展援助事务中的话语权开始攀升,在多边舞台上的重要性凸显开来。例如 2005 年八国集团格拉斯哥峰会奠定了英国在国际发展领域的领导地位;目前英国也是世界银行国际开发协会第 17 次融资(2014—2017 年)的第一大捐助国。这主要是因为 1997 年后重新执政的工党在 ODA 领域推动了一系列引人瞩目的改革,突出表现在三方面:

---

　　① 数据来源:国务院新闻办公室:《中国的对外援助(2011)》白皮书、《中国的对外援助(2014)》白皮书。

第一,建立独立的对外援助管理部委——国际发展部,将其负责人的级别进一步提升至国务大臣级;第二,宣布并落实了英国对外援助预算占到GNP 0.7%的联合国倡议目标,这在七国集团中是首例;第三,在2002年实现了对外援助全面去捆绑,使英国成为七国集团中第一个在此指标上实现突破的国家。本书关注的重点是英国的捆绑援助政策,通过对英国1992—2002年间国内政治的分析,试图回答一个问题:为什么英国会在2002年实现对外援助零捆绑。

在自变量的选取上,笔者思维的起点是中国创建亚洲基础设施投资银行。在2015年亚投行成立时,OECD DAC的当年ODA规模为1316亿美元,但发展中地区的基础设施融资缺口却长期没有得到解决,那如此巨额的ODA都去了哪里呢? 通过观察OECD国家的援助资源部门分配,本书认为西方国家的对外援助已走向全面服务化,教育卫生等公共服务部门、经济政治改革等专业咨询部门得到了更多的关注。西方援助资源部门分配变化的国内基础是什么呢? 有学者提出:在过去30年间,发达自由民主国家最为重要的变化是从以制造业生产为主导的经济转变为以服务生产为主导的经济。① 所以本书选取七国集团中去工业化和第三产业化最为突出的英国作为极端案例进行研究,提出国内产业结构的变化是其废除捆绑援助政策的重要原因,具有全球竞争力的英国服务企业,更受益于对外援助去捆绑规范在全球的加速扩散。

第一节 英国为何会废除捆绑援助政策

一国的对外援助决策通常包含三大动机:道德动机、国际政治动机和国内经济动机。而对外援助去捆绑就是联结国内经济动机和道德动机之间的核心机制。通过对一国援助去捆绑进程的研究可更为深刻地理解该国对外援助政策的实质。目前西方主要援助国已形成的相关多边文件包

① Iversen, Torben and Anne Wren, "Equality, Employment, and Budgetary Restraint: The Trilemma of the Service Economy", *World Politics*, Vol. 50, No. 4, July 1998, p. 508.

括:1992 年开始生效的 OECD"赫尔辛基准则"("Helsinki Discipline"),主要是限制在可进行商业融资的项目上使用捆绑援助①;2002 年开始生效的 OECD 文件《关于官方发展援助去捆绑的建议》(*Recommendation on Untying Official Development Assistance*),倡导成员国对最不发达国家在技术合作和粮食援助外实现援助零捆绑②。英国是西方大国中(指七国集团)唯一一个在 2002 年实现对外援助零捆绑且保持至今的国家。这也是本书选择英国作为研究对象并将研究时段限定在 1992—2002 年间的原因。

一般认为,对外援助去捆绑并不匹配援助国国内相关利益群体的诉求,如"为促进产品出口、原料供给、全球投资布局、保障就业的产业和阶级集团"③。所以关于这一问题的现有解释大多是从道德动机角度出发,认为这是西方对外援助行为道德性不断增强的表现。但如果观察 OECD DAC 成员国在这一问题上的差异性表现,又会引发疑问:为何有些国家的对外援助去捆绑进程要快于另外一些国家。在这其中,尤其是英国在 OECD 2002 年文件生效的前两年(2000 年)就表达了要单边去捆绑的意愿,后又在 2002 年出台的《国际发展法案》(*International Development Act*)中,规定捆绑援助是非法行为,并在当年实现了零捆绑。与之形成对比的是,到 2002 年其他七国集团国家的援助去捆绑率分别为:德国 86.59%、法国 91.53%、日本 82.77% 和加拿大 61.43%,意大利和美国则没有数据;2006 年是美国恢复数据报告的第一年,这一年七国的援助去捆绑数据分别为英国 100%、德国 93.32%、法国 95.55%、日本 95.59%、加拿大 62.97%、美国 63.5% 和意大利 22.98%;直到 2014 年,七国集团中除英国外,也只有加拿大在 2012 年实现了对外援助零捆绑。有趣的是,在 1992 年"赫尔辛基准则"生效之时,英国还是七国集团中数据较为落后的国

---

① OECD,"New Rules on Tied Aid Credit to Developing Countries",Feb.15,1992.

② 2008 年 OECD 发展援助委员会将援助去捆绑的范围从最不发达国家扩大至重债穷国。

③ Lancaster, Carol, *Foreign Aid: Diplomacy, Development, Domestic Politics*, Chaicago: University of Chicago Press, 2008, p.21.

家：英国 33.28%、德国 44.80%、法国 31.50%、日本 73.55%、加拿大 38.83%、美国 37.37%、意大利 27.69%。（七国 1988—2017 年间的对外援助去捆绑率见表 1-1）

在捆绑援助的历史上有一点是十分明确的，只要有一个贸易大国坚持援助补贴出口的政策，其他国家就陷入了不得不补贴的囚徒困境，否则就会在三个层面上面临损失——国家收支的外部平衡、出口企业的商业利益、劳工阶层的就业岗位。所以对外援助去捆绑应是一个多边协调的过程，1992 年和 2002 年的国际文件也证明了这一点。但英国为什么在 2002 年自愿放弃了 20 世纪 70 年代以来以对外援助补贴出口的既定政策，实现了援助全面去捆绑呢？这就是本书希望研究的问题。

表 1-1　西方七国对外援助去捆绑率的变化　　　（单位：%）

年　份	1988	1989	1990	1991	1992	1993
加拿大	37.98	41.44	38.81	41.71	38.83	61.94
法　国	50.67	47.79	47.09	44.72	31.50	31.46
德　国	54.78	33.76	43.60	45.85	44.80	47.86
意大利	12.32	9.08	16.59	7.01	27.69	43.13
日　本	72.79	70.20	77.01	79.70	73.55	83.85
英　国	17.43	24.00	无数据	28.22	33.28	35.16
美　国	26.06	34.91	69.47	69.26	37.37	37.37
年　份	1994	1995	1996	1997	1998	1999
加拿大	44.06	40.85	31.52	33.39	34.46	29.62
法　国	50.91	58.36	38.75	65.13	66.80	70.60
德　国	44.30	60.33	60.04	73.58	86.48	84.73
意大利	66.39	59.76	无数据	45.63	63.93	22.62
日　本	81.51	96.30	98.91	99.57	93.61	96.38
英　国	45.81	86.16	86.14	71.70	79.64	91.83
美　国	无数据	27.32	28.40	无数据	无数据	无数据

续表

年　份	2000	2001	2002	2003	2004	2005
加拿大	24.91	31.66	61.43	52.56	56.70	66.47
法　国	67.98	66.61	91.53	93.09	94.18	94.70
德　国	93.16	84.60	86.59	94.61	92.22	92.99
意大利	38.15	7.80	无数据	无数据	无数据	92.06
日　本	86.40	81.82	82.77	96.13	94.41	89.70
英　国	91.48	93.90	100.00	100.00	100.00	100.00
美　国	无数据	无数据	无数据	无数据	无数据	无数据
年　份	2006	2007	2008	2009	2010	2011
加拿大	62.97	74.55	90.82	98.33	99.20	99.22
法　国	95.55	92.58	81.94	89.47	96.69	98.99
德　国	93.32	93.38	98.16	97.10	96.04	92.94
意大利	77.02	59.85	77.98	56.25	58.46	53.77
日　本	95.59	95.08	96.49	94.80	93.71	94.34
英　国	100.00	100.00	100.00	100.00	100.00	99.80
美　国	63.50	68.51	74.68	69.81	62.61	65.20
年　份	2012	2013	2014	2015	2016	2017
加拿大	108.39	107.96	103.28	105.28	103.46	120.76
法　国	97.32	无数据	92.14	96.60	96.64	96.72
德　国	98.14	97.51	97.05	97.94	97.98	98.54
意大利	83.13	92.93	97.50	98.83	98.02	91.44
日　本	86.00	89.41	89.55	82.32	86.21	93.12
英　国	100.00	100.00	99.93	100.00	100.00	100.00
美　国	63.14	68.47	66.52	57.60	66.33	67.17

资料来源：OECD 数据库 Aid（ODA）Tying Status。

第二节　捆绑援助研究的相关文献

　　文献综述将包括两方面的内容：一是国际发展学对援助去捆绑的主流解释是什么，存在哪些问题；二是从理性选择、产业结构、援助资源分配等角度入手研究对外援助相关议题的文献有哪些。

一、对外援助去捆绑问题的现有解释及缺陷

在笔者看到的文献中,有关解释一国对外援助去捆绑政策的观点主要有两类:一是认为伴随西方国家物质生活的极大丰富,对外援助决策更多地建立在道德动机之上,援助去捆绑是各国援外政策从利己选择走向利他选择的产物;二是集中于解释英国对外援助政策在 1997—2002 年间发生的改变,这种观点认为工党时隔 18 年后再次执政,因其坚持的左派国际主义,彻底变革了保守党执政期间(1979—1997 年)在对外援助政策上的经济动机导向。此外,国内虽缺乏专门关于经济动机在英国对外援助决策中所扮演的角色以及英国废除捆绑援助政策的专门研究;但已有国内学者关注到国内经济动机与中国对外援助政策之间关系,并提出经济发展水平是决定一国援助去捆绑进程的关键。[①]

(一)道德解释说

道德解释说是目前最主流的观点,认为对外援助去捆绑的推进是国际发展规范不断内化、深入传统援助国对外援助政策制定过程的结果,是西方社会道德水平进步的表现。《促进出口与减少贫困之间:关于 ODA 去捆绑的对外经济政策》(*Between Export Promotion and Poverty Reduction:The Foreign Economic Policy of Untying Official Development Assistance*)一书是持这种观点的代表性文献。在国际发展援助领域,西方发达国家的身份认同在冷战结束后从"自私的援助者"转向"良好的国际公民",使得对外援助的动力从援助国国内经济利益向受援国国内实际需求转变,从而加快了各国的援助去捆绑进程;在这一过程中,各国的对外援助目标也从促进本国出口向减少他国贫困转变。[②] 前文提到,七国集团国家都呈现出明确的对外援助去捆绑态势,但各国的进展快慢却有很大差异。那么如何解释援助去捆绑规范在不同国家实现程度的不同呢? 就英国的对外

[①]　黄梅波:《中国对外援助中的经济动机和经济利益》,《国际经济合作》2013 年第 4 期,第 63 页。

[②]　Petermann,Jan-Henrik,*Between Export Promotion and Poverty Reduction:The Foreign Economic Policy of Untying Official Development Assistance*,Springer Science & Business Media,2012.

援助决策而言,是否就比其他国家更具备道德性呢?

英国国际发展部首任部长克莱尔·肖特(Clare Short)(1997—2003 年在职)在回忆录中写道:"布莱尔首相希望我留任国际发展部(2001 年),并希望我们在非洲事务方面有更紧密合作,这让我非常吃惊。因为布莱尔在第一个任期中对非洲的发展没有表现出任何兴趣。"[1]布莱尔在 1997 年当选后的首个任期中甚至没有出访非洲,直到 2002 年 2 月,他才对非洲进行了第一次访问。肖特在回忆录中写道:"在这次旅途中,布莱尔让我和他在飞机上一同吃饭,并有了一番有趣的对话。他非常轻松,并说北爱尔兰的和平和我们对于发展事务的贡献是他任期内最值得骄傲的遗产。对于后者我非常震惊,因为在布莱尔的第一个任期中,他对发展事务几乎没有兴趣,并且我们机构所取得的成就通常是背离,而不是因为唐宁街 10 号的立场。"[2]

(二)政党意识形态说

一个通常的观点是:相对于右派政党而言,左派政党具有国际主义意识形态诉求,更强调对外援助的道德动机。例如克莱尔·肖特在回忆录中写道,"工党从哈罗德·威尔逊(Harold Wilson)首相时期(1964—1970 年和 1974—1976 年在职)就开始致力于国际发展事业,致力于建立一个更为公正的世界秩序,使最为贫穷的国家可以有机会提高人民的生活水平"[3]。且从数据上看,英国在保守党执政时期(1979—1997 年),新自由主义经济意识形态占主导地位,政府在经济发展中的角色被限制,公共支出的规模不断下降。对外援助预算作为政府预算的一部分,更是呈现出不成比例的大幅度削减。1979 年对外援助支出占英国公共支出的 1.25%,这一数据在 1987 年降至 0.9%。[4] 1979 年

---

[1] Short, Clare, *An Honourable Deception? New Labour, Iraq, and the Misuse of Power*, Free Press, 2004, p. 108.

[2] Short, Clare, *An Honourable Deception? New Labour, Iraq, and the Misuse of Power*, Free Press, 2004, p. 124.

[3] Short, Clare, *An Honourable Deception? New Labour, Iraq, and the Misuse of Power*, Free Press, 2004, p. 21.

[4] Hewitt, Adrian & John Howell, "UK Aid in the 1990s", in Adrian Hewitt eds., *Crisis or Transition in Foreign Aid*, London: Overseas Development Institute, 1994, p. 72.

英国的 ODA 规模相当于 GNP 的 0.51%，到 1997 年这一数据下降至 0.27%。[1] 而当时欧盟国家的平均水平为 0.37%[2]。且英国有一个很有趣的现象：从第二次世界大战结束至 2010 年，左翼政党工党执政就会设立一个专门的援助部（海外发展部/国际发展部），右翼政党保守党上台后就会将这个部撤销，使其成为英国外交部的一个司局级单位（海外发展署）。所以普遍认为，1997 年更具道德动机的工党再次执政后，迅速推动了英国的对外援助去捆绑进程，使其成为七国集团中首个实现援助零捆绑的国家。

但以执政党意识形态来解释英国的去捆绑政策在很多历史事实上是站不住脚的。被认为是战后英国工党对外援助政策奠基人的哈罗德·威尔逊首相在 20 世纪 50 年代就撰写了《对抗贫穷：实现世界发展的计划》（*War on Want：A Plan for World Development*）一书，表明其坚持以道德动机出发推进国际发展援助事业的决心；英国现在还将致力于发展援助事业的 NGO 叫作"对抗贫穷组织"（War on Want）。之后威尔逊首相又在 1964 年设立了英国历史上第一个专门的援助部——海外发展部（Overseas Development Ministry, ODM），任命芭芭拉·卡索尔（Barbara Castle）为首任部长。但后来出版的《卡索尔日记》（*The Castle Diaries* 1964—1970）中，关于英国对外援助发展属性和道德动机的文字少之又少，其中关于威尔逊首相与她在援助坦赞铁路相关问题上的记录则能够充分显示出英国援外动机的多元性：

> "哈罗德首相要求我再考虑下援助坦赞铁路的相关事宜。我告诉他，我们的专家已经评估了这个项目，并得出结论，这并不具有经济可行性。但是哈罗德首相坚持说现在政治考虑应该占主导。"[3]

---

[1] "The Development White Paper", International Development Committee, the Second Report of Session 1997-98, House of Commons, p.xi (Paper No.HC 330).

[2] "The Development White Paper", International Development Committee, the Second Report of Session 1997-98, House of Commons, p.xii (Paper No.HC 330).

[3] Castle, Barbara, *The Castle Diaries* 1964-1970, London: Weidenfield and Nicolson, 1984, p. 18.

　　"在铁路研讨会上,哈罗德首相再次敦促我们应当研究怎样利用过剩产能进行发展援助,我说我会认真研究的。"①

　　更为重要的是,英国捆绑援助政策顶峰"援助与贸易条款"②是在工党执政时期设立的(1977 年),保守党在 1979 年上台后只是延续这一制度。再如在 2005 年的选举中,保守党发现匹配工党对增加对外援助预算的承诺是十分必要的,并且保守党新选出的党内领袖也将"消除全球贫困"作为其政策选择。③ 2010 年保守党再次赢得大选后,也并未改变工党1997—2010 年间既定的援外政策,没有降格国际发展部,也没有重新开始捆绑援助。这是为什么? 是对外援助政策作为一种公共政策的选民基础(Aid Constituency)发生变化了吗? 如果是,那又是什么导致了这种变化?

　　国内目前还没有研究捆绑援助问题或英国对外援助去捆绑政策的专著,这也是笔者的选题原因之一,希望能够填补国内在这一研究问题上的空白。但已有国内学者在相关论文中提及了对西方援助去捆绑政策的解释。例如上海对外经贸大学国际发展合作研究院黄梅波教授在论文中提到,"援助的捆绑程度因各个援助国的经济发展水平而不同,就 2008—2009 年的平均值来看,希腊、韩国和葡萄牙捆绑性援助的比例仍达 50%,澳大利亚、比利时、加拿大、丹麦、芬兰、德国、日本、新西兰和瑞士九个国

---

① Castle,Barbara,*The Castle Diaries* 1964 - 1970,London:Weidenfield and Nicolson,1984, p. 19.

② "援助与贸易条款"(ATP)是指从每年英国的对外援助预算中拿出一定比例用于帮助出口企业获得国际项目,兼顾受援国发展目标和援助国商业利益,其审批和管理工作由英国贸工部和海外发展部(署)共同负责。应注意将 ATP 与 WTO 在 2005 年中国香港会议上所提出的"促贸援助"(Aid for Trade,AfT)相区别。AfT 是指为 WTO 协调其成员方为最不发达国家提供促贸援助(如帮助建设参与国际贸易相关的基础设施、帮助制定贸易相关法律法规、帮助提升其国内可贸易部门的生产效率等),以提高其参与国际分工的能力,并最终通过国际贸易提高国内人民生活水平。

③ Chhotray,Vasudha & David Hulme,"Contrasting Visions for Aid and Governance in the 21ˢᵗ Century:The White House Millennium Challenge Account and DFID's Diver of Change",*World Development*,Vol. 37,No. 1,2009,p. 42.

家都小于 10%,爱尔兰、卢森堡、挪威和英国更是已降为 0"①。这从宏观上解释了西欧、北欧国家由于经济发展水平高于南欧、东欧国家,所以其援助去捆绑推动较快。但若进行单个国家间的比较,英国是七国集团中最早实现零捆绑的国家,在衡量一国经济发展水平的主要指标上,如GDP 总量、人均国民收入等方面,英国均低于美国、德国等。这说明以国内经济发展程度来解释英国的对外援助去捆绑还存有继续研究和挖掘的空间,本书则着重于产业结构调整这一角度。在本书修改期间,笔者看到有最新的论文提到,"随着发达国家产业升级换代进入后工业化时期,国内企业的贸易保护需求下降,捆绑援助的做法也逐渐减少了"②。这与本书的核心观点相似,但该论文只是提及捆绑援助议题,并未言明产业升级换代、后工业化等与企业贸易保护需求下降、捆绑援助做法减少之间的具体逻辑。而关于产业结构变化与英国对外援助去捆绑进程之间的因果机制也将是本书的重点,主要在第三章中展开。

二、从理性选择角度研究援助问题的相关文献

与国际发展学多从道德角度解释 20 世纪 90 年代以来的对外援助问题不同,国际政治经济领域的学者,主要从理性选择、援助分部门研究等角度分析对外援助相关议题,为本书对英国对外援助去捆绑进程的研究提供了坚实的基础。

(一)基于选民经济理性分析美国的对外援助决策

海伦·米尔纳等通过研究美国众议院议员 1979—2003 年间对每年对外援助法案的投票行为,发现其所在选区的经济特点及意识形态分野(主要指左右两派在再分配问题上的分歧)是决定其援外选择的核心变量。美国的对外援助政策,如同其贸易政策一样,致力于维护一个稳定、开放的世界经济,因此受益于全球化的群体倾向于支持增加援助,对外援

---

①　黄梅波:《中国对外援助中的经济动机和经济利益》,《国际经济合作》2013 年第 4 期,第 63 页。

②　郑宇:《援助有效性与新型发展合作模式构想》,《世界政治与经济》2017 年第 8 期,第 147 页。

助的援助国国内分配效应对美国选民在对外援助事务上的认知和选择有深刻影响。① 那么英国的援助去捆绑行为,特别是 2002 年实现单边零捆绑的国内政治基础是什么? 作为一种以对外援助补贴贸易的行为,英国国内哪些利益群体受益于以往的捆绑援助政策,是怎样的外部环境或自身利益结构的变化,使其主动或被动放弃了既定政策。即"在国内层面,去捆绑需要政府去告知某些产业——通常都处于困境之中——它们的产品今后难以再受益于捆绑援助融资支持。这是一个政府不愿意去承受的政治负担"②。

(二)从产业竞争力角度分析援助国在全球发展治理中的立场

艾琳娜·麦克林(Elena V.Mclean)提出,援助国的产业竞争力与其对多边援助机制的支持程度之间存在因果关系。她比较了 OECD 国家对"关于落实蒙特尔议定书的多边基金"(Multilateral Fund for the Implementation of the Montreal Protocol)和"全球环境基金"(Global Environment Facility)两个多边援助机制的捐资规模,发现在相应产业领域竞争力更强的日本、德国对这两个机制的资金支持更加积极。这是因为在公开招投标下,一国某个产业的竞争力越强,其企业成为对应多边援助项目承包商的可能性就越高,这促使该国更为积极地向对应多边机制捐款,并对其他 OECD 国家形成外部压力,以期不断增大此类多边援助资金池的规模。③ 援助去捆绑的本质在于以市场机制进行对外援助资金的招投标,一旦实现援助零捆绑,多边援助和双边援助在这一方面的差异就消失了,也就是说产业竞争力越强的国家就越倾向于对外援助去捆绑。

---

① Milner, Helen V. and Dustin H. Tingley, "The Political Economy of US Foreign Aid: American Legislators and the Domestic Politics of Aid", *Economics & Politics*, Vol. 22, No. 2, 2010, pp. 200-232.

② Ray, John, *Managing Official Export Credits: The Quest for a Global Regime*, Peterson Institute, 1995, p. 91.

③ McLean, Elena V., "Multilateral Aid and Domestic Economic Interests", *International Organization*, Vol. 69, No. 1, 2015, pp. 97-130.

（三）分产业部门路径研究对外援助决策

但艾琳娜·麦克林的研究也存在一个问题，因为这两个多边机制同属环保部门，这样可能忽略了援助资源配置研究的整体路径（Aggregate Approach）与分部门路径（Sectorally Disaggregated Approach）间的差异，以援助国在环保部门的行为过度概括了其在所有部门多边援助决策的动机。而以产业部门为基础的对外援助决策分析能够更为深入地研究援助国决策的模式（Sector-based Programs and Allocation Decision-making），因为"对外援助配置的决策行为所对应的是来自不同产业部门各种具体的政治压力"。[①]

前文介绍过国际援助链在过去 70 余年的变化，ODA 在不同历史阶段因发展理念的不同涉及的市场和社会实施主体存在差异性，导致了与其产业链变化趋势越一致的国家在全球援助公开招投标中越具有相对优势。那么在西方大国中第三产业化最突出、服务部门出口竞争力最强的英国，在当下以服务咨询为主体的国际援助链中，单边去捆绑不仅不会影响现有的商业利益，且如果能以单边撬动多边去捆绑，则可为国内服务业出口带来客观的经济收益。

（四）第三产业化越突出的国家，对外援助的道德性越强

约翰尼斯·克莱布尔（Johannes Kleibl）2013 年发表的论文《第三产业化、产业调整与对外援助的国内政治》（*Tertiarization, Industrial Adjustment, and the Domestic Politics of Foreign Aid*）是笔者看到过的唯一一篇从产业结构角度解释对外援助政策的。克莱布尔提出，OECD 国家的第三产业化是影响其对外援助决策的关键国内政治因素，服务经济越发达的援助国越倾向于在对外援助中回应受援国的国内发展需求，而不是援助国本身的商业利益[②]。这种说法虽部分指出了产业结构与一国对外

---

① Peiffer, Caryn & Constantine Boussalis, "Determining Aid Allocation Decision-making: Towards a Comparative Sectored Approach", in *Handbook on Economics of Foreign Aid*, Edward Elgar Publishing, 2015, p. 45.

② Kleibl, Johannes, "Tertiarization, Industrial Adjustment, and the Domestic Politics of Foreign Aid", *International Studies Quarterly*, Vol. 57, No. 2, 2013, pp. 356-369.

援助政策选择间的关系,但并未解释为什么第三产业越发达的国家在对外援助中越倾向于受道德动机驱动。笔者认为,为完善这一点就需要对某一国家内部第二和第三产业集团对捆绑援助政策的具体立场进行研究。而且克莱布尔的论文是通过对 21 个 OECD 国家在 1980—2001 年间对 124 个发展中国家的援助面板数据进行定量回归得出结论的,且因变量的操作化选用了双边援助承诺规模这一数据,本身就有一定的问题。最为重要的是,这篇论文的核心观点仍在道德解释的范畴之内,与本书从理性选择角度对英国 1992—2002 年间因产业结构变化而导致国内政治过程变化,从而最终导致 2002 年实现援助零捆绑的研究并不存在重合和冲突。

第三节　产业结构变化与英国的对外援助决策

本书提出,英国先于主要西方大国在 2002 年实现零捆绑是基于自身产业结构变化的理性选择。英国的国内产业结构变化,即去工业化、第三产业化与制造业完成后福特主义转型,引发了出口利益结构和政府机构立场的变化,并通过两条因果机制,最终导致了英国在 2002 年实现对外援助全面去捆绑。

英国学者奥利弗·莫里斯的博士论文《英国 1978—1989 年间的对外援助政策:商业游说与援助国利益》(*British Aid Policy 1978 to 1989: Business Lobbies and Donor Interests*)解释了 1978—1989 年间国内经济动机在英国对外援助决策中不断强化的原因:国内产业利益集团出于增加出口的考虑,游说英国贸工部(Department of Trade and Industry, DTI)与海外发展部(署)争夺对外援助预算的支配权,从而使英国中央政府增加了国内经济动机在援外决策中的权重。[1] 但为什么进入 20 世纪 90 年代后,对外援助去捆绑规范却可以在英国迅速内化呢?

---

[1] Morrissey, Oliver, "British Aid Policy 1978 to 1989: Business Lobbies and Donor Interests", PhD Dissertation, University of Bath, 1991.

20 世纪 70 年代资本主义经济危机后,两大基础要素的深刻变化——各国政府减少对于经济的干预,实行去监管政策;以及新科技革命的深入推进,助力服务经济可贸易——使得新一轮全球化在 20 世纪八九十年代如火如荼。以外包、离岸经济、全球价值链布局为主要形式,各国基于自身比较优势,在本轮全球化中完成了国内经济变革。英国一方面基于自身劳动力素质较高、政府去监管较彻底、国际通用语言等优势,成为本轮服务贸易兴起的最大受益方,在一定程度上摆脱了 20 世纪以来的去工业化出口困境。例如尽管英国在与欧盟和全球的货物贸易中保有大规模赤字,但英国在"其他商业服务"方面表现突出,出口是进口的两倍多。这其中,最主要的组成部分是商务和金融服务。这些服务通常与高技能劳动者相关联①。另一方面,制造业的国际竞争从欧美日之间,转向了新兴工业国(Newly Industrialized Countries,NICs) 以及之后的金砖国家之间。英国不可能再像与欧美日竞争制造业出口那样,通过直接或间接的补贴与中国等以低廉劳动力资源见长的国家进行竞争。也就是说,全球经济格局的变化在不同的国家造成了不同的影响,在英国就反映为产业结构的转型升级与服务贸易的全面繁荣。而且此时西方发展理念演变导致主流援助行为发生变化,对外援助服务化倾向凸显。这当然有可能是发展领域知识界的自我理论革新,也有可能是英美等服务贸易更具竞争力国家的主观推动。这就使得对外援助与贸易投资的结合从过去的补贴制造业出口转变为与服务产业的更多结合。对英国这样具有服务出口全球竞争力的国家而言,捆绑援助机制存在的理性基础完全丧失了。

一、产业结构变化对英国出口利益的影响

本书的研究问题是英国为什么会在 2002 年实现对外援助零捆绑。在此基础上,本书的研究对象即因变量是 1992—2002 年间英国捆绑援助政策的变化。之所以选择这样一个时间段,是因为对外援助去捆绑规范

---

① UK Trade Policy Observatory,"Services Trade in the UK:What is at Stake?" Nov.,2016, p. 2.

最为重要的两个国际文件——"赫尔辛基准则"和《关于官方发展援助去捆绑的建议》——分别是在 1992 年和 2002 年生效的。本书提出的自变量是英国国内产业结构的变化,具体表现为去工业化、第三产业化与制造业完成后福特主义转型。

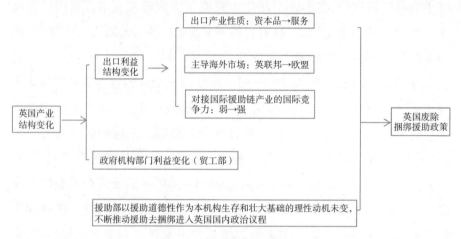

图1-1　本书的分析框架

根据图1-1所示,自变量与因变量间的因果机制体现在两个方面:一是国内产业结构变化导致的英国出口利益结构变化。在国内去工业化、第三产业化和制造业完成后福特主义转型的基础上,英国出口的海外目标市场、主导产品性质和国际竞争力发生了变化。这意味着英国国内支持捆绑援助政策的传统第二产业集团一部分被消解了,一部分完成了转型升级,产品面向发达国家中高端市场,与国际援助链剥离了;新兴服务业集团因其产品性质,对出口信贷等资金形式兴趣较低,且因其卓越的国际竞争力,受益于国际援助链向第三产业的转移,以及对外援助去捆绑规范在世界范围的加速扩散。二是国内产业结构变化导致的贸工部机构利益变化。英国贸工部是国内出口利益集团向中央政府表达诉求的主要机构渠道。在英国国内第三产业取代第二产业成为主导出口利益集团的基础上,贸工部改变了过去以保护竞争力较弱的第二产业为主的政策基调,转而投入到推动全球服务贸易自由化的努力中,以帮助英国具备全球竞争力的服务企业获得更大的市场份额与可观利润。这样,英国自然而然地丧失了继续维护捆绑援助这类贸易保护主义政策的理性动机。在这两个因果机制链条的基础上,笔者提出以下四个假设。

(一)国内产业结构变化基础上英国出口特点的变化

假设1:海外目标市场的经济发展水平越高,英国出口企业对捆绑援助政策的游说意愿就越低。

英国在1929年大危机后建立了"帝国特惠制"等以加强与殖民地和英联邦国家间的经济联系;所以在加入欧共体前,英国的出口市场集中于发展中国家,主要是产业间贸易,与对外援助的国别分配有一定程度的重合。20世纪七八十年代开始的去工业化和后福特主义浪潮使英国传统制造部门在90年代或消失,或转型中高端产品主攻欧美市场,以产业内和产品内贸易为主,与援助链的关联度越来越低。例如笔者将在第五章详细介绍英国机动车制造企业在1977年下议院审议捆绑援助政策核心制度设置——"援助与贸易条款"时强调非洲市场的重要性;但当1997年英国政府要废除该制度时,本土已没有中低端整车制造企业,转型利基市场(Niche Market)的零部件生产商主要供给欧盟市场,高端奢华品牌如阿斯顿·马丁等则不可能进入对外援助的采购清单,所以没有意愿游说政府继续保有或扩大捆绑援助。

同时,英国的劳动力素质和语言优势使其发展第三产业得天独厚,20世纪七八十年代的信息技术革命又使得服务部门可贸易,1994年WTO乌拉圭回合的结束则宣告了全球服务贸易时代的到来。英国咨询业的主要市场也在英国本土和欧洲国家,从业者对长时间在发展中国家工作的兴趣不大。[1] 也就是说,不仅是经历了去工业化和转型升级的第二产业,英国的第三产业也会因海外目标市场集中于发达国家,而对援外政策以及其中的捆绑援助政策缺乏游说意愿。

假设2a:资本在产品生产要素中所占的比例越高,英国出口企业对混合信贷等捆绑援助政策的需求程度就越高。

---

[1]　Morrissey, Oliver, Brian Smith & Edward Horesh, *British Aid and International Trade: Aid Policy Making*, 1979-89, Open University Press, 1992, p. 14.

假设 2b：知识/信息在产品生产要素中所占的比例越高，英国出口企业对捆绑援助等政府补贴政策的游说意愿就越低。

资本和知识/信息在产品生产要素中所占的比例是用来表示出口产品的性质差异，即是资本品出口还是服务出口。国际商务等学科领域对制造业跨国公司与服务业跨国公司间的区别有详细的讨论。有学者认为，服务业跨国公司与制造业跨国公司的国际化战略差异主要来源于服务产业本身的特质。与制造业最为突出的两个差异是：(1)服务产品是无形的；(2)服务产品的生产和消费是同时进行的、是难以储存的。[①]

传统制造企业，尤其是重工业企业，基本属于资本密集型，也就是说资本在产品生产中占据主导地位。这类企业出口的往往是重型机械、土工工程等资本品，其客户从得到产品到收回成本往往需要较长时间。在激烈的国际竞争中，资本品出口企业垫资生产或分期回收成本的现象非常普遍，所以对中长期出口信贷等资金的需求程度更高。此时，如果能以对外援助资金辅助出口信贷，形成优惠程度更高的混合信贷或软贷款，则更有利于企业获得海外订单。

而咨询服务业是当下 OECD 国家特别是英国发展援助的主导产业，从业企业多属知识密集型或信息密集型。一方面，无形产品难以像资本品那样提供延期信用，与出口信贷交集少，更遑论捆绑援助中的混合信贷和软贷款。例如英国出口信用担保局在解释 2000 年后业绩下滑的原因时说："多项因素造成了这样的结果，但最主要的因素是 20 世纪 80 年代以来英国经济结构的变化，制造业不断流向欧洲和北美，而不断增长的服务业也不太可能提供延期信用，因此国内对担保局的需求下降。"[②]另一方面，独立性是服务咨询行业生存的底线，对于游说捆绑援助等政府补贴或保护政策非常谨慎。例如阿努拉·博斯（Anuradha Bose）曾就这一问

---

① Goerzen, Anthony & Shige Makino, "Multinational Corporation Internationalization in the Service Sector: A Study of Japanese Trading Companies", *Journal of International Business Studies*, Vol. 38, Issue 7, 2007, p. 1150.

② 中国出口信用保险公司编译：《英国出口信用担保局 90 年》，知识出版社 2016 年版，第 61 页。

题采访英国服务出口代表性行业协会负责人,得到的回答是:"英国咨询局(British Consultant Bureau,BCB)代表了商业游说团体中'软性'的部分,与其他团体一样对商业利益有着强烈的兴趣,但同时显示出对其客户(发展中国家)一定程度的责任感。与英国建筑出口企业联合会不同,咨询局的领导层意识到了咨询从业者在东道国的敏感位置,充分理解在海外工作的咨询师身上所背负的矛盾性压力。"①如果英国咨询企业是以捆绑援助资金向尼日利亚提供石油产业的私有化方案,向赞比亚政府提供从中央到地方的审计系统改革计划,向坦桑尼亚提供司法独立改革日程,其公正性和可信度就会大打折扣。这与英国以捆绑援助向发展中国家提供资本密集型产品有本质区别,因为机电设备只要达到基本性能标准,援助项目本身就不会在受援国引发太大争议。

假设 3:英国对外援助所涉产业的国际竞争力越强,出口企业对捆绑援助政策的需求程度就越低。

在艾琳娜·麦克林所提出的援助国产业竞争力越强,对多边援助机制的支持程度就越高的逻辑基础上,增加分产业、分部门研究视角,在国际援助产业链日益向第三产业倾斜的当下,英国相关出口企业的国际竞争力越强,就越受益于全球公开招投标,对捆绑援助政策的需求程度就越低。

目前西方援助链已基本被服务业垄断,这恰恰匹配了英国的第三产业优势。通常认为,大英帝国自 19 世纪末开始走向衰落,这在产业发展和出口竞争领域主要表现为第二产业的国际竞争力不足。但英国的劳动力素质和国际语言优势使其在服务出口领域具有天然优势。在西方发展理念的演变中,20 世纪 70 年代后形成的"人类基本需求"路径,使得公共服务业全面进入援助链;80 年代后逐渐巩固的"华盛顿共识",使以四大会计师事务所为代表的财税咨询类企业成为援助链的新宠;90 年代"后华盛顿共识"的到来,使得治理咨询类市场和社会行为体在援助链中获

---

① Bose, Anuradha, "Aid and the Business Lobby", in Bose, Anuradha & Peter Burnell eds., *Britain's Overseas Aid since 1979: Between Idealism and Self-interest*, Manchester University Press, 1991, p. 142.

得了更多份额。相比之下,五六十年代兴起的基础设施建设和生产性项目援助虽仍是欠发达国家实现经济社会发展的必要条件,但总是处于预算缺乏的状态。这一方面与发展中国家难以在项目建成后实现市场化运营有关,但另一方面也是因为多数传统援助国国内的基础设施建设和生产性项目承包商或已消失,或因成本过高难以在第三世界工程市场上获得项目。这样,英国在七八十年代挣扎于国际资本品出口竞争而对捆绑援助等保护和补贴政策青睐有加,在90年代后因国内产业结构和国际援助链的同步变化,以及在新兴服务部门的全球竞争力,使其企业在国际出口竞争中不仅不再需要捆绑援助等政策保护,且更多着眼于推动国际服务贸易自由化,这在对外援助领域具体表现为积极撬动全球援助去捆绑进程,以期英国服务企业可通过公开招投标获得更多的订单和利润。

简单来说,目标市场是发达国家还是发展中国家,出口产品是第二产业资本品还是第三产业咨询服务,国际竞争力的强与弱,可以比较全面地概括假设1—3的主要内容。三个出口特点——海外目标市场、出口产品性质和国际竞争力——各自的两个取值可将英国企业分为8类。在表1-2中,1—4类企业因目标市场在发达国家,所以与捆绑援助政策的距离较远。在5—8类中,第5类企业,即目标市场在发展中国家/从事第二产业资本品出口/国际竞争力较弱的企业,是英国捆绑援助政策的最大支持力量。这类企业如机动车制造和建筑工程公司等已基本消逝在英国的去工业化大潮中。第6类企业,即目标市场在发展中国家/从事第二产业资本品出口/国际竞争力较强的企业,在英国主要是军工出口企业。与第5类相比,这类企业对捆绑援助政策的诉求弱,但因其产品性质仍相当依赖于出口信贷,一旦英国国内政治或国际贸易体系出现重大变数,第6类企业仍有可能成为支持英国捆绑援助政策重生的产业基础。第7类企业,即目标市场在发展中国家/从事咨询服务类出口/国际竞争力较弱的企业,在英国表现为中小型咨询公司。这其中有专业能力特别强的,但也有因规模过小易受冲击而频繁更换业务类型的,对政府补贴有一定需求;但鉴于"软性"产品的敏感性,在游说捆绑援助政策中表现出一定程度的犹豫。第8类企业,即目标市场在发展中国家/从事咨询服务行业/国际竞争力较强的企业,在英国主要表现为跨国咨询巨头,发展中国家市场是其全球网络的一部分,最希望看到全球援助去捆绑。

表1-2　英国出口企业的八种类型

目标市场——发达国家	目标市场——发展中国家
1. 第二产业/竞争力弱	5. 第二产业/竞争力弱
2. 第二产业/竞争力强	6. 第二产业/竞争力强
3. 第三产业/竞争力弱	7. 第三产业/竞争力弱
4. 第三产业/竞争力强	8. 第三产业/竞争力强

(二)国内产业结构变化基础上英国贸工部立场的变化

假设4:英国国内的第三产业化越突出,贸工部维护捆绑援助政策的理性动机就越弱。

英国贸工部是产业出口集团向政府表达自身利益诉求的主要渠道,也是推动国内经济动机在对外援助决策中占有一席之地的主要机构力量。在第二产业占主导阶段,国内经济动机主要体现为将援外预算用于出口补贴。而英国国际发展部及其前身则是制定和实施援外政策的主要政府机构,出于理性动机而坚持英国对外援助的道德性,以保持组织级别、岗位数量和预算规模。英国贸工部和国际发展部(及其前身)曾围绕对外援助预算长期处于权力博弈态势。但伴随国内产业结构的变化,捆绑援助政策的传统支持力量——第5类企业(目标市场在发展中国家/第二产业/国际竞争力较弱)——或在去工业化浪潮中破产消失;或转型欧美中高端市场,与国际援助链渐行渐远。第三产业企业组成了英国新的主导出口集团,因产品性质、国际竞争力等特点,对维护和加强捆绑援助政策缺乏意愿,甚至存在推动全球去捆绑的理性动机。此时贸工部所坚持的对外援助国内经济动机就外化为推动全球服务贸易自由化。在这样的背景下,英国贸工部与国际发展部围绕捆绑援助政策的长期冲突就自然而然地淡化了,甚至是殊途同归。

总之,英国国内产业结构的变化导致了出口利益结构的变化,并同时改变了国内经济动机在英国援外决策中最大的机构支持力量——贸工部的政策外化形式,从过去回应第二产业保护诉求向后来的回应第三产业推动全球服务贸易自由化转变;而国际发展部作为英国的对外援助管理实施机构,其以援外道德性为基础巩固自身机构地位、预算规模等的理性动机未变,不断推动对外援助去捆绑议题进入英国国内政治议程。这些因素的合力最终导致英国在 2002 年实现了对外援助全面去捆绑。

二、英国议会文件数据库的材料支撑

普若凯斯特(Pro Quest)英国议会文件数据库(UK Parliamentary Papers)中的听证记录,为本书的研究提供了宝贵的一手材料。此外,英国上下议院在 1992—2002 年间的辩论记录(hansard. millbanksystems. com);曾任职于英国国际发展部及其前身的多位官员的日记和回忆录;以及英国 ODA 研究著名智库海外发展研究所自 1960 年的连续性报告等,也是本书写作的坚实材料基础。

本书将主要利用案例分析法来论证中心观点:英国在 2002 年废除捆绑援助政策是基于国内产业结构变化的理性选择。本书将以 1992—2002 年间三个重要时间节点所发生的典型事件做例证研究:第四章 1994年英国援建马来西亚柏高大坝事件、第五章 1997 年英国废除"援助与贸易条款"以及第六章 2002 年英国废除捆绑援助政策。案例研究将围绕以下三个方面展开:(1)在这段时间内,英国是否呈现去工业化、第三产业化和制造业完成后福特主义转型的产业结构变化趋势;(2)产业结构的变化是否影响到了英国的国内政治进程,具体表现为影响到英国出口产业集团的利益结构,以及贸工部与国际发展部在对外援助去捆绑问题上的政策选择;(3)上文所提出的 4 个假设能否得到充分验证。

第四节　理论与现实价值

一国的对外援助决策通常包含三大动机:道德动机、国际政治动机和国内经济动机。而对外援助去捆绑就是连接国内经济动机和道德动机之间的核心转换机制。通过对一国去捆绑进程的研究可更为深刻地理解该国对外援助政策的本质。所以,对外援助去捆绑概念本身就蕴含着很高的学术和现实价值。除此之外,本节还将具体介绍本书的理论价值和政策意义。

一、国际政治经济学与对外援助研究

本书的理论价值体现在两个方面:一是反映出国际关系三大理论与对外援助议题的结合程度与解释力问题;二是解决了如何从国际政治经济学角度出发,特别是从国内政治分析路径出发,研究对外援助相关问题。

(一)国际关系三大理论对援外议题的解释力

本书阐明了新自由制度主义相对于建构主义在英国对外援助去捆绑问题上的解释力。对外援助决策的三大动机基本对应了国际关系的三大理论:(1)主要涉及冷战格局的国际政治动机对应了结构现实主义理论,将援助国视为单一理性行为体,对外援助决策主要由国际权力结构决定;(2)主要涉及从国内各利益集团经济理性出发分析一国对外援助政策和多边援助制度构建的国内经济动机,对应了新自由制度主义,以及在全球化深入发展的背景下所衍生出的“开放经济的政治学”;(3)道德动机所涉及的援助国在援外决策中的规范选择,则更接近建构主义解释。目前,道德选择说是西方学者解释OECD传统援助国俱乐部在冷战后推动援助去捆绑的主流路径,认为对外援助议题经历了从结构现实主义到新自由制度主义再到建构主义的进化。本书正是在批判这种简单化的道德解释,尝试解构英国在2002年优先实现对外援助零捆绑的理性基础;同时也认为,OECD国家的援外决策逻辑并未完全从新自由制度主义走向建构主义,前者依然保有对援助议题的解释力。本书的第一章也将从援外决策的三大动机演变角度来梳理英国战后的对外援助史,及其与国际关系三大理论间的对应关系。

(二)发展政策与援助的政治经济学

本书提出了从国际政治经济学视角出发研究对外援助相关议题的具体路径。从20世纪70年代,吉尔平和斯特兰奇等学者开创了国际政治经济学这样一门学科,经历了基欧汉等构建新自由制度主义理论和卡赞斯坦提出"打开国家的黑匣子"并推动比较政治经济学研究,再到20世纪90年代及21世纪初海伦·米尔纳等学者完善"开放经济的政治学",国际政治经济学的宏观理论在全球化不发生重大逆转的情况下已堪称成熟,新一代学者的研究基本都进入了议题领域。而对外援助天生就是国际政治经济学的研究议题,涉及国内与国际、政府与市场、利益与制度等。但正因为援外本身的多重目标,使其很难像贸易、投资或汇率议题那样,在原有经济学分析框架和相关模型的基础上通过增加政治变量或提出新的政治学解释来实现议题分析的国际政治经济学化。那么发展政策与援助的政治经济学(Political Economy of Development Policies and Aid)的内在逻辑与分析路径是怎样的呢?

本书提出,以对外援助行为的主客体——援助国和受援国——来划分ODA研究的两种路径。以援助动机及资源分配作为援助国研究的核心概念,尤其是其中的部门分配子概念,是理解对外援助决策所包含的、来自国内不同经济社会利益集团的、各种具体的政治压力的捷径,也是将"开放经济的政治学"研究路径与该议题领域进行结合的关键。此外,以援助效果及有效性作为受援国研究的核心概念,当ODA作为一种外来力量进入受援国时,研究其对当地既有利益结构、经济发展、制度建构和文化规范等的干扰与改变,则能够借助经济社会学和国际政治经济学等现有的分析工具。而对外援助去捆绑恰恰就是ODA研究>援助国>援助资源分配>部门分配这一路径下的子议题,能够较好地适用国际政治经济学,特别是其中国内政治研究的分析框架。

二、产业结构差异对一国对外援助政策的影响

OECD国家普遍经历了第三产业化,英国可被看作是这种产业结构变化的极端案例;而中国是当下第二产业体系最健全的国家,被称为新一代"世界工厂"。两国产业结构的差异性,以及在此基础上产生的对外经济政策的不同内在利益结构,将为中国参与西方规范主导下的全球发展治理带来很大的障碍;但同时也蕴含着中国在国际发展援助领域独特的

比较优势。

欧美国家与中国在产业结构上的互补关系,恰恰成就了中国在国际发展援助事业中的比较优势。欧盟委员会发展及与非加太关系总司官员白小川(Uwe Wissenbach)曾表示:欧盟努力在国际社会中扮演一种"道德权力"的角色,这就需要将自己的利益与政策内化于各种规范性主张之中,但这是非常困难的。例如欧盟在非洲的经济利益十分有限,所以其可动员的发展资源也是有限的,尤其在基础设施建设领域。中国的加入可以帮助非洲解决贫困问题,同时也是帮助欧盟完善其"规范叙述"。[①] 英国作为 OECD 国家中第三产业化最突出的国家,在与中国开展对外援助合作方面中最为积极,第四章中将提到的理查德·曼宁(Richard Manning),曾担任英国国际发展部高级官员和 OECD DAC 主席,就是最早推动西方与中国在援助领域对话的代表性人物。也就是说,中国对于工业强国道路的坚持,造就了自身在对外援助领域中的第二产业传统优势,表面看似与现有国际援助产业链南辕北辙,但因欠发达国家的实际需求,却成为中国与传统援助集团寻求合作和讨价还价、在全球发展治理中提出中国方案、真正提升受援国发展有效性的切入点。

---

① Wissenbach,Uwe,"The EU's Response to China's Africa Safari:Can Triangular Cooperation Match Needs?" *European Journal of Development Research*,Vol. 21,No. 4,2009,pp. 662-674.

第二章　英国对外援助的历史演变

英国在 1929 年推出了第一个对外援助类法案——《殖民地发展与福利法案》(*Colonial Development and Welfare Act*),规定每年为殖民地发展提供 100 万英镑的支持。在此之前,英国政府并没有向殖民地、英联邦成员及海外其他国家提供固定规模、专门援助资金的先例。英国的既定政策是鼓励殖民地以当地资源解决自身发展问题,仅在发生大规模自然灾害等紧急情形下,提供临时性帮助。即使是这样,1929 年法案也并非出于单纯的道德动机,更多是为了应对"大危机"。英国对外援助机构前负责人茉蒂丝·哈特(1969 年 10 月—1970 年 6 月、1974 年 3 月—1975 年 6 月、1977 年 2 月—1979 年 5 月间,三次出任英国海外发展部部长)写道:"关于这一法案,下议院的讨论十分明确,首要动机是为了缓解英国国内的大规模失业,而并非是为了给贫困的殖民地提供新的、无私的帮助。"①

英国这种主要基于国内经济动机的对外援助到 1938 年前后开始发生变化。第二次世界大战的全面爆发使得海外殖民地在供给战略资源等方面的重要性增强,国际政治动机开始在英国的援外决策中发挥更为直接的作用。就对外援助规模而言,英国随即通过了《殖民地发展与福利法案(1940 年修正案)》,将援助预算提升至每年 550 万英镑。就对外援助形式而言,1938 年后英国的援外资金主要用于帮助殖民地修建工业原料出海的交通体系。美国在第二次世界大战期间也有过相似的援外行为:美国在 1942 年前后与欧洲主要宗主国达成协议,在《租借法案》框架

---

① Hart,Judith,*Aid and Liberation*:*A Socialist Study of Aid Politics*,London:Victor Gollancz Ltd,1973,p. 20.

下,在撒哈拉以南非洲大规模修建公路和输油管道,以将当地的原料产区
与海港连接起来。在这一过程中,斯科尼、得克萨斯、纽约标准石油以及
各大建筑承包企业获得了巨额利润。①

自1945年第二次世界大战结束到1991年年底冷战结束的40余年
间,世界主要国家的对外援助政策受到了两大宏观因素的影响:政治上,
两大阵营对立引发的国际援助竞争,各国以援助作为对外政策工具,试图
在中间地带获得更多的政治支持和安全盟友;经济上,资本主义阵营内部
激烈的经济竞争,使得对外援助资金以直接捆绑采购、辅助出口信贷等方
式,成为各国在国际贸易市场上获得优势地位的工具。其中,前者起步于
20世纪40年代后期,在五六十年代成为国际发展援助全面兴起的主导
动机,并推动了西方国家ODA的制度化,其影响持续至今;后者则在五六
十年代日本和欧洲国家经济逐步恢复后开始显现,在七八十年代呈现出
白热化态势,使得捆绑援助成为当时西方大国经济协调谈判的重要议题。
英国作为国际社会的重要成员、资本主义阵营中的关键国家亦不例外。
在50年代末60年代初,英国的对外援助从殖民地体系扩展至全球范围,
并采取了跟随美国偏好的对外援助制度化路径,以辅助两大阵营的对外
援助竞争。70年代后,法国、日本等以捆绑援助促进出口的政策,恶化了
英国本就步履维艰的国际收支平衡。十分讽刺的是,在一贯倡导对外援
助道德性的工党执政期间,英国推出了"援助与贸易条款",被认为是捆
绑援助政策走向高潮的标志。国际政治动机对英国五六十年代对外援助
政策形成及实施管理、国际协调制度化的影响和国内经济动机对英国对
外援助在七八十年代走向商业化的影响,将是本章第一、二节的主要
内容。

而进入20世纪90年代,尤其是1997年工党时隔18年再次执政后,
提出的"新工党""道德权力""企业社会责任"等规范性概念和政策,与
其对外援助的转变息息相关。从表面上看,这是英国的道德援助时代;但

---

① 马凌:《美国对撒哈拉沙漠以南的非洲政策研究:20世纪40—60年代》,厦门大学出版
社2014年版,第48—98页。

其所蕴含的利益结构是怎样的呢？本书认为,英国20世纪90年代后的对外援助政策依旧包含着浓厚的理性动机,1992—2002年间的产业结构质变及其对国内政治进程的影响,是理解英国甚至是以第三产业化为主要经济特点的OECD国家对外援助本质的关键。这将是本章第三节的主要内容。

第一节 国际政治动机主导对外援助时期

在1945年至1970年间,两大阵营基于国际政治动机而展开的对外援助竞争深深地影响了战后初期英国的对外援助政策和制度,使其成为"全球冷战"的一部分。英国基于地缘政治因素对苏联扩张的恐惧相较于美国有过之而无不及,所以在延续战前殖民地援助的既有框架下,与美结盟、与苏竞争也成为英国战后初期对外援助的主导动机。冷战格局对英国对外援助的影响具体体现在三个方面:(1)英国战后对外援助起步于遏制社会主义阵营扩张,如科伦坡计划;(2)英国的援外国别选择从殖民地范围逐步扩展至全球范围,以配合美国应对苏联的"经济攻势",实现西方阵营内的"责任共担";(3)在对外援助制度化路径选择上,英国采取了在国际国内层面完全跟随美国的策略。

一、联美抗苏的起点:马歇尔计划与科伦坡计划

基于20世纪40年代末50年代初英国内阁及外交部档案,皮特·博伊尔(Peter Boyle)提出英国政府在1945—1948年间非常担忧美国基于理想主义或孤立主义来制定对苏政策。这种情况直到1947年7月2日苏联拒绝接受美国马歇尔计划援助后才有所改变,因为英国外交系统认为美国社会和政界终于要形成趋向成熟、基于现实主义的对苏认知。①根据1948年7月的《英国经济合作协议》,英国在1948—1952年间可从

---

① Boyle, Peter G., "Britain, America and the Transition from Economic to Military Assistance, 1948–1951", *Journal of Contemporary History*, Vol. 22, No. 3, July 1987, pp. 521–538.

马歇尔计划中获得 26.88 亿美元的援助,其中 23.51 亿美元为物资供应,3.37 亿美元为贷款。这样,英国成为马歇尔计划中接受援助最多的国家。①

英国在战后初期这种联美抗苏的外交倾向也突出表现在 1946 年 3 月铁幕演说、1948 年 10 月提出"三环外交"等历史事件上。此外,英国不仅希望在欧洲大陆建立权力均势,同时也在为稳定海外殖民体系、遏制共产主义全球蔓延进行各种外交努力。1950 年 1 月英国、澳大利亚、加拿大等英联邦国家发起科伦坡计划,向南亚和东南亚的非共产党国家和地区提供援助,以促进经济社会发展,稳定地区政治局势,进而提高它们"抵抗共产主义"的能力。此时英国自身的财政经济状况还未完全恢复,所以希望将美国拉入科伦坡计划,帮助提供援助资金。美国当时的对外援助重心在与苏联直接对抗前线的欧洲和东北亚地区,对于南亚和东南亚地区的兴趣不大。但很快,新中国的成立提升了东南亚于美国而言的战略价值,朝鲜战争的爆发又促使美国放弃了之前忽略南亚的对外援助政策。在这种国际背景下,美国接受了英国的邀请,成为科伦坡计划的重要出资国。②

二、英国援助走出殖民地范围

前文提到,英国政府在 1929 年后是基于《殖民地发展与福利法案》进行对外援助的,这种情况在第二次世界大战结束之初并未发生实质改变。英国对外援助在相当长的时间内局限于殖民地体系内,1945—1950 年间对殖民地的援助规模为年均 1600 万英镑;1951—1956 年的年均规模为 4300 万英镑③。但英国在 1956 年入侵苏伊士运河失败引发了内政和外交的重大变化,如保守党推出麦克米伦取代艾登出任首相。麦克米

---

① 陈乐民编:《战后英国外交史》,世界知识出版社 1994 年版,第 27 页。

② 参见 Adeleke, Ademola, "Playing Fairy Godfather to the Commonwealth: The United States and the Colombo Plan", *Commonwealth & Comparative Politics*, Vol. 42, No. 3, 2004, pp. 393–411。

③ 数据来源:Overseas Development Institute, "British Aid-1: Survey and Comment", 1963, p. 7。

伦上任 18 天就出台了《未来殖民地宪制发展研究大纲》；后又提出《1957年防卫白皮书》，计划将英国在殖民地的驻军减少约 63%；在他执政的 7 年间(1956—1963 年)，英国丧失了几乎所有的殖民地。这也反映在对外援助政策的变化上：英国政府在 1958 年蒙特利尔英联邦贸易与经济会议上，宣布将已独立的前殖民地国家纳入对外援助范围。在 1957—1961 年间，这些新独立国家接收了英国对外援助的 1/3；在 1962—1963 财年，这一数字更是上升至 1/2。[①]

三、跟随美国的对外援助制度化路径

1959 年世行下属的国际开发协会在美国的倡议下正式成立，向发展中国家提供低于市场利率的软贷款。这威胁到了英国在英联邦范围内业已建立起来、以商业利率进行借贷的经济关系。同时以受援国本地货币偿还世行的优惠贷款，意味着这种贷款基本上是一个"戴着面具的礼物"，国际开发协会的持续运营都需要各援助国定期注资。但即使是这样，英国还是在美国的要求下放弃了 1929 年以来的援助融资机制和援助国别选择，转向接受美国所推动的、以低于市场利率的"软贷款"形式向广大欠发达国家提供 ODA 的新制度，且国际开发协会直到今天的运行规则还是如此。《殖民地发展官方史》(*The Official History of Colonial Development*)一书也清晰地记录了英国在战后初期选择跟随美国、争夺中间地带的对外援助政策，例如"安德森先生(时任美国财长)还是强调了工业化国家接受以多边形式向欠发达国家提供援助的建议的必要性。伴随冷战的深入，我们需要来自欠发达国家的支持，或至少是中立"[②]。

英国决定加入国际开发协会也表明了其对外援助从殖民地与英联邦范围扩大至全球范围。就在肯尼迪总统开启美国对外援助新时代、倡导

[①] 数据来源：Overseas Development Institute, "British Aid-1: Survey and Comment", 1963, p.7。

[②] Morgan, David J., *The Official History of Colonial Development*, Vol 3: *A Reassessment of British Aid Policy*, 1951-1965, Atlantic Highland, N.J.: Humanities Press, 1980, p.16.

实施联合国"第一个发展十年"的 1961 年,英国首相向议会提出建立一个技术合作部门,考虑所有国家的请求,而不仅仅是英联邦国家。① 英国政府还从殖民地办公室(Colonial Office)调入大量工作人员充实新成立的对外双边技术援助机构——技术合作局(Department for Technical Cooperation)。这一机构的主要工作是帮助受援国培训公务员、经济规划师、教师、技术人员、管理人员、护士和医生等②。从生产要素的角度出发,发展中国家并不缺乏低技能劳动力和土地,稀缺的是资本和技术;所以当时的援助主要有两类:一是经济援助,二是技术援助,并称为对外经济技术援助。英国在 1962—1963 财年的海外发展援助规模为 1.48 亿英镑,其中 1.38 亿英镑为双边援助,0.1 亿英镑为多边援助。在双边援助中,85% 为经济援助,15% 为技术援助。③ 这就是说,技术合作局负责技术援助的部分,而经济援助的分配权力依然保留在四个涉外政府机构手中,分别为殖民地办公室、英联邦关系办公室、中部非洲办公室和外交部。1964 年工党上台后,终于在英国建立起了第一个管理援外事务的专门部委——海外发展部(Overseas Development Ministry),接管了几乎所有的经济援助和技术援助工作。这与美国国际开发署在 1961 年后统一管理对外援助事务的机构设置非常相似。且海外发展部在 1965 年出版了白皮书《海外发展:新部委的工作》(*Overseas Development:the Work of the New Ministry*);英国议会又在 1966 年通过了《海外援助法案》取代《殖民地发展与福利法案》,成为英国对外援助的法律基础。

殖民地和英联邦国家在英国外交和对外援助政策中的重要性在 20 世纪 60 年代末 70 年代初进一步下降。1967 年英国外交部和英联邦关系部合并成为外交与联邦事务部。1968 年 1 月英国宣布从苏伊士运河以东战略撤退,这"标志着英国作为第一流世界大国历史的彻底结束",也

---

① Morgan,David J.,*The Official History of Colonial Development*,*Vol 3:A Reassessment of British Aid Policy*,1951–1965,Atlantic Highland,N.J.:Humanities Press,1980,p. 17.

② Overseas Development Institute,"British Aid-1:Survey and Comment",1963,p. 41.

③ 数据来源:Overseas Development Institute,"British Aid-1:Survey and Comment",1963,p. 8。

是"非殖民地浪潮中后撤的最突出的、也是带有结论性的一举"①。在这种背景下,《殖民地发展与福利法案》在 1970 年到期后也不再续期;英国政府又在 1971 年发布了白皮书《殖民地发展与福利法案(1929—1970):简要回顾》,标志着英国殖民地援助体系的终结。1973 年英国正式加入欧洲经济共同体,进一步疏远了与殖民地和英联邦国家的经济联系。这样,英国的对外援助完成了从大英帝国对殖民地的义务向资本主义阵营责任共担的转变。

英国首相哈罗德·威尔逊虽曾强调 1964 年后的英国对外援助是以道德目标为基础的,但从历史事实来看,国际政治动机,尤其是英国试图妥善处理与殖民地关系和在冷战背景下联美抗苏争夺中间地带等外交目标,才是 20 世纪五六十年代英国对外援助的主要驱动力。那么作为对外援助三大动机之一的国内经济动机在这一时期处于什么位置呢? 1963年时,英国的对外援助有六种具体形式②:(1)由各涉外机构提供的赠款和贷款(外交部、英联邦关系办公室、殖民地办公室、技术合作局);(2)根据《殖民地发展与福利法案》向殖民地提供的赠款和贷款;(3)由英国国库向殖民地政府提供的贷款;(4)出口信用担保局所提供的贷款;(5)英联邦发展公司(Commonwealth Development Corporation)在欠发达地区的投资;(6)多边发展机构捐资。其中,出口信用担保局到 1963 年提供的软贷款占到英国双边援助的 1/4。③ 在导论中笔者曾提及出口信用担保局是英国对外援助商业化、向外提供捆绑援助的重要参与主体。但在 1972 年 OECD DAC 明确规定 25% 及以上减让比例之前,英国是将所有担保局对欠发达地区的贷款都做对外援助统计的,所以其国内经济动机与道德动机之间的界限非常模糊。

---

① 陈乐民编:《战后英国外交史》,世界知识出版社 1994 年版,第 101 页。

② Overseas Development Institute, "British Aid-1:Survey and Comment", 1963, p. 25.

③ Ray, John, *Managing Official Export Credits:The Quest for a Global Regime*, Peterson Institute, 1995, p. 59.

第二节 对外援助国内经济动机凸显时期

英国在 20 世纪五六十年代的对外援助政策主要受到了联美抗苏、全球冷战等国际政治因素的影响;但到了七八十年代,资本主义阵营内部在国际经济领域的竞争日益白热化,ODA 与国内经济目标的结合日益明朗化。这在对外援助领域最典型的表现就是以捆绑援助辅助出口信贷在国际竞争中帮助本国企业获得优势。这场混合信贷竞争也促使西方国家从 1974 年开始努力通过多边途径规范国际出口秩序,推动援助与贸易分离,最终促成了"赫尔辛基准则"在 1992 年的生效。

一、资本主义阵营内部经济竞争对援助政策的影响

导论中曾详细介绍了 20 世纪 70 年代后资本主义阵营内部爆发的国际出口信贷竞争。当时政府支持下的买方信贷、工程垫资等成为西方国家企业争夺第三世界市场的必备武器。且在 OECD DAC 1972 年明确界定 ODA 与出口信贷的区别前,将两者混合统计的行为在西方援助国集团内部十分普遍,所以用对外援助资金补贴出口在七八十年代就十分顺理成章。这一部分将解决两个问题:一是仅就规模而言,ODA 资金是否值得英国企业付出游说努力;二是就具体政策而言,在七八十年代经历了数次政党轮替的英国政府,在对外援助政策商业化上是否保有一致的立场。

(一)国际资本流动与双边私人贸易

资本流出和双边贸易是一国对外经济关系的主要组成部分。前者又可因涉及主体和目标的不同,细分为 ODA、其他官方流出(如官方出口信贷)、私人对外投资和其他资本流出。表 2-1 显示了 1971 年 OECD 发展援助委员会成员,也就是主要西方援助国的四类资本流出情况,其 ODA 资金总和为 77.18 亿美元,与私人商业流出规模的比值超过 0.9∶1。就国别而言,加拿大、丹麦、挪威、葡萄牙、瑞典和美国等六国的 ODA 规模甚至大于其私人商业流出量。就英国而言,1971 年的 ODA 规模为 5.61 亿美元,占 GNP 的 0.41%;私人商业流出规模为 9.8 亿美元,占 GNP 的

0.72%。此外,英国对欠发达国家的出口数据则更为直观。表 2-2 显示出,英国在 1975—1977 年间对马拉维和塞舌尔的援助规模达到了其对这两个国家出口的 80%以上;而印度既是英国最大的受援国,也是英国在第三世界中最为重要的出口市场。从这些数据可看出,如果英国的 ODA 全部或部分能够以捆绑援助的形式用于商业目的,那么将对英国的对外经济关系产生较大影响。基于这样的资金规模,在资本主义发达国家出口陷入困境,各国政府纷纷介入的背景下,英国企业游说政府利用 ODA 资金补贴国际经济竞争的可能是存在的。

表 2-1　1971 年主要援助国资本流出情况　（单位:百万英镑）

国家	ODA		其他官方流出		私人商业流出		总计	
	规模	占 GNP 比重	规模	占 GNP 比重	规模	占 GNP 比重	规模	占 GNP 比重
澳大利亚	202	0.52	11	0.03	261	0.67	493	1.27
奥地利	10	0.06	-2		80	0.49	93	0.56
比利时	146	0.50	1		159	0.55	317	1.09
加拿大	340	0.37	66	0.07	303	0.33	758	0.82
丹　麦	74	0.43	2	0.01	58	0.33	138	0.80
法　国	1088	0.67	50	0.03	491	0.31	1636	1.00
德　国	734	0.34	164	0.07	909	0.42	1915	0.88
意大利	183	0.18	122	0.12	561	0.55	871	0.86
日　本	511	0.23	651	0.29	975	0.44	2141	0.96
荷　兰	216	0.60	3	0.01	361	1.00	590	1.63
挪　威	42	0.33	1	0.01	16	0.13	65	0.51
葡萄牙	99	1.42	19	0.28	27	0.40	147	2.12
瑞　典	159	0.45			61	0.17	244	0.69
瑞　士	28	0.11	-1		204	0.83	245	1.00
英　国	561	0.41	12	0.01	980	0.72	1587	1.15
美　国	3324	0.32	180	0.02	2953	0.28	7045	0.67
DAC 总计	7718	0.35	1279	0.06	8399	0.38	18285	0.83

资料来源:Bruce Dinwiddy, " Chapter 1: The International Development Situation ", *Development Policy Review*,1973,p.15。

表 2-2　英国出口规模与双边援助支出(1975—1977 年)

(单位:百万英镑)

国家	出口	援助	援助/出口
马拉维	52.6	43.2	82.1%
塞舌尔	15.3	12.3	80.4%
孟加拉国	74.3	50.0	67.3%
伯利兹	21.9	8.7	39.7%
印　度	652.0	257.2	39.4%
冈比亚	30.9	6.9	22.3%
斯里兰卡	61.7	12.2	19.8%
赞比亚	228.5	33.9	14.8%
肯尼亚	318.6	46.9	14.7%
巴基斯坦	305.3	38.9	12.7%
约　旦	140.5	14.1	10.0%
除石油出口国之外的所有欠发达国家	10676.9	1020.4	9.6%

资料来源:R.S.May & N.C.Dobson,"The Impact of the United Kingdom's Bilateral Aid Programme on British Industry",*Development Policy Review*,Vol.A12,Issue 2,October 1979,p.4。

(二)英国工党和保守党在援外政策商业化上的共识

20 世纪七八十年代,资本主义阵营内部的经济竞争异常激烈,至今常为人提起的就有美日五轮贸易摩擦、布雷顿森林体系解体等事件。本书所涉及出口信贷国际竞争、捆绑援助补贴贸易等问题也是这一历史进程的重要组成部分。那么英国在这其中处于何种位置、实施了什么政策呢? 根据笔者看到的材料,英国在这场混合信贷竞争中处于十分被动的地位。这一方面是因为英国国内的去工业化趋势凸显,汽车、造船、化工等传统强势产业都呈现出国际竞争力不足的态势;另一方面,英国相对于法国、日本等强政府国家,政府的资本调动能力较弱,难以很好地结合对外援助与贸易战略。但在囚徒困境之下,不断恶化的国际收支以及国内出口厂商与劳工集团的压力迫使英国政府采取各种措施以应对来自其他发达资本主义国家的捆绑援助信贷攻势。

表 2-3　主要西方国家的捆绑援助信贷政策

国　家	捆绑援助信贷政策
澳大利亚	从 1987 年开始,以对外援助预算的 5% 设立"发展影响融资设施"(Development Impact Finance Facility),以参与混合信贷竞争
加拿大	自 1981 年开始在出口发展公司开设混合信贷新业务
法　国	自 20 世纪 60 年代开始在财政部下设优惠基金以充实混合信贷
德　国	结合经济合作部的援助预算和相关信贷(Kreditanstaly fur Wideraufbau)作为混合基金
意大利	结合援助与出口信贷,且制定了政府指导意见
日　本	援助基金与出口信贷相结合
美　国	国际发展署的对外援助资金与进出口银行的信贷相结合,设立了两个"后发制人"方案:1981 年服务于埃及项目的"贸易融资设施"(Trade Financing Facility)和 1984 年服务于发展中国家项目的"捆绑援助信贷方案"

资料来源:Jepma,Catrinus,*The Tying of Aid*,Paris:OECD,1991,Appendix 1&2。

1. 工党政府推出"援助与贸易条款"

工党强调从国际主义价值观出发更多地以道德动机分配对外援助资源,但在 20 世纪 60 年代后期英国就已出现了对外援助商业化的迹象。例如 1967 年英国援外的一个特点是——从方案援助向项目捆绑援助(project-tied aid)转变。1966 年,70%的新增长贷款承诺未与具体项目相捆绑,这一数字在 1967 年下降至 51%。英国财政部此时决定减少方案援助的使用,且将这种限制视为保护国际收支平衡的必要措施。[1]

1975 年工党政府还发布了一个新的援外白皮书,试图跟随世界银行进行援外转型,将资金投入到最贫穷国家的最弱势群体中去,从大规模生产性和基础设施项目转向教育、卫生、性别等减贫项目中去。但短短两年后,还是在工党政府统治下,英国的对外援助商业化进入了高潮。有报告指出,法国对肯尼亚铁路设备出口的支持是压垮骆驼的最后一根稻草,直接导致了英国 1977 年"援助与贸易条款"的横空出世。[2] 该条款是指每

---

[1]　"British Development Policies",*Development Policy Review*,1969,p. 45.

[2]　Barder,Owen,"Reforming Development Assistance:Lessons from the UK Experience",Center for Global Development Working Paper,Oct.,2005,Note. 23.

年从双边对外援助预算中拿出一定比例(见表2-4),用于为英国企业中标国际市场上带有发展目标的项目提供补贴。"援助与贸易条款"项下资金通常会配合官方出口信贷使用,来帮助英国企业在国际竞标中获得胜利。英语中"混合信贷"(mixed credit)一词被认为是来自于法语 credit mixte,这也表明了法国在对外援助商业化中的进攻态势,直接导致了英国"援助与贸易条款"的出现。

表 2-4　1979—1993 年间英国双边援助规模及"援助与贸易条款"(比例)

(单位:百万英镑)

财　年	双边援外规模	ATP 规模	ATP 占英国双边援外比(%)
1979/1980	595	29	4.9
1980/1981	687	26	3.8
1981/1982	630	53	8.4
1982/1983	605	47	7.8
1983/1984	594	28	4.7
1984/1985	666	59	8.9
1985/1986	701	36	5.1
1986/1987	750	81	10.8
1987/1988	755	49	6.5
1988/1989	832	58	7.0
1989/1990	925	62	6.7
1990/1991	1020	94	9.2
1991/1992	983	101	10.3
1992/1993	1036	93	9.0

资料来源:"Public Expenditure:The Pergau Hydro-Electric Project,Malaysia,the Aid and Trade Provision and Related Matters",Foreign Affairs Committee,the Third Report of Session 1993-1994,House of Commons,p.11(Paper No.HC 271)。

2. 保守党对国内经济目标的强化:"援助与贸易条款"扩大化

保守党政府 1979 年上台后,英国对外援助的道德目标被进一步压制,这在对外援助政策、法案、机构和预算等方面都有充分体现。1980 年 2 月 20 日,海外发展署负责人尼尔·马尔腾(Neil Marten)告知下议院援助资源配置应更多考虑政治、产业和商业因素,同时兼顾发展目标。① 同年,英国政府又颁布了《海外发展与合作法案》(*Overseas Development and Cooperation Act*),取代 1966 年的《海外援助法案》,成为英国对外援助的指导文件,并再次强调援助需配合国家对外政治和经济目标。同时降格海外发展部为海外发展署,员工数量从 1979 年 6 月的 2400 人减少至 1981 年 9 月的 2000 人。② 在对外援助预算上,在执政党更换之前,1979—1980 财年援助预计支出为 8.4 亿英镑,并在 1979—1981 年间实现年均增长 6%。但 1979 年 6 月减少了援助预算 5000 万英镑。1979 年 11 月的白皮书宣布 1980—1981 财年援助预算保持 1979—1980 财年的水平。1980 年 3 月公布的支出计划显示 1980—1981 财年的援助预算为 7.79 亿英镑。根据 1979 年的价格水平,援助支出实际下降了 1.9%。考虑到 14% 的通胀率,下降幅度其实更大。且有计划在 1981—1982 财年削减 6.8%,1982—1983 财年削减 6.7%。③

在"援助与贸易条款"方面,最初的规定是其预算不得超过英国当年对外援助规模的 5%,不能用于军事和奢侈品采购,优先选择较为贫困和人权记录较好的国家。但在具体实施中,这些规则被一项项打破,衡量一个国家是否贫困的指标(如人均国民生产总值)被定得非常高,以至于葡萄牙和希腊等都被纳入其中④。而关于"援助与贸易条款"占援助预算 5% 上限被去除的原因则更能说明国内经济目标在这一时期英国援外决策中所处的压倒性地位。英国政府在 1980 年的"援助政策评估"(Aid Policy Review)中这样说,"为保障'援助与贸易条款'的实际规模,它占双边援助的比例将被增加"。艾德里安·休伊特和玛丽·萨顿(Adrian

① Bose, Anuradha & Peter Burnell eds., *Britain's Overseas Aid Since* 1979: *Between Idealism and Self-Interest*, Manchester University Press, 1991, p. 21.

② 数据来源:Sutton, Mary & Adrian Hewitt, "Taking Stock: Three Years of Conservative Aid Policy", *Development Policy Review*, 1982, p. 24。

③ 数据来源:Hewitt Adrian & Mary Sutton, "British Aid: A Chang of Direction", *Development Policy Review*, 1980, p. 1。

④ Morrissey, Oliver et al., *British Aid and International Trade: Aid Policy Making*, 1979-1989, Open University Press, Jan., 1992, p. 79.

Hewitt 和 Mary Sutton)解释道,"这是在暗指对外援助预算的整体规模可以被削减,但同时"援助与贸易条款"的规模不能被缩小"①。在实际运用方面,该条款成为英国政府帮助本国企业在海外抢夺市场的重要工具。

此外 1981 年后,日本的援外优惠贷款迅速增加,尤其是在亚洲地区严重影响了英国的传统海外市场。与英国的混合信贷通常只有 7—10 年的贷款期、利率在 7%左右不同,日元贷款的还款期通常为 25—30 年、利率在 1%—3%左右。为应对这种局势,英国在 1986 年对"援助与贸易条款"的内容进行调整,在保留混合信贷方式的同时,引入"软贷款"这种新形式。软贷款的偿还期在 20—30 年之间,由"援助与贸易条款"资金来补贴官方出口信贷或商业信贷的利率差额,使之降至 3%左右。

(三)"援助与贸易条款"的国别与部门特征

在产业和部门选择上,"援助与贸易条款"资金主要用于支持第二产业资本品出口,例如在 1978—1992 年间,能源部门主要体现为发电设备出口,占到"援助与贸易条款"资金总额的 43%;排在之后的依次是采矿与制造业占该条款支出的 19%、交通部门占 17%以及电子通信占 9%等(见表 2-5)。

表 2-5　1979—1992 年间"援助与贸易条款"资金的部门分布

(单位:百万英镑)

产业部门	项目总价值	ATP 资金规模	部门占 ATP 支出比(%)
采矿与制造业	694	188	19
能源	1619	624	43
交通	643	262	17
电子通信	351	137	9
给排水	254	85	7
其他	170	78	5

资料来源:"Public Expenditure:The Pergau Hydro-Electric Project,Malaysia,the Aid and Trade Provision and Related Matters",Foreign Affairs Committee,the Third Report of Session 1993-1994,House of Commons,p. 340(Paper No.HC 271)。

① Hewitt, Adrian & Mary Sutton, "British Aid:A Chang of Direction", *Development Policy Review*,1980,p. 5.

在国别分布上，"援助与贸易条款"在 1977—1982 年间主要用于拉美和北非地区，如墨西哥、巴西和埃及。1982 年拉美债务爆发后，亚洲特别是沿太平洋地区成为新热点，如中国、印度尼西亚和马来西亚。以中国为例，由于 20 世纪 70 年代之前的相对封闭状态，中国十分幸运地避开了当时在发展中国家间蔓延的债务危机；这样中国就成为西方国家混合信贷和软贷款最为热衷的海外市场。在谷牧副总理的回忆录中，关于 1978 年赴欧洲五国考察的描述是这样的：

> "在联邦德国访问巴伐利亚州时，州长卡里在宴会上说，听说你们资金困难，我国愿意提供支持，50 亿美元怎么样，用不着谈判，现在握握手就算定了。……我是从丹麦去联邦德国的，代首相（首相访美去了）在机场送行时说，你要到大国访问了，希望不要忘记我们小国，在发展经济合作上照顾一下小国。这些国家资金过剩，技术要找市场，产品要找销路，都很想同我们拉关系，做生意。"①

英国此时也有相似的政策：因担忧日本援助贷款对亚洲市场的挤占，英国在 1985 年后将中国和印度尼西亚确定为软贷款的主要客户。在此计划下，中英在 1986 年 5 月签订 3 亿英镑软贷款协议，1988 年 9 月再次签订 3 亿英镑软贷款与混合信贷协议②。且英国"援助与贸易条款"在中国的下注也是事半功倍，这在其议会文件中也有明确记录，例如：

> "在首先使用援助资金补贴获得受援国项目后，英国的项目承包商往往可以在该市场上以纯商业竞争获得其他机会。这突出表现在中国、印度尼西亚、印度、肯尼亚、突尼斯和津巴布韦，其中尤

---

① 谷牧：《谷牧回忆录》，中央文献出版社 2009 年版，第 296 页。
② 参见 Ireton, Barrie, *Britain's International Development Policies：A History of DFID and Overseas Aid*，Springer，2013，pp. 195-196。

其是中国,在其高速经济增长中为英国供货商提供了新的市场。"①

二、英国对外援助商业化的国内政治基础

国内经济动机在英国对外援助政策中的凸显是否是一个独立、单一的高层政治决策呢? 笔者并不这样认为。在 20 世纪七八十年代,资本主义阵营内部的出口竞争与英国国内的去工业化危机,为以捆绑援助为代表的英国援外政策商业化提供了坚实的政治经济基础。在英国国内政治进程中,社会层面产业出口集团与志愿慈善团体之间在对外援助政策上的不同诉求,又反映为政府机构中的贸工部与海外发展部(署)之间的权力博弈。

(一)产业出口集团的利益诉求

在社会层面,产业利益集团、劳工维权组织和志愿慈善团体就捆绑援助政策都有自己的特殊诉求。英国学者奥利弗·莫里斯的博士论文《英国的对外援助政策(1978—1989):商业游说团体与援助国利益》详细介绍了这一过程。在莫里斯看来,这三类组织都有就英国捆绑援助政策进行游说的意愿,但这三者的游说能力是不同的。受益于捆绑援助政策的大型企业集团扮演着政府决策"内部人"的角色,而发展游说团体(Development Lobby)的利益非常分散,且于英国的国家利益而言重要性不足,只是对外援助政策游说的"外部人"。所以,这一部分将重点阐述产业利益集团和劳工组织在政府捆绑援助决策中的角色。

莫里斯认为英国工业联合会(Confederation of British Industry, CBI)对英国政府实施捆绑援助政策有很强的影响力。工业联合会是 1965 年在英国雇主联盟、英国产业联盟、威尔士国家联盟等组织的基础上成立的,代表第二产业集团利益的行业协会。工业联合会认为英国的对外援

---

① "Public Expenditure: The Pergau Hydro-Electric Project, Malaysia, the Aid and Trade Provision and Related Matters", Foreign Affairs Committee, the Third Report of Session 1993–1994, House of Commons, p. 342 (Paper No. HC 271).

助应专注于对英国贸易利益有利的项目。在具体政策上,英国援外应增加捆绑;应向英联邦以外的国家提供更多援助,因为那里有更多的商业和投资机会;应更加关注资源丰富但基础设施建设尚待加强的国家①。而"援助与贸易条款"的起源就是几家大型英国企业在工业联合会的支持下,在 20 世纪 70 年代中期向英国政府游说,希望以援助资金帮助其在发展中国家市场抵御外国竞争,获得更多的合同。② 英国政府在当时也是积极回应第二产业集团的海外竞争诉求,在 1972 年建立了英国海外贸易局,1977 年又在其中建立起海外项目局,英国众多大型出口企业都是其正式成员。海外项目局在 1988 年有 10 个成员,7 个来自大公司,其中 3 个还是该条款的最大受益者③。主要企业包括:半导体领域的普莱西(Plessy),飞机发动机领域的劳斯莱斯(Rolls Royce),飞机机身制造领域的英国宇航(British Aerospace),以及汽车制造商英国利兰(British Leyland)。

　　英国制造企业对于将贸易政策与援外政策结合的诉求也可以在英国议会历史文件中找到佐证。在英国下议院 1977—1978 年会期中,海外发展特别委员会就"贸易与援助"议题征求利益相关方意见。英国利兰汽车国际公司相关负责人向议会表达了其对海外发展署以往政策的不满,希望建立机制化沟通渠道,而不是现在这样零星的、个人的渠道。同时利兰公司希望以海外发展署的预算补贴出口信用担保局,以便后者能够更好地向英国企业的国际业务提供软贷款。利兰公司也希望贸工部加入企业—海外发展署—出口信用担保局的沟通协调机制中,且应该在其中扮演组织性角色,以更好地满足英国企业在海外的商业利益诉求。利兰公司同时也提出,其竞争对手,德国梅赛德斯公司和法国贝利埃公司在海外

① Morrissey, Oliver, "British Aid Policy 1978 to 1989: Business Lobbies and Donor Interests", PhD Dissertation, University of Bath, 1991, p. 74.

② Morrissey, Oliver, "British Aid Policy 1978 to 1989: Business Lobbies and Donor Interests", PhD Dissertation, University of Bath, 1991, p. 79.

③ Morrissey, Oliver, "British Aid Policy 1978 to 1989: Business Lobbies and Donor Interests", PhD Dissertation, University of Bath, 1991, p. 72.

市场得到了更好的政府支持。①

在第三产业集团方面,虽当时英国的专业咨询部门还未完全成熟,服务贸易也未全面兴起,但已表达出与第二产业集团在捆绑援助问题上的差异性态度;但因力量弱小及内部分歧,并未在 20 世纪七八十年代的英国国内政治进程中发挥主导作用。英国咨询局(British Consultanes Bureau,BCB) 成立于 1965 年,是在工程咨询联合会、建筑产业出口联合会和英国贸易委员会的联合倡议下成立的,主要为涉及海外咨询业务的英国服务企业代言。英国咨询局中的中小企业对捆绑援助是期待的,因为专业化的小型公司难以支付其在最不发达国家进行市场调研的成本。但当时信息技术革命才刚刚兴起,第三产业中在发展中国家有较多业务的企业多集中于建筑咨询部门,与现今各类商业服务贸易方兴未艾之势还有所区别。而当时英国的建筑咨询业极具国际竞争力,其中的龙头企业对各国的援助去捆绑政策抱有期待,这样它们就能在自由竞争的国际环境中获得更高的市场份额,所以对英国是否应进一步推动捆绑援助,参与国际混合信贷竞争持保留态度。②

(二)政府机构间的权力博弈

产业出口集团在对外援助政策中的利益诉求在英国政府机构中也找到了代言者——英国贸工部。这一机构不仅在政策层面,并且在制度层面,参与到 20 世纪七八十年代英国对外援助的政策制定和具体实施之中。同时,英国中央政府出于改善国际收支的考虑,在这一时期对捆绑援助持积极态度③。而贸工部与海外发展部(署)在捆绑援助政策上的权力博弈又在"援助与贸易条款"问题上体现得最为淋漓尽致。

---

① "Trade and Aid, Volume 2: Evidence and Appendices", Select Committee on Overseas Development, the First Report of Session 1977 – 78, House of Commons, pp. 263 – 280 (Paper No. 125–II).

② Morrissey, Oliver, "British Aid Policy 1978 to 1989: Business Lobbies and Donor Interests", PhD Dissertation, University of Bath, 1991, p. 75.

③ "The United Kingdom's Entry into Europe and Economic Relations with Developing Countries", Select Committee on Overseas Development, Session 1972–73, House of Commons, p. xii (Paper No. 294–I).

1. 国际收支困境与国内产业保护

1945—1971 年间,英国在布雷顿森林体系下实行钉住美元的固定汇率制。但英国出口的颓势在第一次世界大战前已然显露,第二次世界大战后国际平衡收支问题成为历届英国政府需要解决的核心问题。从 1969 年开始任英国海外发展部负责人的茱蒂丝·哈特写道:"在我在政府任职的七年间,国际收支平衡至少与任何公共支出和真实资源的政策选择一样重要。"① 此时,英国政府内部甚至有人提议推动英镑不再作为国际结算货币,以更好地配合国内产业发展。英国政府也为促进出口,曾两次大幅度下调英镑币值:分别为 1949 年 9 月贬值 30.5%,英镑兑美元从 1:4.03 下降到 1:2.8,与 1967 年 11 月贬值 14.3%,英镑兑美元从 1:2.8 下降到 1:2.4。这意味着英国中央政府存在为改善国际收支,对国内出口企业提供保护、补贴的行为动机。

1971 年后国际货币体系进入后布雷顿森林时期,包括英国在内的一些资本主义国家为避免因美元不稳而引发的国际游资对本国货币的冲击,实行浮动汇率制。在这种背景下,两个新因素进一步恶化了英国国内企业的海外利润空间:一是英国在 1972 年宣布加入欧洲共同体,意味着由英国及前殖民地、英联邦国家所建立的帝国特惠制的结束,英国企业在海外市场将面临美国、法国、德国、日本等的激烈竞争。二是 1975 年 11 月北海油田正式大规模产油,到 20 世纪 80 年代其产量不仅能够满足英国国内需求,还可部分出口。这在很大程度上推高了浮动汇率制下的英镑币值,这样英国的国际收支情况虽有改善,但国内出口企业的日子却更艰难了,国际竞争力进一步下降。1979 年后,撒切尔政府在新自由主义经济意识形态指导下,放弃了以国有化保存国内支柱产业的路径,这样在激烈的国际竞争中,出口信贷及捆绑援助就成了英国国内产业的救命稻草。可以说,在 20 世纪七八十年代的资本主义阵营内部出口竞争中:

---

① Hart, Judith, *Aid and Liberation: A Socialist Study of Aid Politics*, London: Victor Gollancz Ltd, 1973, p. 244.

"对任一提供信用的国家而言想要全身而退也不太可能,尤其是英国这样倚重出口的国家。不提供信用,结果只能输给竞争对手,导致重要工业的崩溃,伴随着大量的失业和金融损失。"①

2. 贸工部与海外发展部的矛盾

对外援助决策主要基于三大动机:道德动机、国际政治动机和国内经济动机。而对外援助管理实施机构的组织级别、预算规模和人员配备则依赖于援外政策道德动机的保存程度。也就是说,如果一国的援外政策过于倾向国际政治动机,那么对外援助机构就很难保存其部级地位,大概率会成为外交部的一个下属机构;而一旦国内经济动机过强,对外援助机构就可能转而成为贸工部的一个下属机构。OECD 曾在 2009 年发布报告《管理援助:发展援助委员会成员国的实践》(*Managing Aid:Practices of DAC Member Countries*),其中的第三章就是分析各成员国对外援助机构的组织设置和管理模式,重点是商务部/贸工部、外交部与援外机构之间的关系。国内也有学者关注对外援助官僚机构序列与对外援助政策之间的关系问题,如白云真教授曾从日本援外机构在进入 21 世纪后的合并与改革角度出发,分析中国对外援助机构的改革方向,并提出中国商务部在对外援助中的主导地位是历史形成的,然而这种对外援助管理机制现在无法充分满足对外援助战略使用的现实需要。② 可见,对外援助三大动机与三类机构之间的对应关系是一种较为普遍的现象。

英国的经历可被认为是这种动机—机构对应关系的典型代表:英国对外援助管理机构——海外发展部——在 1964 年建立后数次被降级为海外发展署,受外交部领导,并由贸工部控制其部分预算,这种情况直到 1997 年国际发展部建立后才有所改变。这表明英国在 20 世纪七八十年代的对外援助政策,仍然是以国际政治动机为主要依托,同时国内经济动

---

① 中国出口信用保险公司编译:《英国出口信用担保局 90 年》,知识出版社 2016 年版,第 30 页。

② 白云真:《21 世纪日本对外援助变革及其对中国的启示》,《教学与研究》2014 年第 7 期,第 60 页。

机呈上升趋势,道德动机被完全压制;90年代后道德动机抬头,但是否完全压制了国内经济动机则是本书的核心内容。此外,这也意味着英国援外管理机构积极推动对外援助去捆绑政策,从表面上看是一种出于道德动机的规范选择,但实际上包含有保存机构组织级别,争取更多权力和预算的部门自利动机。也就是说,英国对外援助政策的道德选择恰恰匹配了海外发展部(署)/国际发展部的机构理性选择。

英国中央政府在20世纪七八十年代存在以对外援助补贴国内出口企业的强烈动机,此时的海外发展部本应激烈反抗,因为只有这样才能保存其部门在政府机构序列中的应有位置;但1979年撒切尔夫人上台后所任命的第一位援外机构负责人尼尔·马尔腾,却采取了迎合国内经济动机的立场。马尔腾在1980年2月向议院作出声明:目前是一个合适的时机来增加政治、产业和商业考虑在我们对外援助分配中所占的权重,同时兼顾基本发展目标。但是他的做法不仅使其与援助游说组织有了冲突,后者在20世纪70年代与海外发展部(署)建立起了紧密的联系,同时也与他所领导的机构发生了冲突。在这种背景下,马尔腾不得不宣布辞职;贸工部则借机迅速在英国援外事务中获得了更多的权力。英国议会文件也有明确的文字记录:

> "在1980年声明之后,对外援助政策的部际协调制度被建立起来,以确保产业和商业利益能够切实地加入援助项目的考量之中。利益相关部委,包括贸工部,可以对海外发展署的国家评估和援助战略与框架等核心路线文件提出自己的意见,涵盖海外援助的形式、今后三年的预算等内容。同时也正在设想如何使海外发展署与贸工部就主要发展中国家的项目可行性、优先事务选择,以及战略等问题保持沟通。"①

---

① "ODA Bilateral Country Programmes-Minutes of Evidence", Foreign Affairs Committee, Session 1985−1986, House of Commons, p. 75(Paper No. 183−v).

贸工部下属还有一机构与英国20世纪七八十年代捆绑援助政策密不可分，那就是前文反复提到的英国出口信用担保局。它的主要功能是为英国出口提供短期保险和中长期买方信贷，相当于目前中国两家机构的业务总和——中国出口信用保险有限公司和中国进出口银行。导论中曾提到资本主义阵营内部的出口信贷竞争因1982年发展中国家债务危机的爆发而遭遇重挫——西方国家之前借出的资金难以回笼，不得不借助巴黎俱乐部进行债务减免和重组；应国内企业的要求继续向发展中国家提供买方信贷，连英国出口信用担保局内部的贷款前风险评估程序都很难通过，且不说其他部委和利益集团对于官方出口信贷机构难以保本运行，需要政府一再增加拨款规模，实质是在浪费纳税人钱财的质疑。1982年被认为是英国出口信用担保局发展史上的一个分水岭，在此之后机构陷入了长期亏损，机构在1983—1984年度末出现了50年代以来的首次账户余额为负。此前账户出现赤字只是短暂的，但这次不同，赤字快速增加，到1984—1985年度末已达到4亿英镑，两年后达到10亿英镑，到1980年年末达到16.83亿英镑①。这样的财务状况，不论是中央政府还是贸工部与出口信用担保局，面对国内的去工业化颓势，都不得不将对外援助预算当成最后的救命稻草。

在介绍完英国政府机构中的主要利益相关方后，它们之间围绕援外政策的博弈过程将是笔者接下来关注的重点。在英国政府1980年的"援助政策再评估"中，贸工部、外交部与海外发展署之间的分歧是明确的：贸工部希望控制更多的对外援助预算以补贴出口信贷，外交部希望对外援助能够最大限度上服从于国际政治目标，海外发展署则希望保存自己最后的话语权，保留对外援助最后的发展属性，并培养支持这一目标的利益群体，如各类NGO等。曾长期任职于英国援外系统的巴里·艾尔顿在总结国际发展部的机构历史时写道：

---

① 中国出口信用保险公司编译：《英国出口信用担保局90年》，知识出版社2016年版，第28—29页。

"撒切尔时期,除公共支出处于整体紧缩的情况外,(英国政府)启动了一个正式的关于对外援助事务的机构间评估。到1979年海外发展部在白厅中已没有朋友了:外交部认为海外发展部试图运作自己的对外政策,忽略了援助对于维护英国与有影响力的中等收入发展中国家间政治关系的作用;贸工部则致力于维护它所认为的对外援助中潜在的商业利益,特别是通过扩大'援助与贸易条款'。"①

"援助与贸易条款"的制度设置则是反映英国对外援助政策机构间博弈的最好证据。该条款的审批权并不在海外发展部,它是由企业或产业集团向英国贸工部提出申请,贸工部进行审查后将其提交至"援助与贸易条款"跨机构委员会批准,英国出口信用担保局则为该条款项下贷款提供担保。这扩大了贸工部在英国对外援助决策中的权力,引发了其与海外发展部(署)间的冲突。英国贸工大臣艾伦·克拉克(Alan Clark)在1987年甚至提出:

"'援助与贸易条款'应交由贸工部全权负责,且基于利益和优势的考量,贸工部应对整个对外援助预算享有更多的控制权。"②

第三节　英国对外援助的道德动机时代?

约翰·梅杰在1990年年末当选为英国新首相,基本延续了撒切尔夫人的内外政策,对外援助亦不例外。但1992年国际层面上"赫尔辛基准则"的出台和1994年国内层面上柏高判例的出现,都被认为是可能压制英国对外援助经济动机的因素。但1993年英国政府"援助与贸易条款"政策再评估的最后结果,还是证明了国内经济动机的稳固地位。此后,工

---

① Ireton, Barrie, *Britain's International Development Politics: A History of DFID and Overseas Aid*, Palgrave Macmillan UK, 2013, p. 44.

② Morrissey, Oliver, "British Aid Policy 1978 to 1989: Business Lobbies and Donor Interests", PhD Dissertation, University of Bath, 1991, p. 69.

党时隔18年后重新掌权,在1997年推出英国外交的"道德路径"(Ethical Approach),并希望将对外援助政策纳入其中。国际发展部的成立、1997年减贫白皮书的出台以及"援助与贸易条款"被废除、再加上2000年推出全球化白皮书并承诺到2002年实现援助零捆绑,使得学术界和政策界普遍认为,英国对外援助的道德动机时代来临了。但事实真的是这样吗?

一、梅杰时期英国对外援助政策的反复

导论中提到,多边层面上关于推动有序使用出口信贷的谈判是从1973年开始的,在1978年达成了第一个OECD范围的多边协定《关于官方支持类出口信贷的指导方针》。在此之后,OECD在细分东道国经济发展水平、区别对待各个产业部门(如造船、航空航天、核电等),以及出口信贷的利率水平和还款期限等问题上达成了一些共识。1982年发展中国家债务危机爆发后,捆绑援助成为贸易融资的重要组成部分,也成为多边出口信贷谈判的新焦点,OECD各方陆续就混合信贷和软贷款的最低减让水平等进行磋商。1989年夏,来自芬兰等国的领导人开始组织召集新一轮的谈判,希望能够形成一个完整覆盖出口信贷和捆绑援助的新协定。1989年秋召开第一次会议后,各方本希望在OECD 1990年部长级会议时达成协议,但最终并未实现。在此之后,英国海外发展署高级官员巴里·艾尔顿提供了"商业可行性"(Commercial Visibility)的概念,为多边谈判带来了新的气象。在此基础上,OECD国家终于在1991年4月达成"赫尔辛基准则",限制在可进行商业融资的项目上使用捆绑援助。这一协议于1992年2月正式生效。巴里·艾尔顿写道:"'赫尔辛基准则'为白厅重新审视'援助与贸易条款'铺平了道路。"[1]

此外,几乎与"赫尔辛基准则"同时发生的英国援马来西亚柏高大坝事件也在英国国内引发了关于对外援助政策的热烈讨论。柏高大坝事件是指1988—1997年间,英国与马来西亚两国政府将军购合同与援外承诺

---

[1] Ireton, Barrie, *Britain's International Development Politics: A History of DFID and Overseas Aid*, Palgrave Macmillan UK, 2013, pp. 201-202.

相结合,并在项目落实过程中不当使用捆绑援助而引发的一系列丑闻。这一事件在产业层面涉及建筑企业、机电企业和军工企业,在机构层面涉及英国国防部、外交部、贸工部、出口信用担保局和海外发展署等,并对英马关系产生了较大负面影响。之所以常被称为是1994年柏高事件,是因为英格兰与威尔士地区法院是在1994年裁定英国外交部部长道格拉斯·赫博(Douglas Hurb)在此项援助上超越权限,违反了《海外发展与合作法案》,并形成了司法复审判例(R v Secretary of State for Foreign and Commonwealth Affairs,ex parte World Development Movement Ltd.)。

在"赫尔辛基准则"和柏高大坝事件的合力之下,英国政府在1992年着手对已运行了15年的"援助与贸易条款"进行首次政策评估(1992 Review for ATP)。虽然议会文件显示这次评估吸取了柏高经历的教训①,但1993年6月终于出台的评估结果,对"援助与贸易条款"资金的使用做了一些限制,但还是决定保留"援助与贸易条款"。英国下议院的立场是:"考虑到英国的竞争对手们使用官方支持性出口信贷,我们接受'援助与贸易条款'应该继续存在。"②也就是说,在约翰·梅杰首相执政期间(1990—1997年),国内经济动机即使面临较大的国内外压力,但依然在英国的对外援助政策中扮演着重要角色。

二、新工党对外政策道德路径的理性基础

工党在1997年5月的议会选举中获得了绝对优势,托尼·布莱尔成为英国的新首相。有学者曾说,工党的政策永远是一个"混合物",不像保守党那样单纯以现实政治定义国家利益并采取措施,前者总偏好体现内外政策的道德性。在"新工党"的口号下,布莱尔对外政策的道德性从表面上看更强了。新任外交部部长罗宾·库克(Robin Cook)于1997年5

---

① "Public Expenditure: The Pergau Hydro-Electric Project, Malaysia, the Aid and Trade Provision and Related Matters", Foreign Affairs Committee, the Third Report of Session 1993-1994, House of Commons, p.v(Paper No.HC 271).

② "Public Expenditure: The Pergau Hydro-Electric Project, Malaysia, the Aid and Trade Provision and Related Matters", Foreign Affairs Committee, the Third Report of Session 1993-1994, House of Commons, p.xxx(Paper No.HC 271).

月 12 日发表了《英国外交政策声明》:新任政府的对外政策将包含道德内容,国家利益并不仅仅由狭义的权力政治框定。外界将英国外交的新方向甚至直接称之为"道德外交路径"。《泰晤士报》次日发表的文章归纳了外交新方向的四个抓手:重视人权、严格武器出口审批程序、在环保领域付出更多努力和以援助减少贫困。

在这种背景下,国际发展部被建立起来,并任命了在工党中排名十分靠前的克莱尔·肖特担任部长,这是时隔 18 年后英国对外援助管理机构再次获得部级地位(见表 2-6)。很快,国际发展部发布了白皮书《减少世界贫困:21 世纪的挑战》,将减贫这样的道德目标作为重构英国对外援助政策的基础,并宣布废除"援助与贸易条款"。这是英国政府自 1975 年白皮书《英国援外政策重心的变化:给穷人以更多的帮助》后,时隔 22 年再次就对外援助问题形成正式文件。1975 年白皮书的落实工作受到了英国国内第二产业出口集团的干扰,"援助与贸易条款"在 1977 年的出台就是明证。相比而言,1997 年白皮书则得到了更好地贯彻。且仅在三年之后,英国政府又发布了其姊妹篇——《消除全球贫困:使全球化为贫困人口服务》白皮书,宣布自 2001 年 4 月 1 日起,英国正式废除捆绑援助政策;此后又在 2002 年通过了《国际发展法案》,将1997 年和 2000 年白皮书的核心观点形成法律:英国的 ODA 只能用于减贫目标。在对外援助实践中,英国成为七国集团中首个实现援助零捆绑的国家,且一直保持至今。

表 2-6　英国对外援助制度的演变

时　间	执政党 & 首相	援助法案及重要文件	对外援助管理机构
1964—1970	工党 哈罗德·威尔逊	1965 年白皮书《海外发展:新部委的工作》 1966 年白皮书《海外援助法案》 1967 年白皮书《海外发展:目前的工作》	1964 年创立了单独的海外发展部,部长拥有内阁席位 1967 年保留海外发展部,但部长不再拥有内阁席位
1970—1974	保守党 爱德华·希思		海外发展部降格为海外发展管理署,并入外交部

续表

时　间	执政党 & 首相	援助法案及重要文件	对外援助管理机构
1974—1979	工党 哈罗德·威尔逊 詹姆斯·卡拉翰	1975 年白皮书《海外发展:英国援助政策重心的变化,给最穷的人更多帮助》 1977 年设立"援助与贸易条款"	重建海外发展部,部长拥有内阁席位
1979—1997	保守党 玛格丽特·撒切尔 约翰·梅杰	1980 年《海外发展与合作法案》	海外发展部降格为海外发展管理署,并入外交部
1997—2010	工党 托尼·布莱尔 戈登·布朗	1997 年白皮书《减少世界贫困:21 世纪的挑战》 2000 年白皮书《减少世界贫困:让全球化为穷人服务》 2002 年《国际发展法案》 2006 年白皮书《减少世界贫困:让治理为贫困人口服务》	建立国际发展部,部长拥有内阁席位
2010 年至今	保守党 戴维·卡梅伦 特丽莎·梅		保留国际发展部

资料来源:笔者整理。

就国际背景而言,英国 1997 年国际发展部的建立和白皮书的发布是在回应 OECD 1996 年报告《塑造 21 世纪:发展合作的贡献》,以迎接国际发展援助的新时代。冷战结束初期,良政援助是各国对外援助的新宠,但此时 ODA 事业面临两大困境:一是东欧剧变后,良政援助开始大规模向中东欧地区倾斜,以使前社会主义国家迅速建立西方式市场经济和代议制民主,当然这也包含着快速占领新市场和散播政治影响力的动机,但撒哈拉以南非洲等最贫困地区则遭遇了"援助疲劳",经济社会发展缓慢,甚至出现倒退;二是 OECD 国家的 ODA 本就脱胎于冷战格局,此时社会主义阵营已瓦解,良政援助之后,ODA 作为一个概念、一种政策、一套制度体系,是要形成突破 OECD 范围的新共识,还是要寿终正寝了呢?OECD 1996 年报告解决的就是这个问题。它提出了到 2015 年将世界极端贫困人口(指日均收入不足 1 美元的人群)比例减少一半的新目标。

而联合国系统在 20 世纪 90 年代召开的一系列国际会议——1990 年世界儿童峰会（纽约）、1992 年联合国环境与发展会议（里约）、1993 年世界人权大会（维也纳）、1994 年国际人口与发展会议（开罗）、1995 年世界妇女大会（北京）、1996 年世界粮食峰会（罗马）——与 OECD 报告相得益彰，为国际发展援助新时代的到来铺平了道路。终于千年发展目标及其完整指标体系在 2000 年联合国千年峰会上被正式推出，得到了 149 个国家的响应和支持，中国也是其中之一。两年后，联合国框架下形成的"蒙特雷发展融资共识"（Monterrey Consensus on Financing for Development）进一步显示出 ODA 在冷战结束后找到了新方向、焕发了新生机。这使得更多的人以道德动机来简单概括这个国际发展援助的新时代，而忽略了对各援助国具体政治经济诉求的分析。

（一）国际政治动机的相对弱化

工党在 1997 年将对外援助管理机构从外交部撤出，使得国际政治动机的贯彻相比之前要困难。此外，2000 年白皮书和 2002 年法案虽前后只相隔了 14 个月，但这期间爆发了冷战结束后国际安全领域的最大事件——"9·11"恐怖袭击。理论上讲，这应使国际政治动机在西方国家援外决策中有所加强。美国在 2002 年国家安全报告中就将贫困与恐怖主义的滋生相联系，提出 ODA 将用于反恐目标，与美国的战略利益相结合。日本作为其盟国，也在 2003 年修改了 1992 年 ODA 大纲，在其中加入了"和平建设"（Peace Building）等内容，希望以援外资金防止恐怖主义在欠发达国家等的滋生，以及防恐战争后的重建和恢复工作。英国国际发展部也参与了一些战争善后工作，但即使在这一时期"英美特殊关系"的大背景下，英国在对外援助法律和重要文件的制定中还是坚持了 1997 年以来的既有政策，聚焦于减贫目标、致力于援助去捆绑；反恐等相关内容并没有在 2002 年法案等中有直接体现。从这里可以看出，国际政治动机在 1997—2002 年间的英国对外援助制度变迁中被边缘化了，围绕道德动机与国内经济动机的博弈才是英国援外决策的关键。

（二）是道德动机时代还是经济动机的内核变化了？

1997 年后英国道德外交最核心的部分是"尊重人权"。也是在这一逻辑基础上,英国在1998年轰炸了伊拉克、1999年参与了北约对南联盟的军事行动、2000年介入了塞拉利昂内战、2001年参与了阿富汗战争、2003年参与了伊拉克战争。这些大多被冠以"价值观战争"之名,但不得不让人怀疑英国道德外交的内核到底是什么?

对外援助作为这一阶段英国道德外交的一环,其决策基础难道只有道德动机吗?仅就对外援助去捆绑而言,笔者认为,英国国内产业结构的变化使其第二产业走向后福特主义,具有国际竞争力的服务出口部门不会因英国单边去捆绑而遭受较大的经济损失,且若能以单边推动多边去捆绑,还可为自身带来更多的国际订单。布莱尔也曾在回忆录中直言国内产业结构变化以及其触发的经济社会变革使过去的纵向产业政策干预等措施失去了现实土壤:

> "我们(指工党)跟现代世界脱节。基本上,我们可以吸引两类人:那些传统上就支持工党的人,和那些经由一个认知过程而支持社会主义或者社会民主主义的人。很多工会活动家就属于第一类;而我属于第二类。这两类人,都不是我所谓的'主流',他们加在一起,也远远不能形成一个足够庞大、足够支持我们获胜和执政的选民群体。……此外,第一类人越来越少。老式工会会员的时代,随着他们控制的许多产业——煤炭、钢铁、造船、纺织——的没落,渐渐远去。新生的产业——尤其是以新兴技术和现代服务业为推动的那些——对混合产业激励和政治活动的工会不感兴趣"。①

且不仅仅是布莱尔政府,在其2007年辞职后上台的工党布朗政府,更重要的是2010年后执政的保守党政府,都保留了国际发展部的机构建制和对外援助全面去捆绑政策,并没有发生因政党轮替而出现反复的情况,也打破了自1964年以来的惯例(见表2-6)。有趣的是,卡梅隆首相也同样是在推动保守党进行现代化转型的旗帜下,几乎全盘接受了工党

_____

① [英]托尼·布莱尔:《布莱尔回忆录》,李永学等译,译林出版社2011年版,第35页。

执政时期(1997—2010 年)的对外援助政策。那么,保守党的这种现代化能够脱离英国的社会经济基础而单独存在吗? 保守党以现实利益制定内外政策的右翼传统也被对外援助的道德动机彻底压制了吗? 还是伴随国际发展理念、西方援助链和英国的产业结构变化,使更多对外援助预算、独立对外援助部委、援外项目的全球招投标更符合英国的现实利益呢? 关于英国产业结构变化的具体内容将在第三章详细阐述。除此之外,第四、五、六章将以三个案例,从出口利益结构变化和相关机构立场调和两个视角,对 1992—2002 年间的英国对外援助进行具体分析,以证明本书的核心观点:英国在 2002 年对外援助全面去捆绑的决策是基于国内产业结构变化的理性选择。

第三章　英国产业结构的变化进程

　　产业在英文中是 Industry，这一单词在早期专指制造业，现在也可泛指包括服务业等非物质生产在内的所有产业领域。这一词汇内涵的扩展也包含着英国贸工部从过去专注于保护英国缺乏国际竞争力的制造业，向兼顾其他产业领域，甚至是为第三产业所主导的可能性。此外，产业、部门与行业这三个概念较易混淆。向同一个市场提供同一产品的所有厂商组成了一个行业，例如在英国市场上所有的制药企业就构成了医药行业，而部门（Sector）所指的范围则在产业与行业之间。

　　在此基础上，产业结构的定义就是：国民经济中各产业的组成及其相互间的联系和比例关系。[1] 为更好地研究产业结构，经济学中存在多种产业分类方法，最为常见的就是三大产业分类法。经济学家费歇尔在1935 年首次划分了三大产业：第一产业为农业和畜牧业；第二产业开始于英国工业革命之后，以机器大工业的迅速发展为标志；第三产业则开始于 20 世纪初，以生产非物质产品为主要特征。在这其中，第三产业内部的异质性最强，从餐饮、理发到金融、软件都属于服务经济，但其部门特点却有天壤之别。此时，如果辅之以生产要素分类法，则可清晰很多。按照各个部门对生产要素的需求比重或依赖程度不同可将其划分为：劳动密集型、资本密集型和知识密集型三类。当然，生产要素分类法也适用于其他产业，例如第二产业中的重工业部门在组织生产时资本要素就最为关键，所以属于资本密集型，其产品也常被称为资本品（Capital Goods）。此外，为了更好地进行经济统计和国际贸易，联合国等也推出了更为细致的

---

　　① 杨明基编:《新编经济金融词典》,中国金融出版社 2015 年版,第 73 页。

分类标准,以《国际标准行业分类》(International Standard Industrial Classification System, ISIC)为代表。ISIC 包含四级目录,第一级为门类,编码为字母;第二级为类,编码为两位数;第三级为大组,编码为三位数;第四级为组,划分最详细,编码为四位数。笔者试图在本章以此目录为主要分类依据,对英国各个产业部门在战后的变化情况进行研究(ISIC Rev4 见附录 D)。

与之相关,产业政策是指"政府为实现一定的经济和社会目标而对产业的形成和发展进行干预的各种政策"[①]。广义上讲,中国古代的重农抑商就是一种产业政策;而在资本主义世界经济体系形成之后,无论是美国首任财长汉密尔顿在 1791 年《制造业报告》中对政府应利用关税保护国内产业的强调,还是德国古典经济学家费里德里希·李斯特在 1841 年《政治经济学的国民体系》中提出的"幼稚工业保护论",也都属于产业政策的范畴。经济学中包含三类支撑产业政策的理论:一是市场失灵说,例如公共产品供给不足、消极外部性、信息不对称、自然垄断行业等的存在,使得仅仅依靠市场机制难以实现资源的最优配置。二是赶超战略说或国际竞争说,是指后发国家在实现赶超目标的过程中比发达国家更多地运用产业政策,以实现经济的超常规发展,缩短追赶先进国家所需的时间。具体政策包括保护幼稚产业、补贴战略产业等。三是将政府作为市场经济中的一种制度或行为体。

20 世纪七八十年代后,政府干预经济的缺陷,或曰政府失灵,越来越暴露,例如寻租、官僚效率低下、干扰市场信号、破坏激励体系等,这使得"产业政策"一度成为各国政府避之不及的词汇。但伴随新制度经济学等的兴起,政府在经济发展中的作用被再次发现并重新定义:"新产业政策是指政府在定义规则和帮助发展能力方面的相关工作。"[②]在这种背景下,产业政策也被细分为部门政策(Sectoral Policy)和横向政策(Horizontal Policy)两类,例如"在英国,横向政策和部门干预之间的平衡

---

① 杨明基编:《新编经济金融词典》,中国金融出版社 2015 年版,第 73 页。

② Bianchi, Patrizio, *International Handbook on Industrial Policy*, Edward Elgar Publishing, 2008, p. 23.

一直在变化。在 1979 年之前,更加强调部门干预,政府寻求建立领军企业和促进行业整合。战略部门被国有化了,同时强调技术推动,政府支持某些他们认为更具市场潜力的技术方案。但 1979 年的产业政策并没有帮助提升英国产业基础的长期生存能力。1979 年后,一些政策被延续下来,例如对航空航天产业的支持;但更多的是利用横向工具来鼓励外国投资、促进竞争和实现市场自由化"[1]。

本章将在这些概念的基础上对英国的产业发展,尤其是 1992—2002 年间的产业结构变化进行研究。本章包含三个小节:第一节将回顾英国三大产业的发展历程,涉及产业特点、组成结构和相关产业政策等;第二节将对英国的产业结构变化,尤其是 1992—2002 年间的情况进行分部门数据描述;第三节将详细介绍在产业结构变化的基础上出口利益结构的变化,阐明英国出口的主导产品性质、海外目标市场和国际竞争力等因素与对外援助去捆绑政策之间的关系。

第一节　英国产业结构的变化历史

英国曾是第一代的"世界工厂",在 19 世纪中叶第一、二产业集团的博弈中,政府选择放弃大规模补贴农业政策,使其彻底摆脱了美国式粮食援助游说羁绊。进入 20 世纪后,面对去工业化颓势,英国政府在第二产业与以伦敦金融城为代表的服务业间左右摇摆,以撒切尔政府为分界线,形成了中左同盟和中右同盟的产业政策分野。20 世纪 80 年代后,信息技术革命促使服务业可贸易,使英国第三产业的国际优势越发明显;但第二产业中的一部分也迎来了后福特主义机遇,在中高端细分市场赢得了一席之地。在比较优势基础与产业政策的综合作用下,英国的产业结构特点在 20 世纪 90 年代后逐渐明朗,即去工业化、第三产业化、制造业完成后福特主义转型。

---

① Department for Business Innovation & Skills of UK, "Industrial Strategy: UK Sector Analysis", Sept., 2012, p. 8.

一、第二产业的衰退与转型

英国的制造业兴起于 18 世纪中期的第一次工业革命,1750—1870 年被认为是大英帝国的全盛时期。英国是工业革命的发源地,但同时也是发达资本主义国家中最早开始经历第二产业衰退,并艰难寻求维持、转型机遇的国家。第二次工业革命兴起后,英国的工业部门开始走下坡路,出现了第一波"去工业化"浪潮。而两次世界大战的爆发,使政府不得不介入工业生产领域,带动了英国第二产业的复苏。这种政府干预,甚至是直接国有化的方式,在第二次世界大战结束后被保留下来,并伴随出现了行业内合并以适应规模化生产的新特点。虽然英国的这种尝试并不成功,但其第二产业仍然在 20 世纪 80 年代的后福特主义新潮流中找到了机遇——那就是融入地区产业链,在利基市场①中发挥自身优势。

(一)废除《谷物法》:第二产业的胜利

1750—1870 年可谓是英国的黄金时期,工业革命的东风之下,第二产业各部门繁荣发展,为英国赢得了"世界工厂"的美誉。在此期间,1846 年废除《谷物法》又具有标志性意义,表明了英国政府在第一、二产业间的选择和立场。英国当时在纺织、煤炭、钢铁、机械等部门都是世界上规模最大、成本最低的生产商。所以重商主义政策丧失了必要性,只会损害出口的继续繁荣。英国的出口企业需要进入比殖民地更大的市场,但这只有在对方的食品和原材料可自由进入英国市场的前提下才能实现。只要英国的农业继续受保护排斥海外竞争,制造业出口就会受限制。这样制造业和农场主之间的利益冲突就产生了,最终促成了《谷物法》在 1846 年被废除。② 这一方面推动了英国主导的全球自由贸易体系的建立,便利了英国第二产业的大规模出口。另一方面也使得英国农产品长期依赖进口,没有形成如美国那样的农业产业发展模式——大规模、机械

---

① 利基市场(Niche Market):市场营销学概念,也常被翻译为缝隙市场、壁龛市场等,指专业化细分市场。

② Owen,Geoffrey,*From Empire to Europe:The Decline and Revival of British Industry since the Second World War*,Harper Collins,1999,p. 12.

化生产以获得全球领先的生产效率;也没有形成如法国、日本那样——以政府高补贴、强保护来维持一个相对完整的国内农业体系。也就是说,英国从一开始就没有对外援助捆绑农产品出口的产业基础。

(二)去工业化浪潮的发端

第二次工业革命的主要受益国是美国、德国和日本等后发国家,因为他们在新技术应用方面拥有不必重复建设和较少利益集团干扰的优势。例如英国人约瑟夫·斯旺与爱迪生几乎在同一时间发明了白炽灯,二人还在 1883 年成立了联合公司(Edison & Swan United Electric Light Company)。但该项技术在美国的应用却大大快于英国,这是因为英国在此之前已在全国范围内建立了由地方政府运营的煤气照明系统。美国和德国分别在 19 世纪 80 年代和世纪之交超过了英国的工业生产总值,使得英国企业在国际市场上的处境日益艰难。而第一次世界大战的爆发和1929 年大危机的到来更是雪上加霜,例如在纺织部门,英国棉纺织品最早是出口到美国和欧洲大陆,后来转向印度、中国等殖民地和落后国家。第一次世界大战期间,一是英国的传统出口市场印度等的当地纺织工业开始兴起,并采取关税保护等政策;二是日本崛起成为新的棉纺织品出口大国,在 20 世纪 30 年代中期超过英国成为全球领先的棉纺织品出口国。① 在这样的历史背景下,英国与各殖民地、英联邦国家在 1932 年签订《渥太华贸易协定》(Ottawa Trade Agreements),建立了关税同盟性质的"帝国普惠制",宣布正式放弃自由贸易政策;同时决定放弃金本位制,建立英镑区,规定区内的贸易往来用英镑结算,各成员国的通货对英镑保持固定汇率,对英镑区以外的其他货币兑换要受到限制。② 这些具有保护主义性质的对外经济制度直到 20 世纪 70 年代初期,在布雷顿森林体系出现巨大动荡和英国选择加入欧洲经济共同体后才逐步废除。

(三)英国政府试图扭转去工业化颓势

英国自 1870 年就开始的去工业化,在两次世界大战期间出现了一些

---

① Owen,Geoffrey,*From Empire to Europe:The Decline and Revival of British Industry since the Second World War*,Harper Collins,1999,p. 61.
② 参见罗志如、厉以宁:《二十世纪的英国经济》,商务印书馆 2013 年版,第 60 页。

变化,例如为争取战争胜利,政府参与运营或直接接管了军工及相关第二产业部门。这种政策在第二次世界大战后被保留下来,甚至一直持续到1979年,主要表现为在政府推动下进行国有化和挑选行业领军企业,以扶持大企业的方式,进行技术升级换代和实现规模效应,涉及煤炭、电力、铁路、航空、电信、航运和钢铁等部门。此后执政的保守党政府也部分接受了工党的政策,形成了1945—1979年间的"中左共识"。有学者按照不同的政府与市场关系,将英国1939—1979年间的经济政策总结为图3-1[①]。在这里,社会主义是指所有的生产资料都由政府完全所有或控制的情况;统制经济与社会主义最大的不同是国家并未完全取代市场,政府只是拥有战略部门大型企业的所有权。社团主义则是政府与企业界和劳工代表在特定框架下,共同制定和推动经济计划的政治经济形态。麦克米伦主义的起源则是英国前首相哈罗德·麦克米伦(Harold Macmillan)在1938年出版的著作《中间道路》,它与社团主义的主要区别是:前者倾向于制定一个宏观的经济发展计划,并辨认哪些部门更适合私营企业以市场方式进行运作;而后者则是希望对几乎所有的经济部门进行事无巨细的提前计划。凯恩斯主义认为政府仅应在宏观经济层面进行非直接的干预;自由放任主义即是其字面意义,政府在经济事务中仅应发挥守夜人的作用,不应参与到市场运行之中。

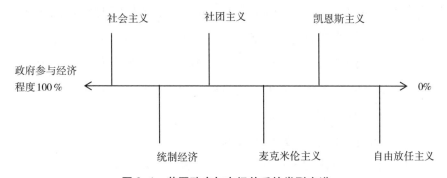

图3-1 英国政府与市场关系的类型光谱

---

① 图3-1及以下描述参见 Cox, Andrew, Simon Lee & Joe Sanderson, *The Political Economy of Modern Britain*, Edward Elgar Publishing Limited, 1997, pp. 1-45。

安德鲁·考克斯(Andrew Cox)等认为 1939—1945 年间,英国实行的是社团主义。第二次世界大战结束之后,工党政府试图在 1945—1951 年间推动国有化,但阻力重重,英国的政府与市场关系推进到凯恩斯主义这个位置。1951—1959 年间执政的保守党基本延续了工党的政策。1959—1970 年则为麦克米伦主义时期,甚至在特定阶段回到了社团主义的位置,例如 1964 年哈罗德·威尔逊以"在技术革命的热潮中打造一个新英国"为口号,试图以政府全面介入的方式实现英国产业在科学技术和组织管理等方面的现代化,使国有化政策达到顶峰。1970 年保守党希思首相上台后,曾试图在英国推动自由放任主义,却因国内实体经济过于虚弱,致使大量资本流入房地产市场,引发恶性通货膨胀;而外部石油危机、西方国家普遍滞涨的情况,更是加剧了英国的经济困境。希思政府不得不以政府限价的方式平抑物价,但招来更多不满,终于在 1974 年宣布辞职,提前大选。1975—1979 年执政的工党起初是推行了较之于 1964—1970 年更为左的经济政策,扩大国有化的范围;但在 1976 年经济危机后,逐步放松了对国民经济的控制,被认为是进入了又一个麦克米伦主义时期。

同时应明确的是,英国的去工业化和经济衰落是相对的还是绝对的呢? 英国在 1873—1913 年间的 GDP 年均增长率为 1.8%,1924—1937 年间为 2.2%,而 1951—1973 年间的这一数字为 2.8%。因此,英国的经济衰落是相对于其他工业化强国而言的。[①] 同理,英国的去工业化也是相对的,是指其第二产业的产出和就业在国内生产总值和总就业中所占的比重相对于其他产业有所降低。笔者将在第二节中对英国各产业部门的产出和就业数据做详细介绍。

(四)福特主义与后福特主义

1979 年至今被认为是英国的"中右共识"阶段,两党都尽量避免政府直接干预,以自由放任实现经济恢复和发展。1979 年保守党撒切尔夫人

---

① Cox, Andrew, Simon Lee & Joe Sanderson, *The Political Economy of Modern Britain*, Edward Elgar Publishing Ltd., 1997, p. 46.

上台是英国产业政策的分水岭："战后第一次英国政府不再相信国家干预是治疗制造业衰落的解决方案。"①撒切尔夫人希望以国有企业私有化的方式来实现经济复苏，以 1981 年英国邮政局电信业务部改制为英国电信公司为主要标志。同时，撒切尔夫人所推动的这种经济政策，也反映出英国政府在金融业和制造业之间的艰难选择。在货币主义的指导下，英国以紧缩货币供给来抑制通货膨胀，但这同时也带来了英镑的不断升值，使得制造业出口更为困难。

但在国际层面，制造业生产方式的变化，也就是从福特主义走向后福特主义，为英国企业带来了新机遇。20 世纪初期在美国形成的"福特主义"，以将制造业生产进行精细分工，使低技能劳动者能以简单重复方式生产出复杂机械为主要特点。美国福特汽车公司就是以这样的流水线生产，不断向国际市场提供大众化、价格低廉的基础型汽车，击垮了欧洲，尤其是英国以高技能劳动力，掺杂手工生产方式，以奢华、高价汽车为主要产品的机动车生产厂商。这使得美国制造商在 1914—1945 年间占领了全球汽车市场的 3/4。

第二次世界大战结束后，福特主义成为劳动力技能较为低下的东亚国家经济起飞的重要原因。以造船业为例，英国在 1914 年还是世界造船业的领导者；但成功融合福特主义生产方式的日本造船企业在第二次世界大战后迅速崛起，在 1956 年取代英国，成为全球第一造船大国，也是在同一年，造船代替纺织成为日本第一大出口部门。当日本的劳动力价格开始上升后，韩国又在 20 世纪 70 年代成为新的福特主义造船强国，也使得劳动力价格高昂、劳工组织力量强大的英国再无翻身机会。英国政府在 20 世纪 70 年代中期曾试图以国有化方式挽救造船业，但撒切尔夫人上台后开始推动造船业私有化，在激烈的国际竞争中，英国厂商纷纷破产。这使得英国仅保留下来了仍以高端熟练工定制生产为主要特点的军舰制造部门。

但经历了战后三十余年的相对衰落后，英国制造业在 20 世纪 80 年

---

① Coates，David，*Industrial Policy in Britain*，Macmillan Press Ltd.，1996，p. 53.

代的产出增长水平与德国相同,快于法国和意大利①。《剑桥现代英国经济史》提出,这是因为全球制造业的组织形式在 80 年代后终于从标准化、大规模生产(Mass Production)向个性化、定制生产(Customized Production)转变。② 在后福特主义时代,第二产业走向高端定制在一定程度上匹配了英国劳动力技能高、成本高的要素特点,使得英国在与劳动力素质相对较低、受益于福特主义标准化生产模式的东亚国家竞争中,重新发现了自己的优势。当然加入欧盟以及信息技术革命等因素也便利了英国企业融入地区产业链,在全球范围依靠其专业化生产优势,寻找利基市场。例如在机械工程领域,英国企业成为德国汽车厂商和欧盟空中客车飞机制造公司的核心零件分包商。③

二、第三产业的兴起与繁荣

英国的第三产业拥有悠久历史,且其传统和规则也在一定程度上是塑造现代全球服务经济的重要力量。根据《英国文化与工业精神的衰落 1850—1980》一书的梳理,英国自维多利亚时代已开始孕育现代职业的兴起:"自由职业者——律师、医生、公务员、新闻记者、教授和文学家——在维多利亚时期兴旺起来。他们人数激增,并且相当特殊,可以视为一个阶级,或者更严格地说是一个准阶级,它对英国舆论和文化的影响与其人数比较起来要大得多。到 19 世纪下半叶前,英国已有一个自由主义上层中产阶级与资本家阶级并存。"④几乎同时,伦敦城开始孕育现代金融服务业,且一直繁荣至今。

---

① 英国议会议事录,见 http://hansard. millbanksystems. com/commons/1993/jan/20/manufacturing,登录时间 2018 年 3 月 3 日。

② Floud,Roderick eds.,The Cambridge Economic History of Modern Britain,Vol.3:Structural Change and Growth,1939-2000,Cambridge University Press,2004,p. 57.

③ Owen,Geoffrey,From Empire to Europe:The Decline and Revival of British Industry since the Second World War,Harper Collins,1999,p. 202.

④ [美]马丁·威纳:《英国文化与工业精神的衰落 1850—1980》,王章辉译,北京大学出版社 2013 年版,第 20 页。

（一）伦敦金融城与英国制造业的衰落

伦敦作为全球金融中心，与英国制造业之间存在两重关系：一是英国金融服务业的发展路径难以很好地匹配制造业的融资需求；二是伦敦城与英国制造出口部门在政府产业和货币政策等方面存在矛盾。马丁·威纳（Martin Wiener）认为，伦敦金融城与英国制造业的分离可以追溯至18世纪。1878年格拉斯哥城市银行在伦敦商业区的倒闭是英国银行业与工业关系的一个分水岭。

> "1878年后，银行业再也不愿卷入对工业的长期性资助。资本市场变得极大，疏远了大多数国内工业项目，对它们不予重视。结果，工业发展受阻，形成相互利益衰落的恶性循环，并且延续至20世纪。长期性投资不足，阻碍了生产率的提高，生产率难于提高又反过来使长期性投资更加缺乏吸引力，如此循环，呈螺旋式下降趋势。尤其是新兴的汽车工业和电气设备工业这两个在第二次工业革命中兴起的产业，受到的损害特别大。"[①]

西蒙·李（Simon Lee）也认为，如英国这样以证券市场为主要融资渠道的国家，制造业是必定衰落的；而如日本和德国那样以银行系统为主要融资渠道的国家才有可能迎来制造业的真正繁荣。[②] 因为证券市场多为短期资本，长期战略持有者属于少数；相对地，以银行体系为实体经济融资，则更具备长期性、稳定性等特点，更有利于促进以规模经济、资本密集为主要特点的第二产业，尤其是其中重工业部门的成长。

伦敦城为保存其全球金融中心的地位希望英国政府放松对资本市场的管制，紧缩货币以确保英镑币值；而制造出口部门的倾向则基本相反，它们希望英国政府积极干预汇率市场，压低因北海油田等因素不断上涨

---

① ［美］马丁·威纳：《英国文化与工业精神的衰落1850—1980》，王章辉译，北京大学出版社2013年版，第178页。

② Cox, Andrew, Simon Lee & Joe Sanderson, *The Political Economy of Modern Britain*, Edward Elgar Publishing Ltd., 1997, p. 207.

的英镑币值,甚至是以超发货币的方式帮助制造业出口部门在国际竞争中获得成本优势。金融部门与制造部门的这种矛盾由来已久,在"中左共识"阶段,英国政府积极推动有利于制造业出口的产业和货币政策,扶植大企业,多次进行英镑贬值;而 1979 年后,英国政府废除了外汇管制,放弃了战后三十余年的纵向产业政策,金融服务业获得相对胜利,"中右共识"逐渐形成。

在这一逻辑下,英国在 1979 年之前的捆绑援助政策可视为产业政策的一部分,辅助制造业出口;而在 1979 年之后,金融服务部门虽然强势,但其主体部分与英国对外援助之间的关系并不十分密切,这使得捆绑援助政策与英国整体产业政策分离。保守党政府尤其是撒切尔夫人在 1979—1997 年间对于捆绑援助政策的维护甚至是加强,可被认为更多是一种对制造企业的安慰或者说是交易。也就是说,捆绑援助政策是英国国内政策的一部分,也与对外经济政策密不可分,但并不完全从属于主导产业政策,还可能成为国内产业政策变化后的一种补偿机制。

(二)公共服务业的角色

前文提到第三产业诞生于 20 世纪初期。就英国而言,第一次世界大战前服务业的增长基本是以农业为代价的[①];而 20 世纪的后 50 年则见证了服务业各部门的真正成长,也对应出现了消费性服务、公共服务和生产性服务的概念细分。消费性服务是最容易理解的,例如我们日常生活中必不可少的餐饮业、美容美发业等;而公共服务则是指由政府提供的,较难以商业方式运营,对个人成长和生活至关重要的服务,例如教育、卫生、污水处理等。这两种服务业有一个共同点:劳动力要素在其生产过程中扮演核心角色,可被称为劳动密集型服务业。也有文献提出,战后英国福利国家的建立,使得公共服务部门过度增长,甚至影响了工业部门的劳动力供给。[②] 虽然在 1979 年后英国政府曾多次试图私有化公共服务部

---

① Tomlinson, Jim, "De-industrialization Not Decline: A New Meta-narrative for Post-war British History", *Twentieth Century British History*, Vol. 27, No. 1, 2016, p. 86.

② Hadjimatheou, G.& A. Skouras, "Britain's Economic Problem: The Growth of the Non-Market Sector?" *The Economic Journal*, Vol. 89, No. 354, 1979, pp. 392-401.

门,或尝试在其内部建立竞争机制,但效果相对于制造业的私有化是微乎其微的。直到今天,医疗卫生支出仍然在英国财政中占有重要地位。而生产性服务则是在信息技术革命后才得以全面兴起。

(三)ICT 革命与服务贸易的全面兴起

20 世纪七八十年代,第三次产业革命悄然而至,以信息与通信技术(Information and Communication Technology,ICT)的创新为主要标志,所以常被称为 ICT 革命。根据 OECD 的定义,ICT 产业是指以电子方式获取、传输、显示数据和信息的制造业和服务业的总和。[1] 在 ICT 革命之前,国际服务贸易主要发生在旅游、运输、建筑承包与劳务输出等部门。ICT 革命一方面意味着新服务行业的诞生,如电子通信、专利交易等;另一方面,金融、管理咨询等也借助新的技术手段突破了时间和空间的限制,在世界范围内寻找市场,可贸易性大大提高。这样,新技术的涌现、行业的扩大与升级,使 20 世纪第四个 25 年和第三个 25 年的服务业供给有很大差异:从消费者和政府需求导向的劳动密集型服务业,向非劳动密集型服务业,更多参与制造业产品生产和服务对外出口的相关领域转变。[2] 且生产性服务部门对劳动者素质的要求很高,这十分匹配英国的比较优势,使得英国在国际服务贸易兴起后摆脱了 20 世纪以来的出口困境。例如,尽管英国在与欧盟和全球的货物贸易中保有大规模赤字,但英国在其他商业服务方面表现突出,出口是进口的两倍多。这其中最主要的组成部分是商务和金融服务。这些服务通常与高技能劳动者相关联。[3]

威廉·德雷克(William Drake)等在 1992 年发表论文《思想、利益与制度化:服务贸易与乌拉圭回合》(*Ideas, Interests, and Institutionalization: Trade in Services and the Uruguay Round*),详细回顾了"服务贸易"概念

---

① OECD,"Measuring the Information Economy",2002,p. 81.

② Floud,Roderick eds.,*The Cambridge Economic History of Modern Britain*,*Vol. 3*:*Structural Change and Growth*,*1939-2000*,Cambridge University Press,2004,p. 247.

③ 参见 UK Trade Policy Observatory,"Services Trade in the UK:What is at Stake?" Nov.,2016,p. 2。

的产生与制度化过程①。1972—1982 年是概念形成阶段:OECD 在 1972
年召集了一个高级别小组,讨论正在变化的产业结构对贸易的长期影响,
以及会如何影响即将到来的 GATT 东京回合(1973—1979 年)。这一小
组在 1973 年的报告中第一次提出了"服务贸易"的概念(Trade in
Services),替代之前更为常用的"无形交易"概念(Invisible Transactions)。
两年后,伦敦的贸易政策研究中心推出一本特刊,进一步将服务与贸易议
题和规则联系在一起。美国则在 1982 年正式提议进行服务贸易多边谈
判。威廉·德雷克等认为,"首先提出这一议题的英美派,在日后的谈判
中占据了主导地位,建立了话语体系,其他成员只能在既定框架下作出后
发回应。而将服务交易定义为'贸易'建立了一种规范性前提,即自由贸
易是相对于各种限制的好的政策,并将其重新定义为'非关税壁垒',应
只在原有自由贸易协定的基础上进行修补"②。由于此后金融与通信行
业的迅猛发展,服务贸易议题在 1982—1986 年间得到了巩固;并在 1986
年开始的乌拉圭回合中成为核心议题,最终结果则是 1994 年《服务贸易
总协定》(GATS)的正式签署。1992—2002 年间英国对外经济政策的制
定很难忽略国际服务贸易制度化的潜在影响。

　　总之,英国的第二产业,尤其是其中的制造部门在 20 世纪 80 年代之
前的持续衰落,主要是因为自身的比较优势与当时福特主义规模生产的
浪潮不相匹配。当然还有北海油田、劳资关系等因素的影响,使其经历了
痛苦的"去工业化"阶段。但英国的制造企业还是在 80 年代后期重新找
到了利基市场,得以在中高端产品生产的全球价值链中占据一席之地。
而英国的第三产业拥有悠久的历史,尤其是其中的金融服务业至今仍享
有全球优势,且在 1979 年"中右共识"形成后,成功瓦解了英国政府对制
造部门的产业支持。七八十年代 ICT 革命的爆发,又使得英国第三产业
从消费性服务和公共服务为主体转变为以可贸易的生产性服务为主体,

---

　　① Drake,William J.& Kalypso Nicolaidis, "Ideas,Interests,and Institutionalization: 'Trade in
Services' and the Uruguay Round", *International Organization*,Vol. 46,No. 1,1992,pp. 37–100.

　　② Drake,William J.& Kalypso Nicolaidis, "Ideas,Interests,and Institutionalization: 'Trade in
Services' and the Uruguay Round", *International Organization*, Vol. 46,No. 1,1992,p. 40.

成为西方国家中第三产业化最突出的国家。同时,对照战后国际发展援助所涉主导产业的演变,它所需要的项目承包商也是经历了从重工业与基础设施建设部门向公共服务、财务咨询和治理咨询部门的演变。而英国产业结构的转变恰恰匹配了国际援助链的变化过程,使其在双边、多边援助事业需要服务供应商时,国内企业竞争力突出、经验丰富,能够轻松拿到订单;而数十年的去工业化,使英国第二产业集团在国内政治中的地位大不如前,仅余的制造部门也已走向高端化,产品的目标市场不再聚焦于英联邦范围,而是欧盟产业链,面向欧美及新兴国家中高端市场,所以也就对主要面向第三世界市场、发展援助相关的生产性项目兴趣索然了。

还有一个问题:捆绑援助作为一种特殊的政府补贴是否只是英国政府产业政策的一部分。撒切尔改革后,英国奉行新自由主义意识形态,几乎完全放弃了纵向产业政策,所以英国的捆绑率也就跟着趋近于零了。这样的解释合理吗? 本书认为,20 世纪 70 年代资本主义世界经济危机后,右派政党主导了资本主义国家,减少政府干预、削减公共开支、去监管等举措就已大面积铺开;但各国的捆绑援助率还是较高,英国也不例外。关于对外援助去捆绑的正式谈判肇始于 1991 年 OECD 赫尔辛基会议,此时撒切尔夫人已经下台。所以捆绑援助政策既与产业政策有关但又不能完全看作是产业政策的一部分,两者有时叠加使用、有时互相补充。这也意味着将捆绑援助作为一个单独的议题加以研究,是很有意义的。

第二节　英国产业结构变化的相关数据

从宏观层面对英国的产业结构和产业政策进行历史回顾后,本节将对英国国内各产业、各部门、各行业进入 20 世纪 90 年代后的具体数据进行分析。基于 ISIC REV4 的分类标准,笔者将对英国第二、三产业的产出和就业数据进行描述性统计比较,以明晰其国内产业结构的变化态势。

一、分部门产出数据

在 ISIC REV4 中,A 表示第一产业,B-F 为第二产业各部门,G-T 为

（单位：十亿英镑）

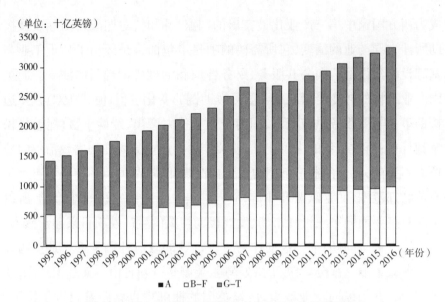

图3-2 1995—2016年英国三大产业的产出规模变化

资料来源：OECD数据库,6A.Value added and its components by activity,ISIC rev4。

第三产业各部门。OECD数据库有英国1995—2016年的分产业、部门、行业的产出数据。首先就三大产业的所占比例而言（见图3-2），1995年时第二产业的产出为5137亿英镑，占总产值的35.94%，到2002年产业的产出为6339亿英镑，占总产值的31.38%，到2015年这一组数据变化为9286亿英镑，占28.83%，呈现出下降趋势；而在同一时间段中，英国第一产业占总产值的比例也呈下降态势，1995年为1.36%，2002年为0.93%，2015年为0.88%。这意味着第三产业产出占总产出的比例在持续上涨，从1995年的8960亿英镑上升至2002年的1.37万亿英镑，继续攀升至2015年的2.26万亿英镑，所占比例也是从62.97%上升到70.29%。

第二产业是由采掘部门（B）、制造部门（C）、水电气暖设施（D、E）以及建筑部门（F）构成（见图3-3）。制造部门的产出一直占到产业内总产出的一半以上，是第二产业的主体部门。其1995年的产出比例为67.25%，但到了2002年则下降至59.72%，2015年进一步降至52.46%。那么是哪些部门的增长抵消了制造部门的产出份额呢？采掘部门占第二产业总产出的比例一直很小且较稳定,维持在3%到5%之间。水电气暖设施则一直处于上升状态,从1995年的9.79%升至2002年的10.38%,并进一步升至2015年的15.69%;且ISIC REV4将水供给与污水处理(E)与其他公用事业(D)分别统计,也彰显出对E部门的重视。E应算是西方国家在当前基础设施建设领域仍占有绝对优势的唯一部门①,近年来我国热议的"海绵城市"等概念,也与E部门密不可分。建筑部门占总产出的比例从1995年的18.78%,上升至2002年的24.87%,以及2015年的27.93%。建筑部门包括三大行业,分别为楼宇建筑、土木工程和特殊建筑活动;在这其中,尤其是特殊建筑活动中的电气、管道、供暖和空调安装对技术要求较高,是部门产出的主要增长点。

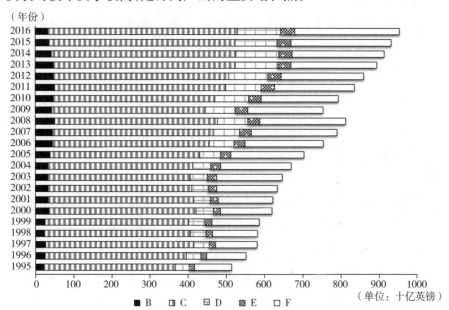

图3-3 英国第二产业内五部门的产出规模变化

资料来源:OECD数据库,Value added and its components by activity。

在ISIC REV4中G到T部门都属于第三产业范畴。根据OECD分部门产出数据,1995年时产出值排在前五位的是:批发、零售与汽车摩托车

---

① 对中国某省外经系统驻撒哈拉以南非洲工作人员的采访(2016年11月12日)。

修理(G)1527亿英镑,房地产(L)1340亿英镑,金融和保险(K)996亿英镑,运输与储存(H)761亿英镑,信息与通讯(J)670亿英镑;而2002年时排在前五位的依然是这五个部门,只是信息与通讯(J)以1161亿英镑的产出超过了运输与储存(H)的1017亿英镑,成为第三产业中产出排名第四的部门;但在2015年时,J和H都跌出了前五位,取而代之的是人体健康与社会工作(Q)2086亿英镑,以及专业、科学和技术(M)2074亿英镑。第三产业由于部门更多,并不存在像第二产业内部那样制造部门一家独大的情况,虽然G一直是产业内产出比例最高的部门,但其峰值也不过是1998年的17.47%;同时值得注意的是批发、零售与汽车摩托车修理(G)和房地产(L)都是消费者基数很大的部门,其产出总量大不足为奇,但金融和保险部门(K)在英国第三产业中的重要地位不应被忽略。此外,第三产业各部门产出的增长率也存在较大差异:1995—2002年间产出增长最快的部门是专业、科学和技术(M)[①]和信息与通讯(J),分别上涨了74.15%和73.22%;而1995—2015年间,增长最快的则是人体健康与社会工作(Q)和专业、科学和技术(M),分别上涨了233.47%和226.68%。而这两个部门也是近年来英国双边发展援助最常涉及的部门。

如细分进入部门内部,分析不同行业的产出变化情况,则能够得到更多信息。在ISIC REV4中有99个行业,笔者从中将制造部门中的重工业部分(C:19—30),金融与保险部门的全部3个行业(K:64—66),专业、科学和技术部门的全部7个行业(M:69—75),以及人体健康与社会工作部门的全部3个行业(Q:86—88)挑选出来进行比较。1995年时产出规模排在前五位的行业依次是:除保险养老金外的金融服务(64)583亿英镑,人体健康(86)429亿英镑,保险、再保险与养老金(65)302亿英镑,汽车、

---

① 专业服务(Professional Services)一般是指当事人一方运用自己的知识、技术、经验和有关信息,采用科学的方法和先进的手段,根据委托人的要求对有关事项进行调查、研究和分析等,并提供可靠的数据、法律依据、客观的论证、判断和具体意见。WTO把专业服务贸易列为商业服务贸易的一种,主要包括医疗服务、法律服务、会计审计服务、税收服务、其他专业服务等(引自汪素芹主编:《国际服务贸易》,对外经贸大学出版社2011年版,第236页)。

挂车与半挂车制造(29)302亿英镑,以及化学品制造(20)280亿英镑。到了2002年行业产出的前五位演变为:除保险养老金外的金融服务(64),人体健康(86),法律、会计、总公司和管理咨询(69—70),保险、再保险与养老金(65)和化学品制造(20)。在保守党上台的2010年,行业产出的前五位是:除保险养老金外的金融服务(64),人体健康(86),总公司和管理咨询(69—70),再保险与养老金(65)和留宿护理与不配备食宿的社会服务(87—88);而在2015年前五位名单与2010年基本一致,唯一的不同是人体健康(86)超过除保险养老金外的金融服务(64),成为产出第一的行业。从1995年、2002年、2010年和2015年的对比数据可看出,制造部门各行业逐步以致完全跌出了前五名。而在1995—2015年间行业产出增长率方面,增长最快的三个行业是广告与市场调研(73),法律、会计、总公司和管理咨询(69—70),其他专业、科学、技术和兽医(74—75),增长率分别为275.28%、260.02%和251.25%;对应的增长最慢的后三个行业则是计算机、电子产品和光学产品制造(26),电力设备制造(27),基本金属制造(24),增长率分别为-28.29%、16.62%和17.40%。基于产出增长率的分析基本与之前的产出规模分析得出了相同的结论:服务业更具活力,而制造业增长乏力,甚至出现了负增长的现象。①

二、分部门就业数据

遗憾的是,OECD就业数据库根据ISIC REV4分类的年度就业数据只细分至部门层次,而没有各个行业的数据,但现有的1994—2016年的产业和部门数据也能为我们提供很多信息。同时,世界发展指数(World Development Indicators)数据库中有1969—2015年间的三大产业就业比例数据,能够更好地描述历史变化趋势。从图3-4中可以看出,1969—2015年间英国第二产业的就业比例持续下降,而第三产业则一直上升,两者之间的对比十分明确。英国是代议制民主国家,在这种就业结构下,

① OECD数据库在行业产出统计中,将69、70进行了合并,其中69为法律和会计,70为总公司和管理咨询;将74、75进行了合并,其中74为其他专业、科学和技术,75为兽医;将87、88进行了合并,其中87为留宿护理,88为不配备食宿的社会服务。

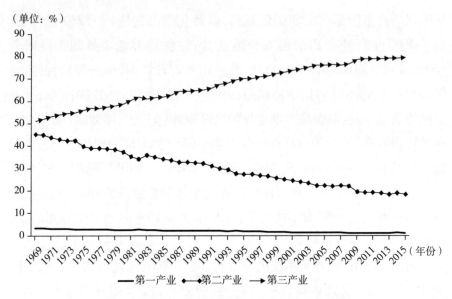

（单位：%）

图 3-4　1969—2015 年英国三大产业的就业比例

资料来源：世界发展指数数据库（World Development Indicators）。

第三产业从业者的偏好和利益必定为两党更多考虑，而第二产业劳工在国内事务和对外政策中的诉求，一旦与第三产业群体发生冲突，则很难被政府采纳。根据 OECD 就业数据库，1994 年时英国第二产业的就业人数约为 611 万，第三产业的就业人口则有 1893 万，比第二产业的 3 倍还多；到 2002 年第二产业的就业人数为 568 万，第三产业则为 2115 万，两者差距再次扩大，第三产业就业人数达到第二产业的近 4 倍；而到了 2016 年这一差距进一步扩大至 5 倍强，前者为 507 万人，后者则为 2627 万人。从 1994—2016 年，第二产业就业人数占总就业人口的比例从 23.94% 下降至 15.99%。

　　就部门数据而言，OECD 有按 ISIC REV4 分类的 A、（B D E）、C、F、G-I、J、K、L、M-N、O-Q、R-U 十一组数据（见图 3-5）。在 1994—2016 年间，G—I 也就是批发零售与汽车摩托车修理+运输与储存+食宿服务是就业人数最多的一组部门。但仍与比较产出规模时的考虑一致，因为这些基本属于劳动密集型服务业，且部门范围广泛，基数巨大，是满足人民群众基本生活需求的一组。排在第二位的则是 O-Q，也就是公共管理、国

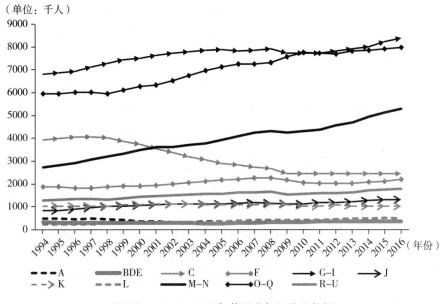

（单位：千人）

图例：
- - - - A
▬▬▬ BDE
→ C
◆ F
► G-I
→ J
- -► K
- - - L
━━━ M-N
◆━◆ O-Q
▬▬ R-U

图3-5　1994—2016年英国分部门就业数据

资料来源：OECD就业数据库。

防与强制性社会保障+教育+认同健康与社会工作这三个部门的组合。根据上文所述服务业的分类标准，这一组很明确地属于公共服务部门，满足人民群众基本发展需求，与G-I有一定的相似性。排在第三、四位的两个部门则更为有趣，分别为制造部门（C）和专业、科学和技术+行政和辅助（M-N）。C在1994年时为第三大就业部门，拥有393万就业人口，M-N则排在第四位，拥有273万就业人口；但在此之后，C的数值不断下降，M-N则不断上升，终于在2001年完成了位置转换，M-N以361万排在第三位，C则以358万位居第四位；之后C与M-N的差距越拉越大，到2016年M-N的数据为528万，C则仅剩249万，还不到M-N就业人口数的一半。通过这些数据可得到推论：在实行代议制民主的英国，对于希望获得政权的主要政党来说，科研咨询部门相对于制造部门重要性与日俱增。

第三节　英国出口利益结构的变化

在产业变化的基础上，英国的出口利益结构也发生了很大的转变，主要体现在三个方面:一是以出口第二产业资本品为主向以服务贸易为主转变,使英国主导出口集团对混合信贷等政府补贴的诉求大大降低;二是英国在 20 世纪 90 年代后的主导出口市场集中于欧美地区,包括制造业出口从最终产品向中间产品的转变和服务出口专注于中高端市场两个特点;三是英国在 90 年代后以服务贸易为主导的对外经济关系,帮助其摆脱了 20 世纪以来,尤其是第二次世界大战后,在资本品出口国际竞争中长期处于劣势的艰难境况。

一、出口产品性质差异

第二次世界大战后,伴随经济的发展和科技的进步,去工业化与第三产业化在西方发达国家中十分普遍。但普遍性中也蕴含着特殊性,英国的第三产业化程度就明显高于其他 G7 国家,七国的出口结构数据就是很好的佐证(见图 3-6)。根据 WTO 数据库,英国在 1998 年以服务出口占总出口的 28.61% 首次超过美国(27.94%),成为七国集团中服务出口占总出口比值最高的国家。且在之后的 1999—2013 年间,英国一直保有这样的服务出口比例优势,其最高峰为 2009 年的 42.11%,拉开了与其他国家的数值差距(美国当年数据为 32.64%、法国 28.23%、意大利 18.80%、日本 18.09%、德国 17.60% 和加拿大 17.15%)。1992—2002 年是英国援助去捆绑的关键阶段,同时段下英国的服务出口比例呈现出明确的向上态势,从 1992 年的 25.26% 一路上升至 2002 年的 32.11%。其他国家的情况则有所不同,例如意大利就出现了服务出口比值持续下降的情况,从 1992 年的 24.73%,下降至 2002 年的 19.03%;而美国、德国等也出现过数值上下波动的情况。更重要的是,1997—1998 年间英国超过美国成为服务出口比例最高的国家,这与英国在 1997 年 5—12 月间寻求迈出援助去捆绑的关键一步——废除"援助与贸易条款",几乎是同步发生的,这种时间巧合不得不引人思考。

前文提过,捆绑援助有两种形式:一是对援助资金的招投标作出限制,使其成为以政府采购补贴国内企业的特殊实现方式;二是以对外资金结合出口信贷等使用,帮助本国企业在国际出口竞争中获得优势。根据

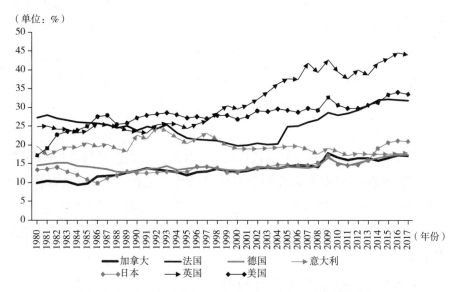

（单位：%）

图3-6 1980—2017年七国集团服务出口占各国总出口的比例

资料来源：WTO贸易数据库（WTO Trade Statistics）。

笔者的总结，服务出口相对于资本品出口，对于捆绑援助政策的诉求在这两种形式上都有所降低。

（一）对外援助采购捆绑

服务业因其产品性质，在历史上就表现出众多与物质生产部门间的差异性。例如"自由职业者作为一个阶级是以相对超脱于收入竞争为其特点的。职业声誉的高低，很大程度上是由远离臭名昭著地'捞取金钱'的情况决定的……如哈罗德·铂金所说：'自由职业者已经站稳脚跟，一般即可依靠一种稳定的收入，而不致遭受像地租、利润和工资那样的相互竞争。'"①此外，服务贸易相关的政府补贴措施与货物贸易也有较大差异。各国政府在对服务贸易的保护上，通常采用的是非关税壁垒形式。在英国的对外援助实践中，涉及海外咨询业务的服务厂商对自身产品的特殊性也有通透的理解：

① ［美］马丁·威纳：《英国文化与工业精神的衰落1850—1980》，王章辉译，北京大学出版社2013年版，第20—21页。

　　"英国咨询局代表了商业游说团体中'软性'部分,与其他团体一样对商业利益有强烈的兴趣,但同时显示出对其客户(发展中国家)一定程度的责任感。与英国建筑出口企业联合会不同,英国咨询局的领导层意识到了咨询从业者在东道国的敏感位置,充分感受到在海外工作的咨询师身上所背负的矛盾性压力。"①

　　即在对外提供咨询服务类援助时,英国相关企业意识到若长期依靠捆绑援助等获得政府采购合同会影响其软性产品的公正性,难以持久。所以,英国以英国咨询局为代表的服务出口部门,在游说政府巩固或扩大捆绑援助政策时,相对于第二产业资本品出口部门,表现出一定程度的犹豫。

(二)混合信贷或软贷款捆绑

　　除了服务产品的敏感性外,生产和消费的同时性或短期性是其另一个重要特点。GATT 在乌拉圭回合期间界定了服务贸易的四种主要类型:一是从一成员方境内向另一成员方境内提供服务,即过境交付,这种类型不涉及人员流动,主要借助于 ICT 革命的成果进行电子或网络交易;二是在一成员方境内向另一成员方消费者提供服务,即境外消费,如一国接待外国游客、留学生等传统服务部门;三是一成员方服务厂商在另一成员方以商业存在等形式提供服务,即商业存在,这一类型与对外直接投资息息相关,如四大会计师事务所在全球投资建立子公司,在当地市场提供审计和咨询服务;四是由一成员方自然人在另一成员方境内提供服务,即自然人流动。这四种类型的服务贸易基本都是以生产和消费同时进行为特点的,且单一项目服务期,很少会像修筑水坝、铁路那样需要 10 年甚至更长的建设和成本回收周期。这种时效性直接影响了服务和资本品出口企业在试图获得资金支持时,能够在何种范围内挑选出口信贷。英国作为全世界金融部门最发达的国家,伦敦城中有太多的银行保险机构可为

① Bose, Anuradha, "Aid and the Business Lobby", edited by Anuradha Bose & Peter Burnell, *Britain's Overseas Aid since 1979: Between Idealism and Self-interest*, 1991, p. 142.

各类厂商提供出口信贷。但英国政府为什么还要在 1919 年成为全世界首个设立官方出口信贷机构的国家呢？且新自由主义经济意识形态在英国占据主导地位后，出口信用担保局仍保存其机构建制至今。除了争议很大的市场失灵因素外，商业银行等很难在市场原则基础上运行过长时段、过大规模的资本品出口信贷，以及战略性贸易理论和政治风险等因素，使英国出口信用担保局至今仍拥有继续存在的功能性基础。而担保局与"援助与贸易条款"的结合就是混合信贷和软贷款的最主要来源，表3-1 为英国在 1990—1993 年间对中国援助涉及"援助与贸易条款"的部分，资本品出口占据了主导地位。

表 3-1　1990—1993 年间英国对华援助涉及"援助与贸易条款"的项目

（单位：百万英镑）

项目名称	承包商	结束时间	援助资金类型	项目规模	ATP规模	竞标/议标	所属部门
北京地铁	特发佳	1990 年 5 月	混合贷款	20.201	7.070	议标	交通
北京地铁	特发佳	1990 年 5 月	ATP/技术合作	2.917	2.917	议标	交通
丹阳铝厂	戴维－麦基公司（DavyMckee）	1990 年 12 月	混合信贷	9.610	3.532	议标	钢铁
上海 PABX 工厂 520	GPT 国际公司	1991 年 7 月	混合信贷	5.297	1.595	议标	电信
鸭子加工装置（Duck Processing Units）	APV 烘焙公司	1991 年 11 月	混合信贷	5.550	1.942	议标	一般工业
棉纺机械	泼拉脱萨克洛威尔（英国）公司（Platt Saco Lowell (UK) Ltd）	1991 年 7 月	混合信贷	3.044	1.065	议标	一般工业
面粉与饲料加工厂	罗宾逊磨粉系统公司（Robinson Milling Systems Ltd）	1991 年 12 月	混合信贷	6.665	2.333	议标	一般工业
岳阳能源附加培训（Yue Yang Power Additlonal Training）	GEC 阿尔斯通涡轮发电机公司（GEC Alsthom Turbine Generators Ltd）	1991 年 8 月	ATP/技术合作	0.953	0.450	议标	能源

续表

项目名称	承包商	结束时间	援助资金类型	项目规模	ATP规模	竞标/议标	所属部门
新景乙烯工厂（Xin Jing Ethylene Plant）	斯纳姆公司（Snamprogetti Ltd）	1991年9月	软贷款	98.500	47.179	议标	一般工业
乌鲁木齐精对苯二甲酸（Urumqi PTA）	福斯特惠勒能源公司（Foster Wheeler Energy Ltd）	1992年6月	软贷款	69.000	33.745	议标	一般工业
大连蒸汽发电	吉布森铝井工程（Gibson Wells Engineering）	1992年3月	混合信贷	6.675	2.336	议标	能源
钢绞线	马歇尔理查德巴可罗公司（Marshall RichardsBarcro Ltd）	1993年3月	混合信贷	3.100	1.085	议标	一般工业
抚顺热力发电	吉布森钻井工程	1992年8月	混合信贷	30.200	11.694	议标	能源
抚顺赠送设备（Fushun Grant Funded Equipment）	吉布森钻井工程	1992年8月	混合信贷	1.478	1.478	议标	能源
乌鲁木齐对二甲苯（Urumqi PX）	巴布科克承包公司（BabcockContractors Ltd）	1992年9月	软贷款	24.201	13.045	议标	一般工业
Chickens I	胡马特工程公司（Humatt Engineering Ltd）	1993年2月	混合信贷	5.807	2.032	议标	一般工业

资料来源："Public Expenditure：The Pergau Hydro-Electric Project，Malaysia，the Aid and Trade Provision and Related Matters"，Foreign Affairs Committee，the Third Report of Session 1993–1994，House of Commons，p. 20（Paper No.HC 271）。

　　服务出口和资本品出口的产品性质差异，使得服务贸易从诞生之初就与官方出口信贷没有太多的合作空间。因为短时段的出口信贷或保险就可以满足其需求，而这些金融产品在伦敦城俯首即是，服务部门能够从纯商业路径获取，省去了与各政府机构间的费力游说与博弈。总结起来就是服务出口倾向于短期保险、担保和信贷支持，商业银行等金融机构就可以提供；资本品出口则需要中长期、大规模出口信贷，需要以政府功能弥补市场失灵。

英国出口信贷担保局在 20 世纪 90 年代的改革过程及其利益相关方的反应也为这种差异性提供了佐证。英国政府规定出口信贷担保局需每隔五年左右进行一次机构评估,与 1992—2002 年间英国产业结构和援助去捆绑政策变化最为密切的三次再评估,分别在 1988 年、1994 年和 1999 年。出口信用担保局在 1991 年前包含两大业务类型:一是总部设在加迪夫的保险服务组(Insurance Services Group),覆盖消费品、工程品和服务出口,期限一般在 6 个月以内;二是总部设在伦敦的项目组(Project Group),主要涉及资本品出口(例如轮船、飞机、重型机械)和建筑项目,为其提供更大规模和更长期限的信贷支持(通常在 8 年以上)。[①] 后者与捆绑援助政策关系密切,即英国政府以对外援助资金配合出口信贷使用,形成优惠程度更高的混合信贷或软贷款,为英国出口企业在国际竞争中创造机会。英国贸工部在 1988 年宣布为适应即将到来的欧洲单一市场,将对出口信贷担保局的机构设置进行研究,适时改革以更好地满足英国出口商;1989 年 6 月评估结果以肯普报告(Kemp Report)的名称出版,主张推动出口信贷担保局短期业务私有化。英国下议院贸工委员会在 1989 年 11 月出版特别报告《出口信用担保局的未来》,同意了肯普报告的主要提议。之后出口信用担保局保险服务组在 1991 年 12 月完成私有化,由荷兰信贷保险集团 NCM 收购;同时议会通过《出口信贷担保与投资法案》(1991)取代了 1978 年法案,为担保局的日后运营提供法律基础。而 1994 年评估的焦点则在于是否继续保留担保局作为政府机构,结论是显而易见的,其项目组运营至今,继续为英国资本品出口提供官方出口信贷。

从产业结构的角度出发去思考,出口信用担保局 1988 年和 1994 年的评估意味着什么呢? 在英国下议院贸工委员会针对出口信用担保局 1999 年评估所出的报告中,总部设在伦敦城的国际保险协会

---

① "Future of the Export Credits Guarantee Department", Trade and Industry Committee, the Third Special Report of Session 1988-1989, House of Commons, p. 1 (Paper No. HC 587).

(International Underwriting Association)作为利益相关方,所提交的证词揭示了事情的本质:

> "毋庸置疑在出口信用担保局创立初期,它作为一个政府机构很好地实现了既定目标,且这种情况一直持续到了 20 世纪 80 年代;此后担保局也十分正确地将短期业务私有化,因为从那时起市场就已经变化了。以国际保险协会为代表的私营部门逐渐能够填补信用担保市场的缺口。我们发现在如今的后工业化服务经济体中,市场需求已基本得到了满足。"①

也就是说,伦敦城的商业机构在 20 世纪八九十年代后逐步能够在市场基础上满足服务部门的出口信贷或保险需求;甚至像英国这样的后工业化服务经济体,对中长期出口信贷几乎已经没有需求了,官方出口信贷机构存在的必要性几近消失。所以国际保险协会也建议英国不再保留担保局作为一个政府机构。英国出口信用担保局在后来出版的官方文件中也有关于产业结构调整、服务出口部门偏好与其业绩变化之间关系的描述:

> "担保局的业务规模在逐渐下滑。从 2000—2001 年度的 56 亿英镑(短险业务私有化后的最高点)降至 2008—2009 年度的 14 亿英镑。保费收入也从 2000—2001 年度的 1.09 亿英镑下降至 2008—2009 年度的 3800 万英镑。多项因素造成了这样的结果,但最主要的因素是 20 世纪 80 年代以来英国经济结构的变化,制造业不断流向欧洲和北美,而不断增长的服务业也不太可能提供延期信用,因此,国内对担保局的需求下降。"②

---

① "The Future of the Export Credits Guarantee Department", Trade and Industry Committee, the Third Report of Session 1999-2000, House of Commons, p. 26(Paper No.HC 52).
② 中国出口信用保险公司编译:《英国出口信用担保局 90 年》,知识出版社 2016 年版,第 61 页。

文件同时指出英国的产业结构变化是"深层次的且不可逆转的因素"。

此外,虽然出口信用担保局是受贸工部领导,但其业务向来与英国的对外援助政策密不可分,所以英国下议院国际发展委员会也就担保局1999年评估进行了征询。在这其中,多个NGO指出担保局支持的都是一些日薄西山的企业和技术,其机构建制应被撤销;地球之友(Friends of the Earth)甚至提出,担保局应被转变为一个发展机构。[①] 但在英国金融部门和志愿部门的双重压力下,担保局的机构设置仍保持至今。这是因为英国虽遭遇了去工业化危机,但国内仍保留有强大的军工出口部门,在战略性贸易理论等的支撑下,官方出口信贷机构仍保有一定的生存空间,这将在第四章中详细介绍。且这并不是英国独有的现象,美国进出口银行在20世纪八九十年代后也获得了"波音银行"的称号,这是因为其主要业务就是为美国航天航空部门的出口提供信贷支持。

最后,英国国内服务部门逐步获得主导产业地位以及国际服务贸易的繁荣,也使得英国贸工部的政策焦点发生了一些变化,例如知识产权问题重要性的上升。在乌拉圭回合中,GATT各成员方除了达成《服务贸易总协定》(GATS)外,还签署了一个重要的国际协定——《与贸易相关的知识产权协议》(TRIPS)。有学者指出:"一个国家服务贸易品的出口往往需要得到多重外部制度环境的支持,其中一项尤为重要的制度便是知识产权保护。"[②]1999年WTO西雅图会议被认为是反全球化运动和NGO显示其国际政治权力的重要分水岭,其核心议题就是知识产权和农业问题。在这次会议后,英国国际发展部公开表明其与志愿部门之间在知识产权等方面存在分歧;同时与贸工部就全球化议题达成共识,为两部委之后在其他领域的合作奠定了基础,这将是第六章的重点。

---

① "The Export Credits Guarantee Department-Development Issues-Report, together with the Proceedings of the Committee and Appendices", International Development Committee, the First Report of Session 1999-2000, House of Commons, pp.vi-vii(Paper No.HC 73).

② 唐保庆、黄繁华、杨继军:《服务贸易出口、知识产权保护与经济增长》,《经济学(季刊)》2011年10月,第156页。

二、海外目标市场差异

因产品性质不同,服务出口部门对官方出口信贷的诉求相较于第二产业出口部门较小,更遑论掺杂了捆绑援助因素的混合信贷和软贷款。除此之外,主导出口市场在哪里,也是影响英国国内产业集团对捆绑援助政策立场的重要因素。一方面,英国的服务出口部门,尤其是 ICT 革命之后走向繁荣的生产性服务业,其主导市场一直在欧美发达国家。例如英国咨询局领导层在接受访谈时说:"咨询局成员企业虽然拥有发展中国家需要的技能,但现如今英国咨询从业者对于在海外工作,尤其是长时间外派,兴趣索然。他认为主要原因是英国本土和欧共体的工作机会已经非常丰富了。"[1]另一方面,以第二产业产品为主体的英国货物出口,其市场在 20 世纪 70 年代至 90 年代间也发生了重大的变化,与国际发展援助关系最为密切的英联邦发展中国家,在英国对外贸易中的地位越来越不值一提了。

就总的市场占比而言,根据 IMF DOTS 数据库统计(见图 3-7),撒哈拉以南非洲市场对英国货物出口的重要性从 1975 年开始就直线下降,最低值为 2000 年的 1.64%;进入 21 世纪后,这一数据虽有波动上升,但从未突破过 3%。与之形成鲜明对比的是,英国对先进经济体的货物出口比例从 1970 年开始就一直处于上升趋势,最高值为 1999 年的 86.61%,1992—2002 年间的平均值则为 82.60%;而撒哈拉以南非洲在这一时间段的对应平均值只有 2.10%。就具体政策而言,英国在 1973 年正式加入欧共体,逐步放弃了"大危机"后坚持的帝国特惠制。例如英联邦糖业协定在 1974 年 12 月 31 日到期后,因为英国加入欧共体而不再续期[2]。而 1992 年欧盟单一市场的到来,更是加深了英国货物出口对于欧洲市场的

---

[1] Bose, Anuradha, "Aid and the Business Lobby", edited by Anuradha Bose & Peter Burnell, *Britain's Overseas Aid since 1979: Between Idealism and Self-interest*, Manchester University Press, 1991, p. 142.

[2] "The United Kingdom's Entry into Europe and Economic Relations with Developing Countries", Select Committee on Overseas Development, Session 1972-73, House of Commons, p. xi (Paper No. 294-I).

依赖。此外,新兴国家及亚洲发展中国家日渐成为英国货物出口的新增长点,1970 年时市场占比只有 3.70%,到 2015 年时这一数据已经上涨至 8.78%;但这一上涨主要发生在 2010 年之后,这一类别在 1992—2002 年间占英国货物出口的平均比例为 3.60%。所以英国在 20 世纪 90 年代对欧美市场的依赖性是最为突出的,这种情况直到 2010 年前后才有所改变。我想这也是英国在 2016 年选择脱欧的部分物质基础。

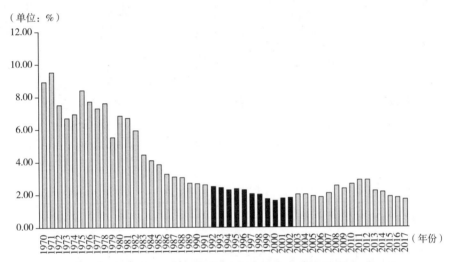

（单位：%）

图 3-7　1970—2017 年撒哈拉以南非洲市场占英国出口的比例

资料来源:IMF Direction of Trade Statistics 数据库。

货物出口按产业和最终用途还可细分为五类:中间品、消费品、资本品、混合用途和其他。OECD 提供了按照 ISIC REV4 计算的英国对外货物出口的国别统计结果。从图 3-8 中可以看出,在 1992—2002 年间欧盟 14 国占英国中间品出口的比例一直高于资本品;而英联邦非洲 18 国的数据则相反,占英国资本品出口的比例一直高于中间品。这也印证了前文提到的观点:英国在加入欧共体后,积极适应地区化潮流,融入地区价值链,成为欧盟制造业生产链的一部分。笔者将在第五章中着重介绍英国整车制造出口企业在 20 世纪 90 年代后几乎全部消失了,零部件生产企业则成功对接跨国汽车巨头,成为日本等国公司进入欧盟市场的跳板。英国这种面对中高端市场、融入地区/全球价值链的制造业出口部门,与国际援助链的距离越来越远,缺乏游说政府巩固和扩大捆绑援助政策的动机。而英国对英联邦非洲18国的资本品出口长期处于低水平(1%—3%),这部分厂商且不论与英国服务出口部门的力量对比如何,其在货物出口集团中也很难获得话语权,还如何能像1977年那样成功游说以对外援助道德性为旗帜的工党政府颁布"援助与贸易条款"呢?

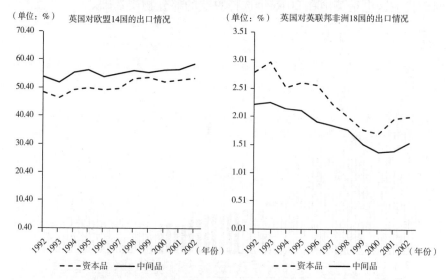

图3-8　1992—2002年英国货物出口的地区差异(中间品/资本品)①

资料来源:OECD数据库,Bilateral Trade in Goods by Industry and End-use,ISIC REV4。

三、国际竞争力差异

衡量一国某产业国际竞争力的指标包括贸易竞争力指数(TC)、显性竞争比较优势指数(CA)、显性比较优势指数(RCA)和净出口显性比较优势指数(NRCA)等。根据WTO贸易统计数据,英国服务部门在这四个指标上都表现抢眼,拥有20世纪七八十年代制造部门所没有的强大国际

---

① 欧盟14国包括奥地利、比利时、丹麦、芬兰、法国、德国、葡萄牙、瑞典、爱尔兰、卢森堡、意大利、荷兰、西班牙和希腊。选取这些国家作为英国货物出口对象国的原因是1992—2002年间欧盟成员国即是这14个国家。英联邦非洲18国包括博茨瓦纳、冈比亚、津巴布韦、喀麦隆、肯尼亚、莱索托、卢旺达、马拉维、毛里求斯、莫桑比克、纳米比亚、南非、尼日利亚、塞舌尔、斯威士兰、坦桑尼亚、乌干达和赞比亚。

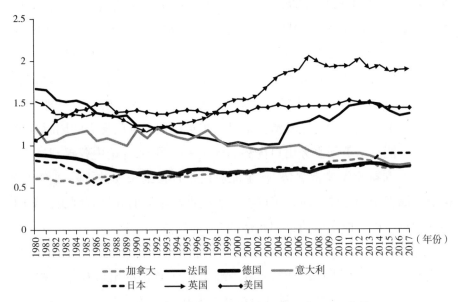

图 3-9　1980—2017 年间七国集团服务贸易 RCA 指数

资料来源:WTO 贸易数据库(WTO Trade Statistics)。

竞争力。

就 RCA 指数而言,它的计算方法是(X_{ij} / X_{tj})/(X_{iw} / X_{tw}),其中 X_{ij} 表示国家 j 出口产品 i 的出口值,X_{tj} 表示国家 j 的总出口值,X_{iw} 表示世界出口产品 i 的出口值,X_{tw} 表示世界总出口值。一般来说,一国 RCA 指数大于 2.5,表示该国该产业具有极强的国际竞争力;1.25—2.5 之间表示该国该产业具有很强的国际竞争力;0.8—1.25 之间表示较强的国际竞争力;低于 0.8 则表示国际竞争力不足。从图 3-9 中可看出,英国服务部门的国际竞争力自 1980 年后就长期处于 1.25—2.5 区间,且在 1997年后呈现出上升态势。而就 TC 指数而言,它的计算方法是(X_{ij} − M_{ij})/(X_{ij} + M_{ij}),其中 X_{ij} 为 i 国 j 产品的出口,M_{ij} 为 i 国 j 产品的出口,取值范围在(−1,1)之间,数值越大表示竞争力越强。根据七国集团1980—2013 年间的数据计算,英国年均 TC 指数为 0.128,仅排在美国(0.132)之后,在七国集团中位居第二位;加拿大、德国和日本三国的年均 TC 指数甚至是负值,分别为−0.131、−0.144、−0.208;英国在 2003 年首次超过美国(0.109>0.096),成为七国中 TC 指数取值最高的国家,且将这种优势一直保持到 2013 年。而英国制造部门在 1983—2016 年间的 TC 指数一直是负值,均值为−0.082,与服务部门的国际竞争力形成鲜明对比。七国集团在 CA 和 NRCA 指数方面呈现出与 TC 指数相似的情况,英国在平均值上仅排在美国之后,但目前已超过美国,在七国中排名首位。这四个指数的七国比较清晰地呈现出英国服务部门强大的国际竞争力。唯一能抗衡英国服务出口优势的国家——美国,导论中曾提到过,其国内农业利益集团非常强势,甚至能够使粮食援助长期被排除在 OECD 援助去捆绑谈判之外。所以美国在捆绑援助政策方面并没有因服务部门的国际竞争优势而采取与英国相似的"道德权力"策略。

综上所述,无论是从产出还是就业数据来看,英国都已是一个第三产业化的国家。这种国内产业特点深深地影响了英国的出口利益结构,在这其中又以主导产品性质、海外目标市场和国际竞争力等三项,与对外援助去捆绑政策的关系最为密切。基于产品本身性质,第三产业出口企业关注捆绑援助中与政府采购更为相似的无偿赠款限制招投标政策,而第二产业出口企业更为关注对外援助资金与出口信贷相结合所形成的混合信贷和软贷款政策,且服务部门在游说政府巩固或扩大捆绑援助政策时表现出一定程度的犹豫。此外,两大出口产业集团对于捆绑援助关注重点的不同也直接影响了其在 1997 年废除"援助与贸易条款"(见第五章)和 2002 年实现零捆绑(见第六章)中扮演的角色。就主导市场而言,英国不仅服务出口部门天然关注欧美中高端市场,而且其保存至 20 世纪 90 年代的制造部门也积极融入地区产业链,出口中间产品赢得欧盟和北美利基市场。就国际竞争力而言,英国第三产业出口部门相较于第二产业竞争优势突出。国际援助链在 20 世纪八九十年代后越来越集中于服务咨询部门,作为七国集团中第三产业化最显著的国家,英国并不惧怕对外援助去捆绑规范;特别是如果能够在国际谈判中撬动多边去捆绑进程,那么在全球招投标中受益最大的将是英国最具国际竞争力的服务出口部门。

第四章　1994年英国援建马来西亚柏高大坝事件

英国在1988—1997年间援助马来西亚修筑柏高大坝,1994年大规模争议爆发,所以也常被称为"1994年柏高事件"(Pergau Dam Affair)。中国的《世界知识》杂志这样介绍该事件:"1991年英国政府不顾其海外发展署的反对,坚持批准援助马来西亚2.34亿英镑修建吉兰丹州柏高水电站。此事与1988年前首相撒切尔夫人同马哈蒂尔总理达成的一笔军火交易有关。根据此项协议,马来西亚将从英国购买28架隼式战斗机,金额达13亿英镑。"[①]柏高事件牵涉了英国建筑部门和军工部门中的代表性企业,展示了传统第二产业集团与英国捆绑援助政策之间的密切关系。但也像保富集团的代表在下议院作证时所说:"英国现在还有能力参与到资本品出口和项目管理国际竞争中,并能成功创造财富的企业不到一打了。"柏高事件就像是英国第二产业出口集团的"最后演出",在此之后它们或破产消失了,或"告别了第三世界市场"。产业层面的挣扎也带来了政府机构层面上的冲突与妥协,国防部相对于英国援外体系的强势、贸工部对于捆绑援助政策的诉求、外交部希望改善英马关系的打算和海外发展署的艰难处境,在撒切尔夫人及其继任者的干预下,最终导致了柏高大坝事件的全面爆发。

本章包括两个小节:第一节为柏高大坝事件涉及的英国国内政治过程;第二节为柏高大坝事件在英国涉及产业的基础,主要是第二产业中建筑部门的海外业务困境和英国政府对军工部门的特殊支持。在材料方

---

① 常工:《英马关系再起风波》,《世界知识》1994年第7期,第20页。

面,英国下议院在 1994 年曾就柏高大坝事件进行了专门听证,政府机构、所涉企业和志愿部门 NGO 代表提供了大量的口头和书面证据。同时,在 1989 年 7 月至 1994 年 1 月间任英国海外发展署高级官员的蒂姆·兰基斯特(Tim Lankester)在 2013 年出版了《英国对外援助的政治学和经济学:柏高大坝事件》(*The Politics and Economics of Britain's Foreign Aid:The Pergau Dam Affair*)一书,为笔者的研究提供了珍贵的一手材料。

第一节　柏高大坝与英国的国内政治

柏高大坝事件包含两个主要争议点:一是对外援助能否与军火贸易相关联,例如能否要求受援国以购买英国出产的武器装备为条件限制,是否向其提供发展援助,或是要求受援国直接使用发展援助资金购买英国的军工产品;二是捆绑援助能否兼顾英国国内经济目标和受援国发展目标,以及捆绑援助资金的使用过程是否合法合规,能否最大限度地发挥其效用,对国内纳税人负责。争议一主要涉及的英国政府机构是国防部、贸工部和海外发展署,涉及的企业主要是英国宇航集团(British Aerospace);争议二涉及的就是之前提到的贸工部与海外发展署之间围绕捆绑援助政策的紧张关系,涉及的企业包括建筑部门的保富集团(Balfour Beatty)和特发佳公司(Trafalgar House),以及机电部门的英国通用电气公司(GEC)。而英国首相撒切尔夫人及其继任者约翰·梅杰,也在这一事件中发挥了重要作用,既反映出个人对英国对外援助政策的态度,也部分表明了 1988—1997 年间英国中央政府的立场。

一、军购与援外挂钩问题

马来西亚原是英国的殖民地,也是在麦克米伦任英国首相时期(1956—1963 年)实现了独立。马来亚联合邦在 1957 年宣布脱离英国,后又在 1965 年实现马来西亚和新加坡各自和平建国。马来西亚作为英联邦国家,独立之初最大的贸易伙伴就是英国,但后来英国的贸易地位陆续被日本、德国、美国以及中国等超越。1979 年保守党上台后,撒切尔人大力削减政府预算,在教育领域争议较大的一项措施就是大幅度提高海外留学生在英就读学费,这给马来西亚在英的许多留学生及家庭造成了一定的损害。为表达对英国的不满,马来西亚政府在1981年宣布今后在公共部门采购中遵循"英国最后"(Buy Britain Last)的原则。这进一步恶化了英国的国际收支,其企业在马来西亚的传统市场被日本等国厂商取代。撒切尔夫人和英国外交部都希望修复对马来西亚关系,并将此作为英联邦再次团结的标志,所以仅在1987年7月至1989年12月间,撒切尔夫人就与马来西亚时任总理马哈蒂尔有过六次会面,这样的首脑会晤频次在国际上是比较罕见的。

(一)柏高事件的起因

柏高事件的起点是1988年3月23日,英国国防部部长杨格爵士与马来西亚政府签署武器出口协议《关于马来西亚国防采购项目的议定书》(*Protocol on Malaysia Defence Procurement Programme*):马方在今后5年间采购英国约10亿英镑的军工装备,英方同时向马方提供相当于合同金额20%的无偿赠款用于这笔军工采购。根据英国下议院的听证记录,英国国防部在与马来西亚签署这一涉及对外援助资金的协议时,竟完全没有咨询,甚至通知伦敦方面相关机构[1]。海外发展署和贸工部在国内得知这一消息时十分震惊,不愿为国防部"先斩后奏"的行为背书;同时受制于援外预算及国别分配等因素也很难在短期内拨出2亿英镑的对马援助。而且不将ODA与军工合同挂钩也是当时国际上通行的规范,例如日本使馆在得知这一消息后告知英国海外发展署,英国政府将2亿英镑ODA用于军火贸易的行为必将在OECD内部引发剧烈反弹。一贯以中庸著称的日本外交官用这样的言辞,表明了这一事件的严重性。[2]

(二)首相的立场

但此时撒切尔夫人却倾向履行国防部签署的这一协议。蒂姆·兰基

---

[1] "Public Expenditure: The Pergau Hydro-Electric Project, Malaysia, the Aid and Trade Provision and Related Matters", Foreign Affairs Committee, Third Report of Session 1993 – 1994, House of Commons, p.liv(Paper No.HC 271).

[2] Lankester, Tim, *The Politics and Economics of Britain's Foreign Aid: The Pergau Dam Affair*, Routledge, 2013, p. 61.

斯特曾在 1979—1981 年间担任撒切尔夫人的经济事务私人秘书,他认为
撒切尔夫人对援外发展目标没有任何兴趣,曾多次拒绝与当时推动 ODA
减贫目标的领军人物——世界银行行长麦克纳马拉(Robert McNamara)
会面。麦克纳马拉年少成名,曾是福特公司第一个非福特家族出身的
CEO,并因在数理方面的超人天赋,被称为“神童”;之后他又在 1961—
1968 年间担任美国国防部部长,是肯尼迪—约翰逊总统时期美国政府决
策的核心人员,在政界享有广泛的影响力;而他又可被称为世界银行史上
最为著名也是最重要的行长(1968—1981 年在任)。导论中提到的国际
发展援助在 20 世纪 70 年代的减贫转向,被传最早是麦克纳马拉在一次
坐飞机时突然想到的,而英国在 1975 年发布的 ODA 减贫转向白皮书也
受到了麦克纳马拉的直接影响;此外在其任职后期,世行推出的结构调整
计划,也被认为是影响至今的重要发展援助方案。即使是这样,撒切尔夫
人宁愿两年见六次马哈蒂尔,也不愿抽时间见一次麦克纳马拉。且撒切
尔夫人在 1979 年上台后任命了保守党内右翼代表尼尔·马尔腾为海外
发展署的负责人,以削减对外援助预算,强化商业目标。在他之后任命的
三位海外发展署负责人——蒂姆·雷森(Tim Raison)、彭定康(Chris
Patten)和琳达·乔克(Lynda Chalker)——虽然要开明一些,但蒂姆·兰
基斯特认为,撒切尔夫人这样做只是为了让英国国内的发展游说团体和
海外发展伙伴少找些麻烦。①

(三)三部委妥协方案

在这种背景下,1988 年 6 月 28 日英国国防部、海外发展署和贸工部
达成了妥协:一是由海外发展署“援助与贸易条款”项下筹措 7000 万英
镑的无偿赠款,从向贸工部负责的出口信用担保局项下筹措 1.3 亿英镑
的出口信贷,取代之前国防部向马方承诺的约 2 亿英镑的无偿赠款计划;
二是由英国国防部部长向马来西亚财政部部长去信说明,基于 OECD 规
则,援助是不能与武器买卖挂钩的,同时由高级专员向马财政部部长去

---

① Lankester, Tim, *The Politics and Economics of Britain's Foreign Aid: The Pergau Dam Affair*,
Routledge, 2013, p. 33.

信,告知英国将向这一合同提供 2 亿英镑的支持(包括 7000 万的无偿贷款和 1.3 亿的出口信贷),用于两国政府日后协商同意的发展项目。英国政府认为同时发出的这两封信解决了对外援助不能与军火贸易挂钩的问题。此后,英国政府在 1988 年 6 月 29 日告知马方,撒切尔夫人将在 8 月访问马来西亚。

马来西亚政府对英国的这一提议非常不满,认为原协议签的是 2 亿英镑的无偿赠款,且还可理解为英国原本是以八折的价格与马方进行军火贸易。马哈蒂尔总理派其代表在 7 月到达伦敦,向英国外交部表示,如果不能履行 2 亿英镑的赠款承诺,这个军购合同可能被取消,且拒绝撒切尔夫人 8 月对马来西亚进行访问。但撒切尔夫人还是在 8 月以中途停留的方式访问了马来西亚,并在回国两天后去信马哈蒂尔总理:"英国将为民用发展项目提供 7000 万英镑的无偿赠款和 1.3 亿英镑的官方出口信贷。"[1]这种比例分配的来源是 OECD《关于官方支持类出口信贷的指导方针》,即成员国在向外提供混合信贷时减让比例不得低于 35%。撒切尔夫人同时表达了英国将在之后继续为马来西亚提供更多帮助的意思。果然五个月后,英国答应了马方的另一个要求:在希斯罗机场为马来西亚航空公司航班提供降落空位。

这样,1988 年英马军购合同中 20%的赠款承诺,就以英国向马来西亚提供 2 亿英镑用于发展项目的混合信贷,实现了对外援助与武器贸易的脱钩。但这一结果是建立在英国海外发展署和贸工部无奈妥协,马方勉强接受的基础上的,这为 1989—1995 年间后续国内和国际矛盾的爆发埋下了伏笔。

二、捆绑援助问题

1988 年 8 月,英马双方定下 7000 万英镑赠款加 1.3 亿英镑出口信贷的援助方案后,下一步的工作就是确定这笔钱该如何花、用于马来西亚的

---

① "Public Expenditure: The Pergau Hydro-Electric Project, Malaysia, the Aid and Trade Provision and Related Matters", Foreign Affairs Committee, the Third Report of Session 1993-1994, House of Commons, p.xvii(Paper No.HC 271).

哪些项目。这一事件所涉及的政府机构间关系也从国防部与海外发展署等的冲突，转变为贸工部与海外发展署关于捆绑援助相关事宜的矛盾。而在第二阶段也有三个小的争议点：一是为什么选择柏高项目；二是柏高项目是否具备发展属性；三是柏高项目需要多少英国政府预算。

（一）为什么选择柏高项目

1988年10月，保富集团、特发佳公司和GEC组成财团向英国贸工部申请"援助与贸易条款"下的资金以承建马来西亚柏高水电站，以对抗来自日本、欧洲大陆和印度的竞争者。联合财团当时给出的项目总报价是3.16亿英镑，其依据是马来西亚政府在1988年利用澳大利亚援助资金，聘用澳咨询公司对柏高项目进行可行性研究所报出的价格。前文提过，"援助与贸易条款"的审核权在贸工部，所以在未咨询海外发展署的情况下，贸工部就将柏高水电站作为其重点项目，希望它能够承接1988年8月的那笔2亿英镑的对马混合信贷。海外发展署的经济学家在1989年1月因其他原因访问马来西亚时，曾希望能够顺道考察柏高水电站项目，但贸工部和在吉隆坡的英国高级专员都劝说此时不要去，以免干扰英国财团与马方的谈判。就在海外发展署还未进行实地考察时，撒切尔夫人就在1989年3月与马哈蒂尔总理的伦敦会面中表示准备向柏高项目提供包括6825万英镑"援助与贸易条款"赠款在内的2.01亿英镑混合信贷支持，马来西亚政府来配比剩下的1.15亿英镑当地费用。下议院的调查报告写道："我们的证据让我们得出结论，与这一项目相关的公司向首相施压，促使首相在1989年3月15日与马来西亚总理的会面中作出了有分量的提议。"①这样在海外发展署几乎没有参与的情况下，贸工部就将修筑柏高大坝确认为承接1988年8月2亿英镑对马援助资金的最终方案。这就是柏高项目第二阶段的第一个争议点：为什么选择这一项目？为什么这一项目的承建商是保富—特法佳—GEC财团？这些在程序公开、透明、竞争等方面都存在缺陷，体现了以"援助与贸易条款"为代表的英国

---

① "Public Expenditure: The Pergau Hydro-Electric Project, Malaysia, the Aid and Trade Provision and Related Matters", Foreign Affairs Committee, the Third Report of Session 1993-1994, House of Commons, p.xxxv(Paper No.HC 271).

捆绑援助政策,在强化国内经济目标和压制对外援助道德属性方面的一般特征。

(二)柏高项目是否具备发展属性

在仅仅半个月后,这一事件又出现了更为糟糕的转折。1989 年 3 月 31 日,联合财团告知贸工部和海外发展署,之前 3.16 亿英镑的项目总报价只是一个很初步的方案,经过详细论证及与分包商的协调后,他们最终确定这一项目的预算总额为 3.97 亿英镑。这发生在撒切尔夫人向马哈蒂尔总统推荐柏高项目后,且让本已十分不满的马来西亚配比更多的资金不太可能,这意味着海外发展署"援助与贸易条款"项下和贸工部出口信用担保局项下需要为柏高项目提供更多的赠款或贷款。但即使这样,联合财团还是在 1989 年 4 月开始了与马来西亚政府的谈判,直到 1991 年 1 月才结束。

1990 年 9 月,海外发展署终于与贸工部组成联合小组赴马来西亚进行实地考察。海外发展署在 1990 年 12 月提交了评估报告,认为联合财团对柏高水电站的 3.97 亿报价还是比较合理的;但柏高项目没有现实经济可行性,更遑论改善当地人民生活的发展属性。这是因为柏高水电站一旦建成,马来西亚消费者将在未来 35 年间为使用电力多支出 1 亿英镑,且在当地存在其他用电成本更低的投资选择。但海外发展署对柏高项目的质疑并没有得到贸工部的回应,且新晋首相约翰·梅杰(任期为1990 年 11 月—1997 年 5 月)不想在上任之初就拒绝履行前任撒切尔夫人的外交承诺。同时,马来西亚国防部与英国宇航集团在 1990 年 12 月签约,以 5 亿英镑的价格采购 28 架隼式战斗机。根据后来的统计,马来西亚在 1989—1993 年间共采购了英国价值 13 亿英镑的军火,高于 1988 年协议五年 10 亿英镑的预期。这样即使在海外发展署已经言明柏高项目没有发展属性,不符合"援助与贸易条款"兼顾英国国内经济目标和受援国发展目标的要求,但在贸工部不回应、首相更迭和军购合同顺利推进的背景下,柏高项目的相关谈判工作并未受到影响。这就是第二阶段的第二个矛盾点:柏高项目没有发展属性,为什么可以使用英国官方发展援助资金? 以保富集团、特发佳集团和 GEC 组成的产业利益集团在贸工部的支持下,利用捆绑援助相关程度,完全架空了英国海外发展署对柏高项目的控制权。

(三)柏高项目需要多少政府预算

英国联合财团与马方长达 21 个月的谈判终于在 1991 年 1 月结束了,而这也带来了更令人震惊的消息:柏高水电站的最终报价是 4.17 亿英镑。这就意味着英国政府需要拿出 3.02 亿英镑的混合贷款,这与 1988 年 8 月所商定的 2 亿英镑相差甚多。贸工部对这一报价也有些不满,甚至考虑过更换项目进行支持,但最终并未提出。联合财团也曾解释过这一报价:1989—1991 年间英国的通货膨胀率在年均 7%—8%,经过近两年的谈判,报价上涨在所难免。1991 年 2 月英国外交大臣道格拉斯·赫博不顾海外发展署的反对,在与首相梅杰协商后决定继续支持柏高项目,出资方案更改为:由出口信用担保局向马来西亚提供一笔价值 3.06 亿英镑的软贷款,同时由海外发展署提供 2.34 亿英镑的利率补贴。这是 1977 年"援助与贸易条款"启动以来,英国政府出资规模最大的单一援助项目;且与最初担保局项下提供 1.3 亿英镑出口信贷,"援助与贸易条款"本项下提供 7000 万英镑无偿赠款的方案相距甚远。

在英国政府确定最终出资方案,水电站建设正式开工后,本应逐渐淡出国内政治议程的柏高项目,却在 1993 年英国立法系统介入后激起了更大的波澜。1993 年 10 月受下议院领导的国家审计署质疑英国行政机构在柏高大坝项目中的花费不符合政府支出的"物有所值"原则(Value for Money)。在此之后,英国下议院先后召集两次听证会就柏高事件进行调查,这一过程持续到 1995 年。这就是柏高事件第二阶段的第三个争议点,英国政府在这一项目中的支出被事先指定的施工企业裹挟,因不愿与马方就是否更换项目、配比当地费用规模等进行再次协商,同时兼顾国内首相更迭、机构间平衡等因素,英国政府不得不在柏高项目上大幅度增加对外援助和官方出口信贷支出。

三、社会与外交层面的反弹

在下议院调查期间,柏高事件也开始进入公众视野,其中又以 NGO

的激烈举动最为突出。在 1993 年冬季预算制定中,保守党右派希望更大幅度削减援外支出,发展游说集团则组织发起了大规模抗议。这一社会动员的结果是:"英国在 1993—1994 财年与十年前相比,对 NGO 的官方资助增加了 400%;以 NGO 为渠道进行对外援助的比例从 1.4%增加至 3.6%。"① 在下议院 1994 年 3 月 7 日关于柏高水电站的听证会中,有地球之友、乐施会(OXFAM)和行动援助(ActionAid)等大型 NGO 参与其中。而世界发展运动(World Development Movement)作为一个雇员只有 13 个人的小型组织却发挥了更为重要的作用。它在 1994 年将柏高事件提交司法复审,英格兰与威尔士分区法院最终在 1994 年 11 月 10 日裁定外交部部长道格拉斯·赫博超越权限向柏高项目提供了 2.34 亿英镑的援助,有以援助换取军购合同之嫌,对马来西亚人民的经济发展和人道主义救助并无益处,形成了司法复审判例。这使得英国司法系统在行政和立法系统之后也介入到柏高事件中,这在英国对外援助史上是罕见的。

英国媒体对柏高事件的热情在 1993 年立法系统介入后也被点燃了。除了报道事件本身或站在反对党工党的角度对保守党的执政进行批判外,报道也逐渐涉及英国企业在谈判期间有行贿马来西亚官员甚至是马哈蒂尔的行为。这在马来西亚国内引发了空前争议,反对党以此为由攻击马哈蒂尔,使马来西亚现任政府对英方极为不满。且自 1988 年军购协议开始,从最早的 2 亿英镑无偿赠款用于武器进口,到后来的 7000 万赠款用于民用项目,再到后来由英国政府指定企业进行施工,以及最后英国企业在谈判中不断进行预算加码等,都使马来西亚方面对于英国复杂国内政治、多次出尔反尔、故意偷换概念等行为忍无可忍,终于在 1994 年 2 月宣布抵制英国企业竞标马来西亚所有公共机构合同。这样英马关系在经过了十多年的接触、磨合和波折后,再次回到了 1981 年时的"英国最后"原则,实在是讽刺。而在整个柏高事件中,几乎没有什么发言权的英国外交部,因为是海外发展署的直接领导机构,不仅其改善英马外交关系

① Overseas Development Institute, "NGOs and Official Donors", Briefing Paper, Aug 1995, p. 1.

的最初目标没有实现,且成为 1994 年柏高判例的直接被告。更黑色幽默的是 1997 年柏高大坝最终完工,英国政府共支出了 4.27 亿英镑,还是超出了英国企业一再更改的项目报价。

四、柏高事件的普遍性意义

柏高事件并不是孤立存在的,而是与当时的发展援助理念、冷战格局变化、东亚经济模式等众多宏观因素息息相关。20 世纪 70 年代的两次石油危机加剧了资本主义世界经济体系的不平衡,主要表现在发达资本主义国家之间,如美日五轮经济摩擦;以及产油富国、西方发达国家与实施进口替代战略的发展中国家之间,如 1982 年拉美债务危机。世界银行和 IMF 在 20 世纪 80 年代初推出结构调整计划,试图在新自由主义经济意识形态下援助收支严重失衡的原进口替代国家,首先实现国内经济改革继而迎来经济增长。且不论结构调整援助的效果如何,其在当时引发的直接影响却是西方发达国家的第二产业出口,尤其是装备制造出口陷入极大困境。这是因为大部分发展中国家一方面遭遇债务危机,短期内无力购买重型装备,即使发达国家政府希望推销其重工业产品,本国出口信贷机构的信用评估程序都难以通过,所以不得不加码捆绑援助,以配合出口信贷;另一方面结构调整援助所推动的经济自由化,以及在 1989 年后演变为世人更熟知的概念"华盛顿共识",则在中长期内几乎切断了发展中国家进口重型装备以逐步学习、建立国内完整工业体系的发展路径。同时,伴随社会主义阵营的瓦解,资本主义阵营国家的国防预算普遍下降,英国亦不例外。这威胁到了英国制造业的最后堡垒——军工产业的生存和发展,所以在当时以对外援助捆绑军工出口的现象并不少见。此外,美苏关系的缓和以及冷战的结束,使得对外援助的国际政治动机大幅减弱,国际发展援助进入了 1991—1996 年的"疲劳期"。这一状况直到 1996 年 OECD 报告提出千年发展目标雏形后才有所缓解。所以当时每一笔出口合同都值得英国军工部门和其他第二产业企业作出最大限度的努力。

马来西亚成为英国军工出口和捆绑援助的主要东道国也不是偶然

的,在20世纪80年代末90年代初,有意愿且有能力与英国达成此类协议的发展中国家并不多。1982年后只剩下很少数量的受援国能够通过英国出口信用担保局的风险评估,这样的国家主要有三类:一是国际收支情况较好的产油国;二是在20世纪80年代仍坚持且还有能力建立完整工业体系的国家,基本是兼顾了进口替代和出口导向两种战略的东亚模式;三是能够以较大规模采购英国战机军舰的国家基本是中等规模以上的发展中国家。而马来西亚恰恰是产油国、东亚模式国与中等规模国三者的交集,与其有相似情况的还有印度尼西亚等少数国家。当然还有一个例外,就是幸运避开发展中国家债务危机且在社会主义阵营中较早与西方建立经济关系的中国,但中国也在1989年后被西方列入武器禁运名单。英国政府在1992年首次进行"援助与贸易条款"评估时也提道:"1982年债务危机迫使英国暂停了对一些国家的出口信贷,对于"援助与贸易条款"的地理分布也产生了很大影响。亚洲特别是环太平洋国家,新晋成为或一直是英国公司关注的焦点。这包括了三个贫穷但信用良好的大国(印度、中国和印度尼西亚),以及一个中等收入国家——马来西亚。"①

第二节　柏高事件中的英国企业

表4-1是柏高大坝项目最初的两次报价明细,其中土木工程由保富集团承建,原材料则由英国特发佳集团旗下子公司供给;机电工程由GEC负责;议会材料中未说明设计工程部分的承包商。在由首次报价3.16亿英镑上涨至1989年3月31日报价3.97亿英镑的过程中,土木工程和机电工程的报价上扬最为明确;前文所提1991年1月最终报价4.17英镑主要是考虑通货膨胀等客观因素所作的调整。保富集团和特发佳公司是英国建筑部门中的领军企业,GEC则是军民两用的电气电子制造企业,此外因

① "Public Expenditure: The Pergau Hydro-Electric Project, Malaysia, the Aid and Trade Provision and Related Matters", Foreign Affairs Committee, the Third Report of Session 1993-1994, House of Commons, p. 339(Paper No.HC 271).

军工合同涉及的企业主体还有英国宇航集团。本节将对这四个企业的产权结构、经营状况以及对英国援外政策的态度和立场进行介绍。

表 4-1　柏高大坝报价比较　　　　　（单位：百万英镑）

预算种类	最初方案	1989 年 3 月 31 日方案
土木工程	198	222
机电工程	81	133
设计工程	18	17
日常开支与利润	19	25
总计	316	397

资料来源："Public Expenditure：The Pergau Hydro-Electric Project，Malaysia，the Aid and Trade Provision and Related Matters"，Foreign Affairs Committee，the Third Report of Session 1993−1994，House of Commons，p. 214。

一、建筑企业及其行业协会

建筑部门是第二产业的重要组成部分。2002 年英国建筑部门占到国家 GDP 总量的 10%，工程施工加上设计和管理服务产值约 650 亿英镑，是英国第六大部门。在殖民时代，英国的建筑部门就积累了大量的海外工程建设经验；但在 20 世纪的前 70 年英国建筑部门的重心一直在国内且是以政府采购项目为主，例如两次世界大战期间的军事设施修筑、战后的国家重建以及福利国家住房等公共建设工程。这种情况一直到 20 世纪 70 年代中后期才有所改变，1973 年国际石油价格上涨、英国国内经济萧条、福利政策难以为继、产油国大量建筑订单招标等因素，促使英国建筑企业大规模进军海外市场。根据相关统计，英国国内市场日益萎缩，1973—1974 财年的新增订单总价值下降了 30%；同时在 1970—1978 年间，英国建筑公司的海外业务增长了六倍，主要是在中东市场；1984 年英国建筑企业的海外项目价值相当于国内订单总价值的 17%。①

当时建筑企业挺进海外也是国际潮流，甚至包括还未正式改革开放

---

① Ball, Michael, *Rebuilding Construction：Economic Change in the British Construction Industry*，Routledge，1988，p. 142.

的中国。中国对外经济联络部和国家建委在 1978 年 11 月曾联名向国务院上报《关于拟开展对外承包建筑工程的报告》，着手组建中国建筑工程总公司、中国公路桥梁工程公司、中国土木工程公司和中国成套设备出口公司，进军国际市场。这四家公司至今仍是中国对外建筑工程承包行业的领军企业，且与中国对外援助事业密切相关。1982 年中国对外经济联络部与对外贸易部合并成为对外经贸部，对外援助就成为该部委中"国际经济合作"的主要业务。1984 年对外经贸部下属期刊《国际经济合作》创刊，成为至今为止刊载中国对外援助相关论文的最重要刊物。该期刊在创刊之初就关注英国建筑部门的海外业务及其与英国对外援助预算间的关系，例如：

> "英国建筑承包公司在国外营业已有 100 多年，比其他国家公司的历史悠久。1983 年至 1984 财政年度，它们完成的海外建筑承包额达 23.81 亿英镑，虽然只及法国的一半，但比联邦德国多一倍。"
>
> "1983 年（英国）海外开发援助额为 10.92 英镑，占其国民生产总值的 0.37%。这种援助大部分是赠款，一部分以长期低利贷款形式提供，偿还期一般 25 年左右，利息在 2% 至 6% 之间。英国公司对同我国公司合作有兴趣，并已开始接触。"①

表 4-2 为 1994 年按营业额排名的英国十大建筑承包商，保富和特发佳分别排在第四位和第九位。同时可以看出，英国建筑企业在欧洲并不具备很强的竞争力，第一名泰玛仕集团仅排在欧洲第十一位，如果没有政府直接或间接的补贴，在国际激烈竞争中必将处于劣势。不仅如此，英国建筑企业还处于艰难的夹缝之中，20 世纪 80 年代之后来自韩国等的建筑承包企业，以廉价劳动力优势为依托，在海外建筑市场上强势崛起。同样道理，中国等新兴市场国家在挺进海外之初是以欧美企业分包商的身份出现，但伴随经验的积累和管理技术水平的进步逐渐成为总包商，国际

---

① 朱英初:《英国海外承包和对外援助》,《国际经济合作》1985 年第 1 期。

竞争力迅速增强。世界银行2009年报告中写道:"中国建筑承包商的竞争力可以从他们中标世行和非洲发展银行等多边机构的项目数量来印证。近年来,他们得到了这两家多边机构超过30%的土木工程合同,这超过了任何其他国家在这方面的成就。"[①]历史总是惊人的相似,中国建筑企业的海外承包业务在2010年后也开始面临一些困难,上游有来自加拿大和澳大利亚等国的高标准企业,拥有先进技术和环保能力等竞争优势;下游则是来自孟加拉国和泰国等劳动力价格更为低廉的新兴国家力量。[②]

表4-2 1994年英国十大建筑承包商(按营业额排名)

(单位:百万英镑)

排 名	公司名称	营业额	利 润	员工数	欧洲排名
1	泰玛仕(Tarmac)	2515	107	15350	11
2	阿美科(AMEC)	1966	29	5804	18
3	温佩(Wimpey)	1726	45	7265	22
4	保富	1549	50	16115	24
5	博维斯(Bovis)	1524	24	3511	25
6	莫勒姆(Mowlem)	1358	5	12184	26
7	莱恩(Laing)	1174	24	3511	25
8	泰勒·伍德罗(Taylor Woodrow)	1149	51	5129	35
9	特发佳	1148	25	9180	36
10	科斯坦(Costain)	1007	—	11000	41

资料来源:Roger C.Harvey & Allan Ashworth,*The Construction Industry of Great Britain*,Laxton's,1997,p. 122。

(一)保富集团与特发佳公司

保富集团成立于1909年,是英国最大的工程设计、建筑施工和资产管理公司之一,曾参与英吉利海峡隧道的建设工作。BICC集团是在

① Foster,Vivien et al.,"Building Bridges:China's Growing Role as Infrastructure Financier for Sub-Saharan Africa",World Bank,2009,p. 18.
② 对中国机械进出口集团某子公司总经理的访谈(2017年11月10日)。

1946 年由英国绝缘电缆公司和卡伦德电缆公司合并的基础上建立的,是英国政府战后组建行业领军企业计划的一部分,主营电缆电话业务。1969 年 BICC 收购保富集团以实现业务多元化;但 BICC 在 2000 年时又将电缆业务卖给了美国企业,将建筑工程业务作为主打产品,并将公司名称恢复为保富集团。目前保富已成为一个跨国建筑公司,在美国设有分公司,并持有香港金门建筑公司一半的股权,在中国大陆开展业务。同时,保富集团继续在英美市场承接监狱建设、军事基地、核电工程等政府采购项目,并完全接受了"企业社会责任"(CSR)规范,向道德公司(Ethical Company)迈进。中国土木工程集团在 2015 年时曾有意收购保富,但最终没有成功。这体现出保富的国际竞争力有待增强,且逐步将市场转向欧美及新兴国家,试图以规范性概念生存下去。

　　英国特发佳公司的产权变化历程则更有力地证明了英国建筑部门的衰落。特发佳成立于 1963 年,业务涵盖建筑工程、房地产、酒店、游轮、出版等领域。建筑工程是主营业务,下属多个子公司,其中的席门特公司(Cementation Company)直接参与了柏高项目,为保富集团提供水泥等建筑原材料,2001 年被瑞典一家建筑公司收购。约翰·布朗工程子公司原是著名的造船企业,后将主营业务转入工程建设领域;克利夫兰桥梁子公司和多门朗工程子公司成立于 19 世纪 70 年代,曾是全球最为著名的桥梁建筑企业,曾修建了中国外白渡桥(1906 年)和钱塘江大桥(1937 年),1996 年随整个集团被挪威造船与工程企业 Kvaerner 收购,"特发佳"这一品牌名称被废弃。就整个部门而言,"现在的建筑业就像 20 世纪 50 年代的轿车业。经济萧条结束后,不仅产业会萎缩,且也会被外国公司收购"[1]。这也代表了去工业化浪潮中英国众多第二产业企业的命运。保富集团主席罗宾·比加姆(Robin Biggam)因柏高事件在英国下议院作证时说:

---

　　① Harvey, Roger C. & Allan Ashworth, *The Construction Industry of Great Britain*, Laxton's, 1997, p. 122.

"虽然委员会已让我们就三个问题提交了书面备忘录,但我还是十分希望能借这个机会就英国对外援助对英国资本品出口的重要性说两句。我们三个公司(指保富、特发佳和GEC)以数年来能够参与"援助与贸易条款"资助的多个项目为荣。英国现在还有能力参与到资本品出口和项目管理国际竞争中,并成功创造财富的公司不到一打了。在多数情况下,这些公司是不依赖于援助资金的;但在发展中国家,他们的成功与英国的对外援助捆绑在一起。如果英国不准备继续提供贸易相关的援助,其他国家大概率上还是会继续提供。对外援助资金以前是,也将继续在增进对发展中国家资本品出口连续性中发挥重要作用。"①

这直接体现出英国企业一旦将发展中国家作为海外目标市场,对于捆绑援助的需求就非常高,即反证了假设1(海外目标市场的经济发展水平越高,出口企业对捆绑援助政策的游说意愿就越低)。同时,罗宾·比加姆强调自己所代表的是资本品出口和海外项目管理类公司,证明了假设2(资本在产品生产要素中所占的比例越高,出口企业对混合信贷等捆绑援助政策的需求程度就越高)。此外,罗宾·比加姆也提及了英国此类企业脆弱的国际竞争力——"成功创造财富的公司不到一打了"——反证了假设4的内容(出口企业的国际竞争力越强,对捆绑援助政策的需求就越低)。

(二)建筑产业出口联合会

建筑企业可粗略分为两类:一是建筑物(Buildings)业务相关企业,代表性行业协会是"建筑物雇主联盟"(Building Employers Confederation);二是土木工程业务相关企业,对应行会是"土木工程承包商联盟"(Federation of Civil Engineering Contractors)。此外还有一个重要的行会——"建筑产业出口联合会"(Export Group for the Construction

---

① "Public Expenditure: The Pergau Hydro-Electric Project, Malaysia, the Aid and Trade Provision and Related Matters", Foreign Affairs Committee, the Third Report of Session 1993–1994, House of Commons, p. 215(Paper No.HC 271).

Industries，EGCI），主要由在海外建筑承包市场有广泛利益诉求的企业组成。这些组织在国家层面上代表建筑企业的利益，寻求影响英国政府相关政策，以使其成员受益。英国最大的20家建筑公司都是三大行会的成员。①

在英国下议院关于柏高事件的听证会中，皮特·麦克格里（Peter McGregor）作为建筑产业出口联合会在1984—1991年间的总负责人发出了最为明确的不同声音。麦克格里在所提交的备忘录中主要申明了两点：一是真实的柏高事件是怎样的；二是英国的对外援助政策和机构设置应如何调整。就对外援助与武器出口挂钩问题而言，麦克格里认为，世界上所有的受援国都难以避免进口武器装备，这是一个国家维护自身安全的正常诉求，不用某笔特定的援助资金军购，也要用其他政府预算军购，本质上没有区别。英国最大的受援国印度不仅发展了自己的核设施，且长期从苏联军购；所有的非洲国家都拥有自己的武装，也都在接受援助。既然是这样，为什么不让他们把军购的钱花在英国？就柏高项目是否具备发展属性而言，麦克格里认为，英国海外发展署指责此项目没有发展属性的主要依据是建柏高水电站进行发电要比建燃气电站成本高，但马来西亚政府希望使用更清洁的可再生能源，为缓解全球变暖做贡献就不行吗？英国政府、企业和相关组织又能说些什么呢？

就英国对外援助政策和机构的改革方向而言，麦克格里提出了与主流完全相反的方案。他认为，英国海外发展署仅应负责对外援助中人道主义的部分，每年的预算规模建议在2.5亿到3亿英镑之间，以赠款方式向外提供。而发展援助资金从来就不应是免费的，因为这会使受援国在使用中更加随意、懈怠，难以起到促进其发展的目的。麦克格里提出应仿照日本海外经济协力基金，建立协调英国发展援助、对外贸易和投资政策的新机构，建议名称为"英国经济合作基金"，将以往贸工部项目与出口政策司、贸工部世界援助部门、出口信用担保局项目组和海外投资保险

---

① Harvey，Roger C. & Allan Ashworth，*The Construction Industry of Great Britain*，Laxton's，1997，p. 123.

组、海外发展署金融与项目相关部分以及英联邦发展公司等收归旗下,进行统一管理。

麦克格里同时提出,英国企业如果没有援助资金的支持就很难在发展中国家开展业务。从 20 世纪 80 年代开始就出现了英国公司放弃发展中国家市场,将业务集中于发达国家的趋势,建筑产业出口联合会也在 1991 年发布了相应的报告《告别第三世界?》。这样不仅发展中国家会更加萧条,同时也会给英国国内中小企业带来负面影响。这是因为建筑项目如果是在发展中国家,与英国的对外援助资金捆绑在一起,则承包商就需按照协议从英国国内采购、分包;而在发达国家依照市场经济原则运转项目时,相关企业基于成本考虑会更倾向于与当地供应商合作。所以英国政府应进一步扩大双边捆绑援助规模,仿照其他国家,取消"援助与贸易条款"最高占对外援助预算 5% 的限制。麦克格里补充到,大多数工业化国家都比英国更关注对外双边援助的规模,双边捆绑援助与多边援助之间的比例一般在 3∶1 到 5∶1 之间;但英国的这一比例却接近于 1∶1,1992—1993 财年的数据是 12.78 亿∶9.03 亿英镑,这进一步恶化了英国企业的海外竞争环境。[①] 建筑产业出口联合会在此后数年还参与了多场英国捆绑援助政策相关的议会听证;但 2004 年后这一组织好像凭空消失了,再也找不到其任何公开信息,官方网站也不存在了。

保富集团至今仍挣扎于市场大潮之中、特发佳却已被外国公司买走、建筑产业出口联合会更是销声匿迹,英国建筑企业越来越难以参与到国际工程承包的激烈竞争之中。与此同时,建筑工程类项目在英国对外援助中所占的比例越来越低了,建筑部门与英国援助机构间的关系也日渐生疏。例如英国工程学会(UK Engineering Institution)2011 年在英国下议院作证时说:

"国际发展部只有很少的工程类员工,并没有与英国工程共同

---

① 麦克格里发言内容参见 "Public Expenditure: The Pergau Hydro-Electric Project, Malaysia, the Aid and Trade Provision and Related Matters", Foreign Affairs Committee, the Third Report of Session 1993-1994, House of Commons, pp. 301-309(Paper No. HC 271).

体保持良好的联系,这反过来制约了发展部的能力,使得基础设施难以成为其政策和项目的优先考虑方向。"①

这当然也是建筑部门"告别第三世界市场"的一个必然结果。而广义的建筑部门,除了属于第二产业的楼宇建设和土木工程外,还涉及第三产业中"建筑和工程活动及相关技术咨询",也就是我们常说的工程咨询行业。它是指对各种建设项目提供咨询服务,包括投资机会研究、工程项目建议书、可行性研究、评估咨询、工程社会方案咨询、设备选型采购咨询、施工建立监管咨询等。② 工程咨询还被认为是现代咨询业的先驱,最早的咨询行业就是土木建设咨询。英国海外发展研究所在 1970 年发布的报告中就曾提出,除了施工和出口产品外,英国工程承包企业和建筑材料制造商在海外工作中还可同时开拓建筑咨询相关业务,实现英国建筑部门从出口硬件向出口相关管理经验和专有技术等"无形产品"转变。③而英国政府自 20 世纪 90 年代开始在国际层面上着力推动的环保、低碳、安全、发展、社会等规范,又为英国建筑部门完成从海外工程承包向知识输出、全面咨询化转变提供了新的机遇。

二、军工产业的特殊性

按占 GDP 规模比重排序,英国拥有全世界第二大军工产业。1986年世界国防装备与服务出口市场规模为 300 亿英镑,英国占有近 60 亿英镑的份额,位居世界第二位,仅次于美国。1987 年和 1988 年英国获得的军工合同均为 35 亿英镑左右,仅次于美苏。④ 英国在冷战结束后依旧保

---

① "DFID's Role in Building Infrastructure in Developing Countries", International Development Committee of UK Parliament, Sept., 2011, https://www. publications. parliament. uk/pa/cm201012/cmselect/cmintdev/848/84807.html,登录时间 2018 年 1 月 19 日。

② 汪素芹编:《国际服务贸易》,对外经贸大学出版社 2011 年版,第 249 页。

③ Cockburn, Charles, "Construction in Overseas Development: A Search for Appropriate Aid and Trade Measures for the 1970s", Overseas Development Institute, 1970, p. 33.

④ 参见"Ministry of Defence: Support for Defence Export", Ordered by House of Commons to be printed, 10 April 1989, p. 1。

留了强大的军工产业,国防部门在 1993 年仍占到英国制造业 GDP 的 9%,雇佣了约 40 万名员工,带来了价值 60 亿英镑的出口新订单,占到当年国际军火市场的 20%,仅次于美国①。这种情况一直持续到 20 世纪末,英国的国防制造部门幸免于去工业化浪潮,例如 1999 年的数据是:英国约有 35.6 万人受雇于军工企业,占制造业总产值的 11%,占全球军火出口市场约两成份额。

前文提过,英国的第二产业在 19 世纪末 20 世纪初就呈现出国际竞争力不足的态势,20 世纪七八十年代则是英国的去工业化高潮。自工业革命开始到 1983 年,英国的制造业产品贸易一直处于出超状态②;之后就陷入了长期赤字。这在就业数据上的反映十分明确:英国制造部门 1992 年 9 月的就业人数为 448.5 万人,而 1991 年 9 月这一数字为 474.6 万人③。1993 年 2 月 1 日,上议院班森爵士(Lord Benson)向贸工部提出,现在这样的困境亟须一个白皮书来澄清政府对制造部门的产业战略。贸工部代表则明确表示没有计划推出这样的白皮书。④ 这也很容易理解,1979—1997 年间执政的保守党在经济领域是以自由放任著称的,英国放弃了民用制造业领域的国家干预政策,使得"产业政策"一词在政府的官方叙事中消失了。但在同一时期,保守党政府并没有放弃对军工产业的一贯支持。⑤

20 世纪 80 年代初期,战略性贸易政策理论的提出为保守党政府对国防产业,尤其是航天航空这样的寡头部门,进行政策支持提供了理论基础。战略性贸易政策是指在规模经济和不完全竞争条件下,政府可适当地运用如关税、补贴等政策工具,扶植本国战略性产业的成长,增强其国

---

① 数据来源:Coates,David,*Industrial Policy in Britain*,Macmillan Press Ltd.,1996,p. 59。

② 数据来源:"Competitiveness of UK Manufacturing Industry",Trade and Industry Committee,Second Report of Session 1993–1994,House of Commons,p. 13(Paper No.HC 41)。

③ 数据来源:英国议会议事录,见 http://hansard. millbanksystems. com/commons/1993/jan/19/manufacturing-industry。

④ 英国议会议事录,见 http://hansard. millbanksystems. com/lords/1993/feb/01/manufacturing-industry-government,登陆时间 2017 年 12 月 1 日。

⑤ Coates,David,*Industrial Policy in Britain*,Macmillan Press Ltd.,1996,p. 54.

际竞争力,并带动相关产业的发展,从而增加一国的贸易福利。军工部门的产品通常是军民两用,所以除了国防部一直以来的政府采购和科研支持外,贸工部也是补贴英国军工部门的重要行为体,相关制度设置主要包括:(1)从1973年开始在"民工飞行器研究和示范项目"项下为企业、大学和科研机构在机身、航空电子设备和推进系统等方面的研发提供资助;(2)贸工部在1982年推动通过了《民工航空法案》,根据规定直升机和航空发动机等的新产品提供其成本50%—60%的"启动援助";(3)1992年贸工部航空委员会推出"国家战略技术获取计划",要求政府出资帮助航天航空部门在涉及英国国家竞争力的关键前沿技术领域保持优势。

1997年工党上台后延续了保守党时期的军工产业政策。贸工部在1998年发布报告强调英国国防工业与其他产业部门的差异性:一是政府是其最大的消费者,其技术水平是英国国防能力的体现,是国家安全的保障;二是产业特点也使其成为英国最重要的产业部门。例如国防工业30%的产出用于出口,在1997年占据了世界军工出口市场的23%。其附加值水平也非常高,可将价值1英镑的原材料转化为10英镑的产品。①

(一)英国宇航集团与英国通用电气公司

除了前文提到的两家建筑企业外,柏高事件也牵涉了两家军工企业:一是产品横跨军民两用的英国通用电气公司(GEC),为水电站项目提供发电、输电设备;二是英马军购合同所涉及的英国宇航集团,在柏高事件期间曾将28架隼式战斗机卖给马方。军工部门一般包括四大行业:核能、航空航天、造船和电子。GEC和英国宇航就分别是航天和电子行业的世界领军企业。从表4-3可以看出,1996年时这两家企业是英国唯二入选全球十大军工企业的公司,对它们进行研究将是理解英国军工部门的捷径。

---

① 参见"Aspects of Defence Procurement and Industrial Policy",the Eighth Report of Select Committee on Trade and Industry,Session 1997-1998,House of Commons,publications.parliament. uk/pa/cm199798/cmselect/cmtrdind/675/67503.html,登录时间2018年1月19日。

表4-3　1996年全球十大军工企业　　（单位：十亿美元）

企业名称	国　家	军工收益	总收益
麦克唐纳·道格拉斯 波音	美国 美国	10.1 5.8	36.8
洛克希德·马丁	美国	14.3	26.8
英国宇航	英国	9.1	12.6
诺斯罗普·格鲁曼	美国	6.7	8.1
休斯电子	美国	6.3	15.9
GEC	英国	6.1	18.9
汤普森集团	法国	4.4	6.9
雷声	美国	4.0	12.3
拉家代尔集团	法国	3.8	11.1
联合科技	美国	3.4	23.5

资料来源："Aspects of Defence Procurement and Industrial Policy", Trade and Industry Committee, the Eight Report of Session 1997 - 1998, House of Commons Publications. parliament. uk/pa/cm199798/cmselect/cmtrdind/675/67503.html。

1. 企业基本情况

英国宇航集团也是战后初期英国历任政府推动公司合并、支持建立行业领军企业、追求规模效应的产物。英国的航空航天部门在 20 世纪初期开始萌芽，以私营企业为主，在国际市场上从未取得过优势地位，先是承受着美国、德国和苏联的技术压制，后又经历了法国、日本等国企业的强势崛起。在英国政府的支持下，1960 年维克斯公司、英国电气公司和布里斯托飞机公司的机身制造和制导武器等业务合并成为英国飞机公司；霍克·西德利公司则兼并了德哈维兰和布莱克本两家机身制造企业。但就像英国其他行业与福特主义格格不入一样，这两家大型飞机制造企业在 20 世纪六七十年代还是步履维艰，促使 1974 年上台的工党政府宣布对其实行合并国有化，最终结果是 1977 年英国史上最大规模军工企业的出现——英国宇航集团。它还在 1979 年正式加入欧共体"空中客车计划"，主要负责生产机翼，合作伙伴还包括负责生产机身的德国宇航集团与负责生产座舱的法国宇航集团等。1979 年保守党上台后积极推动英国宇航私有化,历经4年终于在1985年完成。随后英国宇航开始了一轮大规模的横向兼并,以推动业务多元化:1987年收购英国皇家军械公司(Royal Ordnance)、1988年购入汽车巨头罗孚集团(Rover Group)、之后又兼并了一家建筑公司和一家地产企业。但英国宇航的这次多元化尝试却十分失败,例如它本希望通过兼并罗孚汽车帮助集团将核心业务转向飞行器及机动车零部件制造,但未能如愿。罗孚业务连年亏损,最高为1991年亏损了1.7亿英镑,英国宇航不得不在1994年将罗孚卖给了德国宝马公司,这部分内容将在第五章详细介绍。英国宇航在20世纪90年代初再次希望将核心业务聚焦军工领域的举措还包括:将喷气式飞机业务卖给了美国雷声公司、将数据处理业务卖给了美国计算机科学公司、将建筑业务卖给了荷兰波斯卡里斯公司等。

GEC于1886年建立,是第二次工业革命在英国的直接产物,最早的业务是生产电气元件,如电铃、挂线盒、开关等。同时期出现的还有美国通用电气公司(GE)和德国通用电气公司(AEG)等,它们之间并无任何产权关系,只是各国较早和较大规模应用电气革命成果的企业,所以有了相似的名称。进入20世纪后,GEC首先在照明业务上取到了较好成绩;第一次世界大战的爆发使GEC像大多数英国重工业企业一样开始转向军工领域,主要向英国军队供应雷达和信号灯等;这使得GEC与英国政府建立了良好的关系,促成了其在20世纪20年代参与建设全国高压输电线网;第二次世界大战爆发后,GEC继续扩大其军需业务,涉及无线电零部件及设备、照明器材等领域;战后初期,GEC曾希望在重型机械和原子能领域有所作为,但却亏损严重,使其不得不进入了英国政府"领军企业战略"(National Champion Strategy)的大名单中。

GEC于1967年接管了联合电气工业公司(Associated Electrical Industries,AEI);1968年兼并了英国电气公司旗下马可尼无线电报公司;20世纪80年代后又兼并了两家造船企业。这使得GEC成为全球著名的军民两用电气电子工程巨头。80年代后期,美苏关系的缓和及之后的东欧剧变,给GEC军工业务带来了很大冲击。例如由于英国和美国等1988—1989财年国防预算的削减,GEC关闭了其在苏格兰、威尔士、英格兰中南部的多处工厂,造成了相当规模的失业。① 所以 1990 年前后的柏高订单对困难中的 GEC 来说弥足珍贵,其在谈判中一再提高设备报价的行为也就更好理解了。

几乎同时,ICT 革命的爆发也使电子技术在国防工业中获得了越来越重要的地位。例如现在电子设备的成本约占一架战斗机总成本的 35%,涉及传感、导航、通讯、显示和控制系统等。这使得 GEC 业务中的电子部分——马可尼电子系统(Marconi Electronics Systems)与航空航天部门的关系愈加密切。1999 年英国宇航与马可尼电子系统合并建立英国航太系统集团(BAE System),业务涵盖航空航天、国防电子、军舰建造等,成为全世界第二大军工企业。2001 年的营业额是 180.25 亿英镑,其中出口占 60%,直接雇佣了 15 万员工,并与另外 30 万个岗位息息相关。② 而 GEC 剩下的民用业务则被重组为马可尼公共有限公司,很不幸地在 2001 年互联网泡沫破裂前夜大规模进军国际通信市场,遭遇重大损失,不得不在 2005 年被瑞典爱立信公司收购,被重新命名为 Telent 公司。至此,虽然英国政府对军工部门有特殊政策,一直支持英国宇航在国际竞争中保有优势,但 GEC 及其子公司马可尼无线电报公司的牌子还是在英国去工业化大潮中被湮灭了。

2. 在援助去捆绑中扮演的角色

GEC 公司代表利比特(Mr Lippitt)在柏高事件下议院听证会上毫无保留地表达了其对英国现有捆绑援助规模过小的批评:

> 多数发达国家的援助规模要大于英国,且英国向多边机构分配的援助预算过高,目前只有 56% 的对外援助预算用于双边路径;而"援助与贸易条款"也只占英国援外预算的 10% 左右,这让英国公司在与其他西方企业竞争中处于不利地位。他又以亲身经历的两个中

---

① "British Aerospace Industry", Trade and Industry Committee, the Third Report of Session 1992-93, House of Commons, p. 128(Paper No.HC 563).

② "The Competitiveness and Productivity of UK Manufacturing Industry", Trade and Industry Committee, the Third Report of Session 2001-2002, House of Commons, p.Ev 9(Paper No.HC 597).

国地铁招标为例,说明了英国当时缩手缩脚的捆绑援助政策直接导致了 GEC 的重大经济利益损失。GEC 在历史上曾参与修建了堪称世界一流的香港地铁系统,并希望以此为砝码,竞标中国上海和广州的地铁项目。在前些年的上海项目中,"援助与贸易条款"可为 GEC 提供相当于项目总预算 25% 的无偿赠款支持,但此时德国政府给出了相当于总预算 51% 的无偿赠款支持。这样西门子与德国通用电气公司就轻易获得了上海地铁项目。而在去年(指 1993 年)的广州地铁竞标中,"援助与贸易条款"可支持相当于项目总预算 35% 的无偿赠款,此时德国总理科尔直接带着 100 个商人空降北京,承诺给 68% 的无偿赠款支持,然后德国公司就又拿到了广州地铁的巨额订单。①

利比特在向下议院外交事务委员会描述德国政府的无偿赠款支持比例时,多次用了象声词"BOOM"来表达情绪。且德国企业通过这两个项目与中国建筑和铁路部门建立了良好的关系,西门子直到现在仍然是中国铁路系统供电和电子通信设备的主要外国供应商,且直接或间接参与了中国高铁的技术研发、装备制造和运营管理工作,获得了巨大的利润和相对于竞争对手(如日本公司)难以想见的市场空间。利比特的表态直接阐释了资本品出口部门对捆绑援助支持的渴求,证明了假设 2 的内容(资本在产品生产要素中所占的比例越高,出口企业对混合信贷等捆绑援助政策的需求程度就越高)。

　　英国宇航十分清楚其在英国军工部门中所占据的重要位置和代表的部门利益,曾在下议院作证时明确表示自己对英国整个航空航天部门的生存肩负着特殊责任,将与行业内其他公司基于产业长期规划和发展进

---

①　本段以上内容编译自 "Public Expenditure:The Pergau Hydro-Electric Project,Malaysia, the Aid and Trade Provision and Related Matters",Foreign Affairs Committee,the Third Report of Session 1993–1994,House of Commons,p. 232(Paper No.HC 271)。

行紧密合作。① 在捆绑援助问题上,英国宇航虽没有像 GEC 那样直接表达对去捆绑规范的不满,但也多次在下议院听证会中显示出对出口信贷相关政策以及英国政府在军工部门发展中应扮演角色的强势立场。例如在 1989 年英国出口信用担保局评估中其对保留官方出口信贷机构政府编制的明确表态:

> "英国宇航生产的主要是高附加值资本品,买方通常需要5—12年的信贷期。与担保局的项目业务联系更为紧密。基于这种联系,英国宇航认为保持担保局项目组作为一个政府机构非常重要。"②

并表示担保局业务涉及国家利益考虑,不是单纯的商业行为。在担保局2001 年评估中,英国宇航强化了既有立场:

> "政府对出口的支持非常重要。政府在军用航空航天项目相关支出的长期性下降,与相对较小的国内民用市场相结合,使得英国成为航天航空部门最为依赖出口的国家。丧失了国家的支持,特别是对担保局宝贵服务的任何削弱,不仅会导致商业损失,更会向我们的欧洲伙伴释放关于英国承诺的错误信号。"③

(二)英国的航空航天部门

航天航空部门狭义来讲是指制造飞行器、航天器和其他相关机械的行业;广义上则涵盖所有与航天航空研究、设计、发展、制造、维修、保养、

---

① 参见"British Aerospace Industry", Trade and Industry Committee, the Third Report of Session 1992-93, House of Commons, p. 16(Paper No.HC 563)。

② "Future of the Export Credits Guarantee Department-Minutes of Evidences", Trade and Industry Committee, the Third Special Report of Session 1988-1989, House of Commons, p. 18(Paper No.HC 587)。

③ "UK Aerospace Industry-Minutes of Evidence and Appendices", Trade and Industry Committee, Session 2000-2001, House of Commons, p. 3(Paper No.HC 171-i & ii)。

报废处理相关的企业。① 虽有文献分列民用与军用航空航天两部门,但涉及的企业和核心技术在很大程度上是重合的。英国拥有欧洲最大、世界第二的航空航天部门,柏高大坝涉及的英国宇航和 GEC 都是行业内的明星企业,那么英国航天航空部门的整体情况和其他主要企业与捆绑援助政策间的关系是怎样的呢?

如果以出口数量来计算,航空航天是英国战后最为成功的产业。1997年时75%的产值用于出口,超过了英国的另一个明星产业——医药②。那么航天航空部门作为英国日益衰落的制造业的组成部分为什么能够在国际市场上取得这样的成绩呢? 目前主要有两种解释:一是认为航空航天是知识密集型部门,且规模化技术从未进入过该领域,所以英国的比较优势能够得到充分发挥,依赖高新技术研发的医药部门也是如此。但前文也提到第二次世界大战后英国航天航空部门从未停止过合并以求规模效应的步伐,所以这种解释存在一定的局限性。二是认为航空航天部门关乎英国国家核心利益,政府不得不采取特殊的产业支持政策;但同时英国国内军工市场狭小,所以军工企业对国际市场的依赖程度很深。例如部门依赖于出口收入,1998年67%的航天航空营业额来自出口,金额超过110亿英镑。且国内有庞大的供给网络,以中小企业为主,约有1000—2000家中小企业,其61%的营业额来自航天航空巨头的采购。③航空航天部门对国际市场的高度依赖使其成为英国出口信用担保局的最大客户和最强支持力量:

"在全部的业务数字中,有两个数字值得一提。第一项是在1999—2008年中,只有一年除外,沙特阿拉伯一直处于担保局支持

---

① Hartley, Keith, *The Political Economy of Aerospace Industries: A Key Driver of Growth and International Competitiveness?* Edward Elgar Publishing Ltd., 2014, pp. 1-2.

② 参见 Owen, Geoffrey, *From Empire to Europe: the Decline and Revival British Industry since the Second World War*, Harper Collins, 2010, p. 295。

③ 数据来源:"The Future of the Export Credits Guarantee Department", Trade and Industry Committee, the Third Report of Session 1999-2000, House of Commons, p. 102(Paper No.HC 52)。

市场的第一位。主要是担保局对英国出口商向沙特皇家空军出口军用飞机、零部件及提供培训服务等的支持。2000—2008 年,国防工业占担保局全部业务比重的平均值在 40% 以上。另一个数字是担保局对空中客车飞机销售的支持。通常,空中客车装备英国劳斯莱斯的发动机,且机翼是在英国生产的。该部分业务占担保局全部业务比重的平均值达到 26%。"①

同时,航空航天可以说是一个标准的寡头部门,少数大企业在行业享有绝对的话语权。就整机制造厂商而言,英国主要有四个行业的四个领军企业:飞行器制造/英国宇航、直升机制造/阿古斯塔-韦斯特兰(Agusta Westland)、导弹制造/欧洲导弹集团(MBDA)、飞机发动机制造/劳斯莱斯(Rolls-Royce)。就重要零部件生产厂商而言,英国也有四大公司,除了之前提到的 GEC 外,还有史密斯工业公司(Smiths Industries)、道蒂(Dowty Aerospace)和卢卡斯航天公司(Lucas Aerospace)。而代表这些企业的行业协会则是英国航空航天企业联合会(Society of British Aerospace Companies)。

英国航空航天部门虽相对于其他制造业有政府特殊政策支持,如在 20 世纪 60 年代,德、法、英等国计划推动空中客车公司建立的准备阶段,英国以使用劳斯莱斯而不是波音的发动机作为是否参加该计划的先决条件②。但这一部门还是显示出衰落迹象,一些领军企业已被外国并购或合资,这其中尤以现属于意大利企业的阿古斯塔-韦斯特兰的前身韦斯特兰直升机公司的经历最为著名,且与英国捆绑援助政策的牵连也很深。

韦斯特兰公司建立于 1935 年,与英国宇航的前身相似,在 1961 年被英国政府选中成为直升机行业领军企业,合并了布里斯托(Bristol Airplane)、费尔雷(Fairey)和 SARO 等公司的直升飞机业务。进入 20 世

---

① 中国出口信用保险公司编译:《英国出口信用担保局 90 年》,知识出版社 2016 年版,第 61 页。

② Owen, Geoffrey, *From Empire to Europe: the Decline and Revival British Industry since the Second World War*, HarperCollins, 2010, p. 315.

纪 80 年代后,韦斯特兰陷入了长期亏损。英国政府不得不采取包括捆绑援助在内的补贴政策以维持其运转。1985 年年初,印度石油与天然气委员会希望采购直升机来执行海外钻井平台运输任务。英国得知后向印度提出,应以英国当年对印度援助预算采购 21 架韦斯特兰直升飞机用于该项目。但印度方面认为韦斯特兰直升机并不适合这一工作,且法国方面也已提出可以买 15 架送 6 架的方式向印度提供更合适的海豚(Dauphin)直升机。英国海外发展署署长提姆·雷森此时告知印度政府如果不接受英国建议,这笔援助款将不会留给印度支配,且英国政府将取消今后两年援助印度 6500 万英镑的计划。在这种威胁下,印度政府不得不听从英国建议,以英国援助印度款项购买了 21 架韦斯特兰直升机用于海上钻井平台运输任务。但不幸的是,英国这一直升机性能的确不适合这一工作,后造成 7 人死亡的严重事故,不得不退出使用,后拆卸为零件送予印度军方。①

---

① 参见 Hancockl, Graham, *Lords of Poverty*: *The Power*, *Prestige*, *and Corruption of the International Aid Business*, New York: Atlantic Monthly Press, 1992, p. 163。

第五章 1997 年英国废除"援助与贸易条款"

英国于 1997 年 12 月发布白皮书《消除全球贫困:21 世纪的挑战》,提出废除英国捆绑援助政策中的代表性制度——"援助与贸易条款"。该条款是指每年从英国对外双边援助预算中拿出一定比例,用于为本国企业中标国际市场上带有发展目标的相关项目提供补贴。"援助与贸易条款"的审批权并不在发展部,而是由企业或产业集团向英国贸工部提出申请,贸工部进行审查后将其提交至"援助与贸易条款"跨机构委员会批准。废除"援助与贸易条款"通常被认为是英国对外援助走向道德动机的标志之一;但这一举动从实质上讲仅是废除了贸工部的审批权,国际发展部依然保有使用混合贷款的权力,所以仍可看作机构利益的协调问题。

在 1997 年白皮书的下议院审议中,英国工业联合会和建筑产业联合会还是很明确地表达了对废除"援助与贸易条款"的反对,说明在英国国内支持捆绑援助政策的传统利益集团还在,只是由于去工业化力量被削弱了,或其游说政府的意愿下降了。1977 年设立"援助与贸易条款"时,英国工业联合会是以英国利兰汽车集团为先锋推动议题进入政治议程的;那么 1997 年时,英国利兰在哪里呢? 笔者研究发现,以利兰为代表的英国机动车部门已没有中低端整车制造业务了,或破产消失、或转型成为零部件制造企业供应欧洲市场、或转入技术咨询服务业脱离国际援助链了。海外目标市场的变化成为削弱英国机动车制造部门对捆绑援助政策支持力度和游说意愿的关键。

第一节 条款废除的国内政治过程

1997 年 5 月,英国工党时隔 18 年后终于再次执政,布莱尔成为新任首相;同月升格海外发展署为国际发展部,主管对外援助事务;并任命在工党内部地位十分重要的克莱尔·肖特担任国际发展大臣。国际发展部很快在 12 月推出《消除世界贫困:21 世纪的挑战》白皮书,这是英国时隔 22 年后再次就对外援助问题形成白皮书。也是在这份文件中,英国政府明确提出要推动双边援助去捆绑,并立即废除"援助与贸易条款"。本节将对 1997 年白皮书相关条款进行介绍,并分析其制定相关的国内政治过程,包括英国中央政府为何改变了以往对捆绑援助政策的默认或支持态度,以及国际发展部是如何在各种内外因素下在英国政府机构内部取得了前所未有的强势地位。

一、1997 年白皮书的出台与条款的废除

1997 年白皮书由四部分组成:第一部分为"发展的挑战",描述了人类社会面临的各种危机,如卫生健康困境、教育资源紧张、人口膨胀压力等,并回应了 OECD 1996 年报告,支持"2015 年将极端贫困人口的比重减少一半"的减贫目标;第二部分为"建立伙伴关系",包括了更好地协调英国与多边发展机构间的关系,建立英国与受援国之间更为平等的关系,以及建立英国国际发展部与国内私营部门、志愿部门、科研团体之间的新型关系;第三部分为"政策一致性",需确保英国政府所有影响发展中国家的政策考虑可持续发展目标,同时构建英国处理国际关系事务的道德路径,这是前文提到的新工党"道德外交"的一部分;第四部分为"为发展建立支持",如在中小学教育中增加发展类课程,培养国民对官方发展援助等的支持。其中,对外援助去捆绑是白皮书第二部分建立与私营部门等新型关系的表现之一,主要涉及了以下三方面内容。

(一)废除"援助与贸易条款"与允许继续使用混合贷款

1997 年白皮书宣布废除"援助与贸易条款",因为该条款并不是以减

贫为重心的。英国政府将不再接受"援助与贸易条款"项下的援助申请①;以往的"援助与贸易条款"承诺将会持续约 20 年,总量约 2.902 亿英镑;1997—1998 年度该条款项下支出为 6460 万英镑,占双边对外援助预算的 6%②。但国际发展部保留了使用混合信贷的权力,认为这只是发展融资的一种手段,通过恰当的制度调整,可继续服务于英国对外援助的减贫目标。白皮书中这样阐述:这并不妨碍发展援助与民间金融的联合,包括以混合信贷的形式。但为了杜绝像过去那样的滥用,任何混合信贷都将被用于援助双方政府同意的方案,并遵守以下规则:(1)在每个国家协商同意的战略和焦点部门都应以有利于减贫为基本目标,而不是补贴出口;(2)与其他项目同样的质量控制流程。③ 下议院国际发展特别委员会的态度是:"我们收到的许多备忘录对仍使用混合信贷的可能性提出了质疑。我们确定国际发展部只是基于维持其资金选择灵活度的考虑。但我们也很担心贸工部会有其他野心。我们希望国际发展部使用的所有混合信贷都告知议会。确保每一项混合信贷申请都在独立监督之下是至关重要的。"④废除"援助与贸易条款"的同时保留了混合贷款,意味着本次改革的核心是评估程序问题,是新成立的国际发展部与贸工部之间的机构关系问题。前文曾提到 1977 年设立的"援助与贸易条款",其申请程序是由出口企业首先提出,由贸工部负责审核批准,海外发展部再跟进其具体实施工作。1997 年白皮书后,"援助与贸易条款"被废除,混合贷款所涉援外项目不再是单列、固定的预算体系,其审批权力从贸工部回归至发展部。

---

① "Eliminating World Poverty: A Challenge for the 21st Century", the *White Paper on International Development*, Nov., 1997, p. 45 (Paper No.Cm 3789).

② Select Committee on International Development, 1997-1998, the Fifth Report, Paragraph 27, publications. parliament. uk/pa/cm199798/cmselect/cmintdev/711/71104. htm # n38,登录时间 2018 年 12 月 15 日。

③ "Eliminating World Poverty: A Challenge for the 21st Century", the White Paper on International Development, Nov., 1997, p. 45 (Paper No.Cm 3789).

④ "The Development White Paper", International Development Committee, the Second Report of Session 1997-98, House of Commons, p.xiii (Paper No.HC 330).

(二)坚持多边去捆绑原则

1997年白皮书并没有发出任何单边去捆绑的信号,还是坚持以现有捆绑率为杠杆,希望在欧盟发展委员会和七国集团峰会等多边舞台上撬动多边去捆绑。白皮书中的叙述是:因此在国际舞台上,我们将强烈支持、寻求巩固那些限制捆绑援助信贷使用的准则和减少无价值支出的努力。发展援助去捆绑的有效进展需要国际社会的共同协力。英国政府已经在"对非援助特别方案"上实现了零捆绑,并且我们将着力推动多边去捆绑进程。我们也将寻求在援助中更多地使用受援国当地的技术和资源,以此来加强当地的私营部门,但不会单边去捆绑。① 针对这一点,下议院国际发展特别委员会提出了相似的意见:国务大臣排斥进一步推进英国单边去捆绑的观点。根据OECD的定义,目前英国的援助捆绑率为14%。克莱尔·肖特认为英国剩余的影响力应用于推动多边去捆绑:"这将会更高效,将移除国际体系中的扭曲因素和不合理动机。英国推动多边去捆绑最符合发展中国家的利益。"②这表明英国政府依旧对捆绑援助配合出口信贷竞争所带来的囚徒困境有着十分清晰且现实的认识,充分考虑到了国内企业的正当利益保护问题。也就是说,即使是出于道德动机,单边去捆绑也并不是一个理想选项,那英国政府2002年的决定又是出于怎样的动机呢?

(三)对外援助预算与军工出口挂钩问题

前文曾提到,军工制造是英国第二产业中较少的,还保留着战后初期产业规模和产业政策支持的部门。所以1997年国际发展部成立后,对外援助预算与军工出口间的关系就格外引人瞩目,且在具体实施中常常会牵扯捆绑援助问题;1997年白皮书第三部分"政策一致性"也涉及了武器出口问题。关于这一问题最突出的变化是国际发展部在1997年获得了

---

① "Eliminating World Poverty: A Challenge for the 21ˢᵗ Century", the White Paper on International Development, Nov., 1997, p. 43(Paper No.Cm 3789).

② "The Development White Paper", International Development Committee, the Second Report of Session 1997-98, House of Commons, p.xiii(Paper No.HC 330).

武器出口许可证批准的事先咨询权①。且下议院在审议 1997 年白皮书时也建议,国际发展大臣应获得内阁国防与海外政策委员会正式成员的身份,以更好地协调英国的对外援助与军售政策。援助机构的权力进一步增强了,不再是 1994 年柏高大坝事件时机构食物链最低端的无奈弱者。

二、国际发展部对政策议程的主导

在下议院听证会中,英国国际发展部总干事理查德·曼宁曾多次表示 1997 年白皮书的问世是"政府机构间协调的结果",而废除"援助与贸易条款"最早也是在 1997 年白皮书中提出的。那么这一决策的国内政治过程是怎样的呢? 在这一部分,笔者将对英国中央政府的态度、国际发展部与贸工部的再次交锋,以及其背后的产业和社会行为体情况进行介绍。

(一)英国中央政府放弃对捆绑援助政策的支持

国际收支问题曾是英国中央政府支持捆绑援助政策的重要原因,希望以此帮助英国出口商在国际竞争中获得优势,并能够赢得与受援国日后的长期合作机会,以最终缓解英国的国际收支失衡。也曾有学者将国际收支列为影响英国在 1958—1971 年间对外援助政策的三大变量之一②。从图 5-1 可看出,英国的国际收支失衡在 20 世纪 90 年代及以后不但没有缓解,甚至处于极具恶化的态势。那么工党政府在时隔 18 年终于重获政权后为什么没有采取包括捆绑援助在内的各种政策工具来抑制迅速扩大的经常账户赤字呢?

美国智库全球发展中心(Center for Global Development)研究员欧文·巴尔达(Owen Barder)认为,20 世纪 80 年代后,国际收支平衡问题在英国逐渐失去了政治重要性。这部分是因为 1979 年外汇管制的废除;部

① Barder, Owen, "Reforming Development Assistance: Lessons from the UK Experience", Center for Global Development Working Paper, p. 13.

② Tomlinson, Jim, "The Commonwealth, the Balance of Payments and the Politics of International Poverty: British Aid Policy 1958-1971", *Contemporary European History*, Vol. 12, No. 4, 2003, pp. 413-429.

（单位：十亿美元）

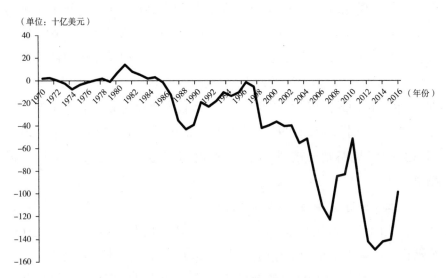

图 5-1 1970—2016 年英国经常账户收支平衡变化

资料来源：世界发展指数数据库。

分是因为"劳森信条"（Lawson Dotrine）的出现,即如果经常账户赤字只是私人投资的副产品就不值得担忧。[1] 有文献总结了关于对经常账户赤字看法的新旧两种观点：老式看法是长期赤字将导致经济不稳定甚至是危机的爆发,所以政府应采取必要调整措施;而新式观点是以"劳森信条"为代表的,认为在政府预算平衡的条件下,由私人投资引发的经常项目赤字不会带来问题。尼格尔·劳森（Nigel Lawson）是在担任英国财政大臣（1983—1989 年）期间提出这一信条的。这一信条虽在 1997 年亚洲金融危机后受到一定程度的质疑,但学术界仍然认为经常账户赤字在 GDP 5%之内的话就无须政府特殊干预措施。[2]

布莱尔在 1994 年成为工党领袖后,一直以建立"新工党"为竞选口号,放弃了党章第四条,即不再保证竞选成功后实行公共经济,试图在社会民主主义与新自由主义之间寻找"第三条道路",被认为是"中右共识"

① Barder, Owen, "Reforming Development Assistance: Lessons from the UK Experience", Center for Global Development Working Paper, Oct., 2005, p. 10.

② 参加 Imam, Patrick, "Rapid Current Account Adjustments: Are Microstates Different?" IMF Working Paper, Sept., 2008, p. 11。

在结束保守党执政后的延续。前文提到"中右共识"在产业政策领域的一个重要表现是政府减少对特定产业部门的直接干预或保护。此时国际收支失衡问题在英国国内政治中的重要性下降,使得英国中央政府丧失了保存"援助与贸易条款"的理由。所以,如果1979—1997年保守党执政期间,捆绑援助还能以"非产业政策"的面貌充当英国政府对大中型出口企业的"安慰剂";那么1997年工党政府推出包含对外援助政策在内的"道德外交"战略则可被视为压垮"援助与贸易条款"制度的最后一根稻草。

(二)国际发展部的强势崛起

就英国政府内部各部委在对外援助政策上的利益诉求而言,援外道德动机是国际发展部的生存底线;外交部更多考虑援外如何服从英国的对外战略,即侧重于国际政治动机;贸工部一贯支持将国内经济动机纳入对外援助决策。援助部在英国政府机构中长期处于弱势,在1964—1997年间曾多次被降格为海外发展署,预算和人员配备也随之被削减。但风水轮流转,1997年新成立的国际发展部却因国际政治动机在冷战结束后的自我演化和新工党在处理对外关系中的"道德路径",而在英国政府中获得了更大权力。

1. 与外交部分歧的弥合

冷战的结束削弱了英国国际发展部与外交部之间的核心分歧:从贫穷程度与争夺盟友的可能冲突,转变为推动受援国国内民主政治改革的共识。两大阵营对立时期,英国外交部需要以对外援助为工具,帮助美国与苏联争夺中间地带,这使得它与援助部在援外国别分配方案上容易产生分歧,因为美苏争夺的第三世界国家往往是有一定话语权或有地缘政治重要性的国家,但并不一定是最需要ODA的国家,且援助这些国家最容易导致与军购捆绑等违背国际发展规范的问题。而在冷战结束后,外交部对发展中国家的核心政策就是促其民主化,这与国际发展援助议程在此时转向良政援助殊途同归。前文提到,世界银行1989年《撒南非洲:从危机到发展》报告认为结构调整计划之所以在许多受援国受挫,是因为这些国家政治环境不佳,特别是专制、腐败等问题阻碍了受援国发展的实现,所以引入了"良治援助"的概念,至此对外援助开始与受援国国内政治改革联系在一起。也就是说,20 世纪 90 年代后英国外交部和援助机构在对外工作上有了非常大的共识和合作空间,以往在国别选择上的冲突很难再发生了。国际发展大臣克莱尔·肖特 1997 年在下议院回答发展部与外交部关系时说:

> "外交部对于受援国的发展问题发生了浓厚的兴趣。因为从本质上讲,发展是这些国家的主导议题。例如在最近几个月中,我先后访问了孟加拉国、肯尼亚、乌干达和卢旺达,外交部派驻在那里的工作人员和我们发展部的同事合作得非常好。我们两个机构在这些国家的发展事务上取得了实质性的进步。"①

2. 与贸工部的利益冲突和崭新合作空间

曾任职于国际发展部的巴里·艾尔顿这样描述"援助与贸易条款"的废除过程:

> "克莱尔·肖特寻求废除'援助与贸易条款',这起初被贸工部和其新任负责人反对。她本要与贸工大臣在下议院国际发展特别委员会上进行会晤。有人给了她一封贸工大臣给首相的信的复印件,是争取保留该条款。她取消了这次会议,并以完全无妥协余地的措辞给首相写信,最终'援助与贸易条款'被废除了。"②

也就是说,还是像 1977 年建立"援助与贸易条款"一样,英国政府内部存在有支持派和反对派,仍是一个机构间博弈的过程,只是最后的决策者这次选择了支持援助部。不仅如此,国际发展部还在贸工部下属官方出口

---

① "The Development White Paper", International Development Committee, the Second Report of Session 1997-98, House of Commons, p. 3(Paper No.HC 330).

② Ireton, Barrie, *Britain's International Development Politics: A History of DFID and Overseas Aid*, Palgrave Macmillan UK, 2013, p. 51.

信贷机构取得了一个位置,这在以前是没有的①。

英国贸工部由两部分组成:贸易系统和产业系统。英国政府放弃了纵向产业政策和外汇管制政策,这也意味着贸工部地位的下降。而贸工部的产业支持力量,以英国工业联合会等为代表,也在去工业化浪潮中走向衰落。根据下议院文件:"白皮书宣布废除'援助与贸易条款'。我们收到的绝大多数备忘录对此表示支持。两个例外是英国工业联合会和建筑产业出口联合会。"②前文已提到建筑产业出口联合会是有海外业务的建筑企业行会,在 2004 年前后消失了,而工业联合会在英国国内政治中的地位也是岌岌可危,例如"布莱尔政府也没有提到过女王演讲中的工业联合会或者劳工联合会。工业联合会曾经在托特纳姆考特大街(Tottenham Court)有过占据十五层的办公规模,而现在二层楼足够其员工使用了。"③有人会说,这是保守党执政时期(1979—1997 年)改革法团主义三方代表制主导英国国内政治进程的结果,但这一制度变迁是否能够脱离英国经济产业基础而单独发生呢?

同时,经过去工业化洗礼而保存下来的英国制造企业,以及日新月异的服务贸易部门,越来越明白英国在今日全球经济中的竞争力到底是什么。如果说 20 世纪六七十年代英国政府还想以国有化实现规模生产,与美日德法等在资本品出口领域展开竞争;那么到 20 世纪 90 年代末,当英国面对的是中国这样的新兴制造强国,过去的路还能再走一次吗? 国内的劳动力价格能让英国与中国式福特主义生产再争一次高下吗? 克莱尔·肖特在下议院作证时说,在推出白皮书前,她在多个场合与英国的大企业代表有过交谈:"虽然有很多工作要做,但我对取得进展是十分乐观的,英国企业越来越意识到'道德企业'的益处不仅仅是其额外的慈善属

① "The Development White Paper", International Development Committee, the Second Report of Session 1997-98, House of Commons, p. 20(Paper No.HC 330).

② "The Development White Paper", International Development Committee, the Second Report of Session 1997-98, House of Commons, p.xiii(Paper No.HC 330).

③ Grant, Wyn, *Pressure Groups and British Politics*, Macmillan, 2000, p. 4.

性,而是真正的、对其作为企业的利益帮助。"[1]这也是英国在1997年后着力推动"企业社会责任"等概念的动机之一。同时期的采掘业透明度行动计划(Extractive Industries Transparency Initiative,EITI)、道德贸易倡议联盟(Ethical Trade Initiative,ETI)等,一方面提出了对经济全球化某些缺陷的改进方案,另一方面也包含了为英国这样的后工业化服务经济体谋取竞争优势的理性动机。

3.志愿部门与国际发展部间的合作关系

这里的志愿部门主要是指致力于国际发展事业的各类行为体总和,如NGO、社会企业和名人群体等。前文提到,新自由主义政治经济意识形态在20世纪80年代占据主导地位后,国际援助行为发生了很大的改变:受援国政府作为资金接收方的主体地位面临重大挑战;为规避"政府失灵",其相对组织形式——非政府组织在ODA实施中的分量得到提升。这也使得发达国家国内的志愿部门能够突破以往的融资瓶颈,实现在组织规模和行动范围上的更大突破。代表性事件是1985年的"拯救生命"(Live Aid)演唱会,有全球190万观众同时收看,为埃塞俄比亚饥荒募款2.5亿美元,帮助开启了持续至今的众多援助产业,巩固了名人群体对国际援助事业的支持。[2] 2005年英国摇滚巨星鲍勃·吉尔道夫(Bob Geldof)再次召集"现场八方"(Live 8)演唱会,作为1985年活动的20周年纪念,也是为游说接下来要在英国格拉斯哥召开的八国集团峰会,为千年发展目标更多出资、更多行动,这次演唱会得到了布莱尔首相的支持。在1985—2005年间,以各类NGO为主体的跨国倡议和行动网络已经形成,以呼吁对受援国大规模减债的"大赦2000"和1999年西雅图反全球化运动为主要标志。

同时不能忽略的还有志愿部门与英国政府机构间日益成熟的共生关

---

① "The Development White Paper", International Development Committee, the Second Report of Session 1997-98, House of Commons, p. 18(Paper No.HC 330).

② Casey, John P., "What is the Role of For-Profit Companies in International Aid and Development", Conference: Association for Research on Nonprofit Organizations and Voluntary Action, 2016, p. 7.

系。一方面英国的 NGO 已经产业化,且英美志愿部门的发展水平处于全球领先地位,解决就业的能力甚至超过了过去的国有企业。NGO 从小规模的志愿组织转变为大规模的非营利型企业,配备 CEO、市场总监、竞选官员、公关机器、品牌认知等以往被认为是商业企业才具备的要素,是非政党政治专业化广义进程的一部分。[1] 英国国际援助与发展部门中主要的 NGO 到 2009 年雇佣了超过 15000 员工。[2] 另一方面 20 世纪 70 年代以来,英国官方援助机构已经与援助游说组织发展出了紧密联系。[3] 这也是水到渠成的事情,NGO 希望落实其政策诉求,需要与国际发展部及其前身建立合作关系;同时国际发展部及其前身在英国政府机构中的位置尴尬,一旦执政党发生变化,或政府遭遇到了如国际收支失衡等困境时,其机构、人员、预算就会成为被牺牲的对象,所以它迫切需要在社会层面寻找到自己的支持力量和合作伙伴。例如尼尔·马尔腾(时任海外发展署负责人)成功削减预算使人印象深刻,但他的做法不仅使其与援助游说组织有了冲突,后者在 20 世纪 70 年代与海外发展部(署)发展了紧密的关系,同时也与他所领导的部门发生了冲突。[4] 再如海外发展署非常希望将环保组织纳入其工作之中,并与大多数的大型发展与救济类NGO 保持着亲密的关系。[5] 还有对抗贫穷组织(War on Want)曾在 20 世纪 80 年代时遭遇管理危机,1991 年时与工党重新建立的联系也对该组织产生了帮助,特别是它的一个重要支持者——克莱尔·肖特在工党影

---

① Hilton, Matthew, James McKay & Jean-François Mouhot, *The Politics of Expertise: How NGOs Shaped Modern Britain*, Oxford University Press, 2013, p. 54.

② Hilton, Matthew, James McKay & Jean-François Mouhot, *The Politics of Expertise: How NGOs Shaped Modern Britain*, Oxford University Press, 2013, p. 67.

③ Byrd, Peter, "Foreign Policy and Overseas Aid", in Bose, Anuradha & Peter Burnell eds., *Britain's Overseas Aid since 1979: Between Idealism and Self-interest*, Manchester University Press, 1991, p. 59.

④ Bose, Anuradha & Peter Burnell eds., *Britain's Overseas Aid since 1979: Between idealism and Self-interest*, Manchester University Press, 1991, p. 59.

⑤ Hewitt, Adrian, & John Howell, "UK Aid in the 1990s", in Adrian Hewitt eds., *Crisis or Transition in Foreign Aid*, London: Overseas Development Institute, 1994, p. 78.

子内阁中成为海外发展部部长。①

不仅是在抽象层面,国际发展部及其前身与志愿部门间的关系在财务等现实事务中也有更为具体的表现。国际援助类 NGO 的资金来源主要有三个:私人捐款、慈善售卖以及政府配套。英国政府在 1975 年建立了"联合拨款资助计划"(Joint Funding Scheme,JFS),推动 NGO 在减贫项目中发挥自身优势,资助金额范围为 3000—500000 英镑,单一项目最高期限为 5 年。之后英国对"联合拨款资助计划"的支持力度从 1984 年的 330 万英镑提高到 1987 年的 660 万英镑,占同期英国双边援助预算的 0.6% 和 1.1%。1987 年下议院外交事务委员会要求提高以 NGO 渠道支出双边援助预算的比例,这使得英国政府在 1988 年对"联合拨款资助计划"的支持规模增至 1120 万英镑,1989 年为 1600 万英镑②。1997 年国际发展部建立后成立了专门的公民社会司(Department of Civil Society)协调与 NGO 间的关系;之后又在 1999 年 10 月推出"公民社会挑战基金"(Civil Society Challenge Fund,CSCF)取代了"联合拨款资助计划"。国际发展部负责官员曾在英国下议院听证会上说:"公民社会挑战基金"是国际发展部为拓宽和加深与英国公民社会的联系及发展中国家公民社会与英国公民社会的联系,而设立的几个机制之一③。"公民社会挑战基金"超越了以往那样分散的发展项目资助方式,不再完全采用配比资金的路径("联合拨款资助计划"一般需要 NGO 自筹 50% 的经费,该基金在性与生育类等项目中可提供 100% 资助),试图使 NGO 能够更加专注于提高受援国贫困人口的声音,向穷人赋权,使其能够意识到是什么导致了他们的长期贫困,这也将使他们能够更多地影响涉及他们生活各方面的决策者。

---

① Hilton,Matthew,James McKay & Jean-François Mouhot,*The Politics of Expertise:How NGOs Shaped Modern Britain*, Oxford University Press,2013,p. 86.

② 参见"NGOs in Development", Overseas Development Institute, Briefing Paper, August 1988。

③ "Department for International Development:2000 Departmental Report, together with Minutes of Evidence, Appendices and Proceeding of the Committee", International Development Committee,the Eight Report of Session 1999–2000,House of Commons,p.xx(Paper No.HC 475).

当然志愿部门与官方援助机构间也只能说是合作关系,双方在很多问题上也存在分歧。例如一部分 NGO 认为拿政府的钱会分散精力、影响公正性等,所以如美国乐施会(Oxfom America)等就拒绝接受美国政府的资助;很多英国的 NGO 会对政府来源的资助设定最高限度,如不能超过全部收入的 10%。① 在各个议题领域,英国国际发展部与主流 NGO 间的分歧也时有发生,在第六章中将对双方在服务贸易等方面的分歧做详细介绍。但英国志愿部门的产业化却是不争的事实。

第二节 英国制造业企业的沉默及原因

英国利兰汽车公司(British Leyland)和英国铁路工程公司(British Railways Engineering)是英国传统第二产业企业的代表,也是在 1977 年推动"援助与贸易条款"面世的关键市场力量,这从两家企业在英国下议院海外发展委员会 1976—1977 年会期中的证词②和奥利弗·莫斯比的博士论文中都有印证。例如英国铁路委员会(British Railways Board,英国铁路工程公司的上级机构)在 1977 年 5 月 25 日向议会提交的备忘录中写道:1976 年与巴基斯坦政府第二代电汽机车的采购谈判因未得到英国援外资金的支持而被法国企业取代。相似的情况也发生在 1973 年,它计划与苏丹签署的电汽机车合同被美国人取代;1971 年它与尼日利亚的可能合作,被加拿大以 2%利率、50 年还款期限、12 年延期偿付的优惠出口信贷顶替。以此为依据,英国铁路局敦促政府加强兼顾本国商业利益和受援国发展目标的捆绑援助计划。③ 再如"英国的大公司在 20 世纪 70 年代中期,尤其是英国利兰汽车公司和英国铁路工程公司,在英国工业联合会的支持下,向政府游说,要求以援外资金支持英国在最不发达国家获

① 参见"NGOs in Development",Overseas Development Institute,Briefing Paper,August 1988。
② "Minutes of Evidence",Select Committee on Overseas Development,Session 1976-77,House of Commons,pp. 256-288(Paper No. 179-xiii)。
③ 参见"Minutes of Evidence",Select Committee on Overseas Development,Session 1976-77,House of Commons,p. 277(Paper No. 179-xiii)。

取项目、对抗国际竞争。"①但为什么 1997 年英国政府废除"援助与贸易条款"时,这两家公司并没有出面发声呢?

这是因为英国铁路工程局在 1989 年被私有化,由瑞士公司 ABB 和英国建筑企业特发佳各持 40% 的股权,其余 20% 则由管理层收购;1992年合资公司成为 ABB 的子公司,之后其母公司又变更为德国庞巴迪。而利兰公司作为曾经的英国机动车制造领军企业,也遭遇了相似的去工业化危机,过程则更为复杂。目前,机动车制造部门虽仍是英国第二大制造业,但中低端整车业务已基本消失,目前保有活力的高端奢华整车制造、供应跨国汽车巨头欧洲产业链的零部件生产和机动车相关技术咨询行业,海外目标市场聚焦欧美或是从受援国名单中"毕业"的新兴市场国家。也就是说英国传统第二产业企业在 20 世纪八九十年代或消失于去工业化浪潮中,或完成了后福特主义转型,与国际援助链剥离了。这导致了第二产业企业在游说政府保存"援助与贸易条款"中的力量和意愿都下降了,英国政府在 1997 年推动对外援助去捆绑规范的国内成本已经低到了可以忽略不计的程度。

本节将梳理利兰汽车集团及其背后的英国机动车部门在 1977 年后,尤其是 1992 年后的演变,以证明英国机动车部门的去工业化、第三产业化和后福特主义转型,使其海外目标市场聚焦于欧美及新兴市场国家,使其在力量和意愿层面都丧失了游说英国政府继续保有"援助与贸易条款"的必要性,主要验证了假设 1:海外目标市场的经济发展水平越高,出口企业对捆绑援助政策的游说意愿就越低。

一、英国利兰汽车公司与捆绑援助政策

1886 年被认为是现代汽车元年,当时的主要技术都诞生于欧洲,如德国、法国和英国。且机动车中与人们日常生活最密切相关的轿车,在当时被定位为欧洲少数绅士贵族的娱乐工具,手工打造、价格昂贵、平民阶

---

① Morrissey, Oliver, "British Aid Policy 1978 to 1989: Business Lobbies and Donor Interests", PhD Dissertation, University of Bath, 1991, pp. 78-79.

层望尘莫及。这种情况在 1913 年美国人福特发明了汽车生产流水线后有了巨大的变化,大规模生产使汽车价格迅速平民化,对生产环节中劳动力素质的要求也有所降低,这就是福特主义的由来。福特公司推出的 T 型轿车价格最低时只要 360 美元,在 1908—1927 年间生产了 1500 万辆,美国 2/3 的家庭到 1923 年都拥有自己的轿车。这就使得汽车制造业的目标市场由社会上层转变为社会中下层,生产中心从欧洲转移到美国;且英国又是欧洲三国中劳动力素质相对最高、价格最贵、工会力量最强、最不利于推广大规模流水线生产的国家。前文提到,英国政府在第二次世界大战结束后一直试图推动企业合并,甚至是直接国有化,以适应福特主义时代大规模生产的激烈国际竞争,这种情况直到 1979 年撒切尔夫人开始推行横向产业政策后才有所改变。英国 1945—1979 年间的产业困境和产业政策在机动车制造部门最典型的表现就是英国利兰汽车在 1968 年的成立及 1975 年的国有化。

(一)英国利兰的基本情况

英国利兰是在利兰汽车公司(Leyland Motors Ltd)和英国汽车公司(BMC)1968 年合并的基础上产生的,是英国机动车制造部门整合的结果,是又一个政府支持下的行业领军企业,巅峰时期占有英国本土汽车市场 40% 的份额。但公司成立后的运营情况并不理想,迫使英国政府不得不考虑对其进行国有化。英国在 1975 年发布的瑞德报告《英国利兰:下一个十年》((Ryder Report)——*British Leyland:The Next Decade*)详细介绍了政府推动利兰国有化的主要理由和对本国机动车部门美好未来的乐观畅想。报告说,英国本土的汽车销量在过去 20 年都处于上升态势,是 1973 年后连续 18 个月的石油价格上涨暂时干扰了英国机动车部门的繁荣局面,且 1974 年世界主要汽车市场的销量都遭遇了相似的波折。英国轿车市场将在 1976 年后恢复增长,到 1980 年将恢复至 1973 年时的巅峰水平——每年 160 万辆,并在 1980—1985 年间进一步增长至 170 万辆或更多。轿车除了英国本土市场外,还有西欧和美国等重要的海外市场;利兰重型卡车则在产油国(如伊朗和尼日利亚)和能够获得低价石油的国家(如土耳其)增长迅速,这三个市场到 1985 年对重型卡车的需求将翻一番;利兰农用拖拉机等产品则将在积极推进农业机械化的国家迎来增长。而进一步进行利兰内部整合,充分发挥规模效应,将是今后 10 年的主要任务。①

当时的英国利兰由四个业务部组成,分别为有 12.8 万员工的轿车业务部;有 3.1 万员工的卡车与公共汽车业务部;包含建筑设备、制冷设备、军工制造等的特殊产品部;以及主要负责出口工作的国际业务部。其中,轿车业务部是利兰最为核心的部门,下属凯旋(Triumph)、路虎(Land Rover)、罗孚(Rover)、捷豹(Jaguar)、莫里斯(Morris)、MG(Morris Garages)、迷你(MINI)、奥斯汀(Austin)等 8 个著名品牌。凯旋、路虎和罗孚品牌来自合并前的利兰汽车公司,定位于中高端市场,其中的路虎品牌至今仍是高性能越野车的代表,受到英国国防采购的青睐,是美国 JEEP 汽车主要的全球竞争对手。而捷豹、莫里斯、MG、MINI、奥斯汀则来自合并前的英国汽车公司,涵盖高中低档市场需求。例如捷豹是著名的跑车品牌,在 1989 年被美国福特公司收购后仍被定位在豪华品牌序列;MINI 在 1959 年推出后,就深受欧洲女性消费者青睐,1994 年被德国宝马公司收购后,风头更胜,其 MINI Cooper 车型畅销至今;莫里斯和奥斯汀品牌则是福特主义在英国机动车部门的代表,其创始人威廉·莫里斯(William Morris)是英国著名的慈善家,关心下层人民生活,致力于将福特式大规模生产技术引入英国,使英国的平民阶层也能拥有自己的轿车。MG 则是莫里斯的升级运动跑车品牌,目前已为中国上汽集团所有。

瑞得报告所提出的"乐观十年梦"很快被残酷的现实击碎。英国利兰在国有化的第二年就开始亏损,且一直到 1986 年更名为罗孚集团时仍没有任何改观。20 世纪七八十年代,美国、德国、法国等传统汽车强国努力维持既有优势,而日本等新兴力量也迅速崛起,英国利兰在国际竞争中被前后夹击,毫无还手之力。利兰到 1980 年在英国本土轿车市场的占有率仅剩 15%,不得不在 1984 年放弃了凯旋和莫里斯品牌,在 1986 年放弃了奥斯汀品牌,希望专注于更有赢利潜质、面向中高端市场的罗孚系。

---

① 参见 Don Ryder,"British Leyland:the Next Decade",House of Commons,April 1975。

以"丰田主义"为代表的日系车很好地结合了美国的规模生产与欧洲的精致工艺,被认为是福特主义在20世纪70年代后的又一次升华。加上日本国内劳动力价格相对低廉、政府有能力压低汇率等因素,使其在20世纪七八十年代的国际汽车市场上异军突起。1970—1980年间日系车在美国的市场份额从4%上升至23%,并有计划地在欧美各国投资建厂、布局未来。英国利兰也曾在1977年后开始寻求与日本丰田公司的合作,例如调整罗孚品牌定位,借助丰田技术,主攻经济家用车型。但英国既有的比较优势结构就是适应不了福特主义时代的生产特点,这一合作反而加速了罗孚品牌的消亡。

(二)"援助与贸易条款"的主要推手

英国利兰汽车国际公司在下议院海外发展特别委员会1976—1977年会期作证时,明确表达了发展中国家市场的重要性:

> 海外发展特别委员会问询:"利兰出产的路虎和路虎揽胜在发展中国家的销售比重是不是高于他们在西欧和国内市场的比例。"利兰国际的代表回答道:"高得多,是的。"①

且英国利兰当时已在非洲建有8处制造或装配基地,例如在肯尼亚的合资公司名叫Thika,其股权结构为:利兰占45%、肯尼亚政府35%、一家当地公司20%。

但利兰在英联邦等传统市场的地位正在遭受来自七国集团其他国家企业的蚕食。英国政府曾在1976年11月宣布向赞比亚政府提供500万英镑的援助,利兰提出可要求赞方以这笔钱采购利兰牌公共汽车;但英国海外发展部拒绝了利兰的要求,认为按照程序必须是由赞方首先提出援助项目要求才可以。此时美国政府却向赞比亚提供了配比贷款,以促使赞比亚使用英国的这笔援助资金来购买美国产的挖土机,加拿大也有相

---

① "Minutes of Evidence", Select Committee on Overseas Development, Session 1976-1977, House of Commons, p. 267(Paper No. 179-xiii).

似的举动。最后则是西德政府帮助其企业与赞比亚国家公共汽车公司达成了采购 100 辆梅赛德斯奔驰公共汽车的订单。[①]　此外,利兰还提到安哥拉等国的案例:"安哥拉是我们一个重要的传统市场,但现在我们已很难与其贸易了,因为他们没有外汇了。"[②]

基于此,利兰国际在下议院海外发展特别委员会听证会上说,英国出口信用担保局所能提供的官方出口信贷在当下日益激烈的国际竞争中越来越杯水车薪;相比于其他西方大国,英国对外援助与贸易政策的合作十分欠缺,影响了利兰在海外市场的发展。美国、法国、德国和日本政府的外派官僚系统更为商业导向,能够有计划、有效率地为出口商提供支持,而英国政府的外派官僚系统在这方面的表现差强人意。[③]　利兰国际认为,英国政府应更多使用对外援助预算提升出口信贷的优惠程度,如以补贴利息、延长还款期、甚至是直接抵扣部分本金等形式。且利兰也已经与英国海外发展部有了一些成功的合作,例如海外发展部在 1976 年批给莫桑比克的 500 万英镑援助中,有 350 万英镑用在了购买利兰公司生产的卡车和公共汽车上。这样的合作在今后应更多一些,甚至是采取制度化的方式。

二、英国利兰在去工业化大潮中消失

瑞德报告畅想的是英国利兰国有化后的十年,所以在 1985 年英国政府开始考虑如何改革利兰以应对可能更为暗淡的未来。1986 年英国政府开始与美国福特和通用汽车公司接触,考虑将利兰卖出去。但福特仅对利兰的轿车业务感兴趣,通用只对利兰的卡车业务感兴趣,两家对利兰的公共汽车业务均没有想法,所以整体出售利兰的计划并没有实现。在此之后,英国政府开始考虑将利兰分拆售卖。卡车业务方面,1987 年利

---

① "Minutes of Evidence", Select Committee on Overseas Development, Session 1976 - 77, House of Commons, p. 256(Paper No. 179-xiii).

② "Minutes of Evidence", Select Committee on Overseas Development, Session 1976 - 77, House of Commons, p. 264(Paper No. 179-xiii).

③ "Minutes of Evidence", Select Committee on Overseas Development, Session 1976 - 77, House of Commons, p. 259(Paper No. 179-xiii).

兰卡车部与荷兰 DAF 卡车公司合并为 DAF NV 公司,由荷方控股 60%、英方占股 40%。1993 年 DAF NV 公司被管理层分拆收购,演变为 4 家公司:(1)总部设在英国的 LDV 公司,主营厢式货车业务;(2)总部设在英国的多部件解决方案公司(Multipart Solutions Ltd),主要为机动车和军工设备供应零部件;(3)总部设在英国利兰的利兰卡车公司;(4)总部设在荷兰埃因霍温的 DAF 卡车公司。而后两家卡车企业又在 1998 年被美国重型卡车巨头 PACCAR 收购,成为其在欧洲的卡车装配基地。利兰的公共汽车业务在 1987 年被管理层收购,后又在 1988 年被瑞典沃尔沃公共汽车公司买下,1993 年后不再使用利兰商标,其在英国沃金顿的工厂也被一并关闭。特殊产品部因为产品体系更为复杂,也经历了更为烦琐的分拆售卖过程,或破产倒闭、或被英国军工部门整合、或被卖给外国企业、或成为专注于利基市场的私营中小企业。英国利兰轿车业务部则在 1986 年被改名为罗孚集团(Rover Group),经历了更为戏剧化的演变过程(见图 5-2)。

(一)英国政府挽救利兰的尝试

贸工部试图以英国宇航集团收购利兰来挽救去工业化浪潮中的英国中低端整车制造业。英国宇航是英国最大的军工企业,政府持股比例达 99.8%,在英国制造部门享有特殊地位。因以往的业务很少涉及机动车部门,它 1988 年收购罗孚集团的决定在英国甚至是全球范围引发了较大争议,被认为是骗取政府及欧共体相关补贴的行为。为此,英国下议院贸易与产业委员会曾在 1988 年和 1991 年两次召开听证会,审查英国宇航对罗孚集团的并购案。英国时任贸易与产业大臣杨格爵士在下议院作证时说,贸工部赞同由英国宇航收购罗孚集团的方案,是不想英国的汽车产业领军者落入竞争者手中,且"英国宇航,一家宝贵的工程公司,是英国产业皇冠上的明珠。它主动向贸工部提出希望收购罗孚集团,我认为这对于英国产业的未来是一件好事情"[①]。英国贸

---

① "British Aerospace/Rover-Minutes of Evidence", Trade and Industry Committee, Session 1987-1988, House of Commons, p. 22(Paper No.HC 487-ii).

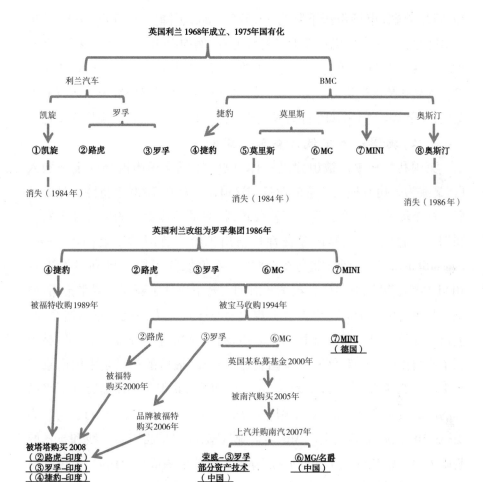

图 5-2　英国利兰汽车公司的历史演变

资料来源:笔者绘制。

工部还提出了一个五年过渡方案,即先让英国宇航试运营罗孚集团五年,如果经营状况差强人意,则在 1993 年后再考虑将罗孚集团转卖给外国竞争对手。

英国宇航对罗孚集团的兴趣主要来源于希望多元化民用业务的发展战略;在 1988 年后,它还收购了一家建筑公司和一家地产公司。但事与愿违:1987 年时罗孚集团在英国市场卖出了 29.7 万辆,市场份额为 14.7%,出口 14.3 万辆;1989 年时,罗孚集团在英国市场上卖出了

30.4522万辆,市场份额下降为13.57%,出口下降为11.7926万辆;①进入20世纪90年代后机动车业务继续亏损,例如1991年亏了1.7亿英镑,1992年亏了1.51亿英镑。英国宇航难以背负这样的压力,在1989年决定将捷豹品牌及资产卖给了美国福特公司,1994年1月又将罗孚集团仅剩的路虎、罗孚、MG、MINI四个品牌及资产卖给了德国宝马公司(见图5-2)。

(二)英国放弃中低端整车制造企业

英国利兰好像是被诅咒过一样,1994年罗孚集团被德国宝马购入后,又成为公司亏损最严重的业务。这迫使宝马在2000年将路虎品牌及资产按市场价转卖给了美国福特公司,将罗孚品牌旗下的部分技术资产和MG品牌以10英镑的象征性价格出售给了英国凤凰财团(Phoenix Consortium),这样德国宝马在2000年后仅保留了原英国利兰旗下的MINI品牌。凤凰财团后在英国政府的支持下成立了新MG罗孚集团,被认为是英国国内最后一个拥有大规模整车生产能力的机动车制造企业。但仅仅5年后,MG罗孚集团再次难以支撑,再次筹划分拆售卖。这吸引到了来自中国、伊朗、俄罗斯等国企业的兴趣,最后的结果是中国南京汽车集团以5300万英镑价格购入MG罗孚集团,获得了MG品牌和罗孚品牌的部分技术资产。之后,中国上海汽车集团又在2007年并购了南汽集团,在MG品牌基础上生产MG名爵牌汽车,在罗孚品牌生产线和技术的基础上生产荣威牌汽车。此后在2008年全球金融危机肆虐时,美国福特公司为挣脱财务困境,将旗下1989年收购来的捷豹品牌及资产、2000年收购来的路虎品牌及资产和2006年购得的罗孚品牌打包出售给了印度塔塔财团(见表5-1)。

表5-1 英国利兰旗下品牌资产分拆售卖的最终结果

利兰旗下轿车品牌	最终结果
①凯旋(Triumph)	1984年被放弃
②路虎(Land Rover)	2008年后为印度塔塔财团所有

① "Sale of Rover Group to British Aerospace", Trade and Industry Committee, the First Report of Session 1990-1991, House of Commons, p.v(Paper No.HC 34).

续表

利兰旗下轿车品牌	最终结果
③罗孚(Rover)	2008年后为印度塔塔财团所有
④捷豹(Jaguar)	2008年后为印度塔塔财团所有
⑤莫里斯(Morris)	1984年被放弃
⑥MG(Morris Garages)	2007年后为中国上汽集团所有
⑦迷你(MINI)	2000年后为德国宝马集团所有
⑧奥斯汀(Austin)	1986年被放弃

资料来源:笔者整理。

回溯1968年以来英国利兰旗下8大品牌的最终归宿,不得不让人唏嘘感叹。伴随20世纪80年代撒切尔夫人放弃对国内机动车制造企业保护,以及英国进一步融入欧共体,使得跨国汽车巨头纷纷进入英国投资设厂。到2000年时英国六大整车制造企业分别为美国福特、美国通用、日本尼桑/法国雷诺合资、日本本田、日本丰田、美国克莱斯勒/德国梅赛德斯/法国标致合资。它们将英国作为汽车装配和出口欧洲的基地与踏板。以丰田为例,1989年开始筹建英国子公司,1992年丰田(英国)开始进行生产,2002年时80%的产出用于出口,且出口市场又可细分为对欧75%和其他的5%。由此可以想见,志愿部门和新成立的国际发展部在1997年将废除"援助与贸易条款"引入国内政治议程时,英国本土汽车品牌被售卖殆尽,整车出口主力均是跨国公司,市场重心也在欧洲;再也不会有1977年英国利兰在议会积极发声,且迅速得到政府重视,成功推出并巩固以对外援助资金补贴英国企业出口的历史再现。

三、英国机动车制造业的后福特主义转型

2005年在MG罗孚集团再次被分拆出售后,英国已没有大规模整车制造企业了,但在英国贸工部的数份报告中,还是将机动车与航天航空、化学制药一道列入了英国制造业的三大领军部门。这是因为:第一,英国机动车制造部门自我定位为跨国汽车巨头布局欧洲的桥头堡,即使没有了自己的整车品牌,汽车零部件供给和整车装配等行业还是在英国得到

了较好的发展;第二,英国利兰的衰落只是代表了机动车部门在中低端市场的衰落,英国至今仍是全球高端奢华汽车品牌的重要玩家,只是这些企业对于捆绑援助所涉及的最不发达国家市场兴趣不大;第三,英国在机动车部门相关生产性服务领域,如汽车工程设计咨询等行业,仍处于全球领先地位。

(一)英国机动车部门融入欧盟价值链

保守党政府 1979 年上台后逐步减少了对国内机动车制造业的补贴,但还是有保存国内就业等的顾虑,所以在 20 世纪 80 年代初与日本汽车企业洽谈来英投资建厂的过程中,还是与日方提出了需保持一定比例零部件在当地采购的君子协定。因为在国际整车出口竞争中已无立身之地,所以英国也是较早专注于汽车零部件生产的国家,且在动力系统制造等领域保有比较优势。英国在 1999 年约有 11 万人受雇于车辆制造行业,15 万人则受雇于零部件制造行业。①

此外伴随地区一体化的深入,英国成为美日汽车巨头进入欧盟单一市场的最佳跳板。因为法国和德国还保有自己的整车品牌,政府或直接或间接地提供补贴和保护,阻碍美日企业赴欧洲大陆投资建厂;而英国保守党政府无论是基于经济意识形态还是基于英国利兰等自 1975 年后就再无赢利的现实考虑,都决定放宽美日企业来英投资的限制,尤其是日本三大汽车公司(丰田、本田和尼桑)后来甚至成为英国汽车生产的主导力量。这样,美日企业在英国就近进行零部件采购、或直接投资于零部件生产领域,然后在英国进行整车装配,之后再出口欧洲市场,完成其欧洲战略的构建。英国 2002 年时在欧洲前二十大汽车零部件供应商中占有十七席。② 英国汽车制造商协会在向下议院提交的备忘录中也说:英国汽车部门在 1999 年吸引到 60 笔外国投资,这带来了 7000 个新岗位,进一步维护了 1.2 万个岗位。英国仍是投资者在欧洲选择汽车生产地时最具

---

① 数据来源:"Vehicle Manufacturing in the UK", Trade and Industry Committee, the Third Report of Session 2000-2001, House of Commons, p. 74(Paper No.HC 128).

② "The Competitiveness and Productivity of UK Manufacturing Industry", Trade and Industry Committee, the Third Report of Session 2001-2002, House of Commons, p.Ev 93(Paper No.HC 597).

吸引力的国家。英国的汽车产业为车辆和零部件制造提供了坚实的运营基础。英国国内市场足够大,且是投资者进入欧洲单一市场的最高效路径。①

(二)英国超高端汽车品牌的比较优势

英国是世界上众多超高端汽车品牌的发源地。目前这些超高端品牌被分为三类:一是部分已被国外企业收购的奢华品牌;二是仍为英国品牌的部分;三是与赛车运动相结合的跑车品牌。劳斯莱斯是英国第一类高端品牌的代表,于1904年诞生于英国,曾是英国皇家专用汽车品牌,但在1997年被德国宝马公司收购;旗下另一高端品牌——宾利,则在同年被德国大众收购。但劳斯莱斯曾在一战时转向飞机发动机制造,且这一部分成为日后主营业务,1978年英国国防装备集团公司接管了劳斯莱斯的军工部分。第二类高端品牌包括阿斯顿·马丁、库根、NOBLE等。阿斯顿·马丁成立于1914年,曾在1987年被美国福特公司收购,但又在2007年被英国买回。库根和NOBLE等小众豪华车型,则极具个性,前者年产不足千辆,后者则不足百辆,都是走先订购后制造的运营方式,以运动跑车、家族企业、手工打造等作为主打标签。

英国的赛车运动行业每年的营业额在13亿英镑左右,雇佣了约15万员工,与4000多家本土企业保有业务往来。F1作为全球最高水平、最为昂贵的赛车运动,在过去50年中冠军一直为英国车队垄断,如迈凯伦车队的至尊地位;意大利车队法拉利是唯一夺得过F1冠军的非英国车队。目前F1十一家车队中有八家车队的基地设在英国。且F1不单单是一项体育运动,涡轮增压、地面效应、主动悬挂、双层扩散器等技术都是先在F1赛场上出现,后用于民用机动车生产的;此外,F1大奖赛及其周边产品在世界范围内的推广,也使其在娱乐业、公关策划业等领域创造了更多的价值。

(三)英国机动车工程设计行业的繁荣

汽车设计工程行业(Automotive Design Engineering Sector)是专业咨

---

① "Vehicle Manufacturing in the UK", Trade and Industry Committee, the Third Report of Session 2000-2001, House of Commons, p. 79(Paper No.HC 128).

询部门的一个分支,涵盖初期产品概念、车辆设计、设计分析、动力系统设计与发展、样机制造、安全分析、材料与复合技术使用、电子系统、仿真测试等业务。英国的汽车设计工程行业在世界范围处于领先地位。下议院贸易与产业委员会 2000—2001 年会期报告中曾提道:英国约有 20 家独立车辆工程设计公司,每年的营业额在 10 亿英镑,3/4 来自服务及知识产权等隐性出口,这显示出英国汽车设计在全球市场中的重要地位。在过去五年间,其销售翻了一番,对英国设计产品和服务的需求增长强劲。①

与福特主义时代为每一个家庭生产一辆经济型轿车的市场主流不同,目前欧美日汽车市场已进入后福特主义时代,各大汽车巨头需要不断使用新技术、推出新车型,以适应竞争激烈的细分市场,这就给了汽车设计工程行业带来了巨大的发展机遇。李嘉图公司(Ricardo)是英国最大的汽车工程设计企业,2004 年的营业额为 1.46 亿英镑,雇佣了 1700 名员工,占到英国这一行业营业总额和员工数量的 25%。美国通用汽车公司在 1998 年意识到自己需要一个 3.6 排量六缸发动机用于全球生产线。但当时通用公司内部的设计部门难以在短期内实现突破,于是通用找到李嘉图公司来联合设计"全球六缸发动机"。联合团队表现出色,按期交付了产品,且在设计过程中使用了新技术,在产品表现、质量和进入市场的时间等方面建立了行业新标准。②

此外,当下全球机动车生产部门面临新一轮调整,主要表现在两方面:一是生产和市场向新兴国家转移,从原英国利兰品牌在 2005 年后基本被印度和中国企业收购这一事实中就可看出;二是自动驾驶技术和环保规范在机动车制造部门的落地,在电子工程设计和环保技术领域处于优势地位的英国,会不会在 21 世纪中期重新成为机动车制造行业的巨头,十分令人期待。

---

① "Vehicle Manufacturing in the UK", Trade and Industry Committee, the Third Report of Session 2000-2001, House of Commons, p. 88(Paper No.HC 128).
② 李嘉图公司相关信息参见 Department for Business Enterprise & Regulatory Reform of UK, "Competitiveness and Productivity of the UK Design Engineering Sectors", Feb., 2008, p. ,194 & 230.

第六章　2002年英国废除捆绑援助政策

　　2000年12月英国政府发布白皮书《消除全球贫困：使全球化为贫困人口服务》，宣布从2001年4月1日起废除捆绑援助政策；这一决定又在2002年2月英国下议院通过的《国际发展法案》中得到了确认。在统计数据上，英国在2002年领先于其他西方大国首先实现了对外援助零捆绑。

　　英国国际发展部已在1997年出版了白皮书《消除全球贫困：21世纪的挑战》，将对外援助的目标重新聚焦于减贫；为什么短短三年后就再次发布白皮书呢？这是因为1999年WTO西雅图会议时爆发的大规模反全球化运动，使国际发展部不得不就全球化与各国发展之间的关系作出回应。2000年白皮书显示出国际发展部更加肯定全球化的积极方面，希望以制度建设等方式弥补或重塑全球化给弱势群体带来的负面影响。此后，2001年11月启动的WTO多哈回合也被称为"发展回合"，也是对西雅图事件的一种回应；而2005年WTO香港会议所提出的"促贸援助"（Aid for Trade，AfT），也是一脉相承。所以考察1999年WTO西雅图反全球化动员的核心内涵是理解英国2000年白皮书及之后的全球发展治理实质的一个切入点。

　　服务贸易及知识产权在GATT乌拉圭回合期间已成为多边贸易谈判的核心议题，更遑论1999年WTO西雅图会议及之后的多哈回合。第三产业的高速发展与服务贸易的全面兴起是涉及全球经济结构性变化的重大问题，而英国作为第三产业化最突出、服务经济最发达的西方国家，其贸工部在贸易议题上数十年来主张保护补贴第二产业的立场，在世纪之交也自然而然地转变为回应第三产业推动全球服务贸易自由化的呼声。

同时考虑到国际援助链向服务咨询部门的全面转移,可知对外援助去捆绑在政府机构层面上的最大阻力已悄然"变脸"。本章第一节将梳理英国政府内部援助相关机构围绕捆绑政策的角色变化与关系调和;第二节将为界定英国对外援助的全面服务化提供证据;第三节将着重考察英国对外援助相关的服务咨询公司在捆绑援助政策上的立场与需求。

第一节　对外援助零捆绑及国内政治过程

英国在 2002 年实现对外援助零捆绑包含了两个重要步骤:一是在2000 年白皮书《消除全球贫困:使全球化为贫困人口服务》中宣布从2001 年 4 月 1 日起实现全面去捆绑;二是 2002 年英国下议院通过《国际发展法案》,再次巩固了英国对外援助的单一减贫目标,使得零捆绑有了坚实的法律基础。笔者将在本节首先介绍这两个文件的主要内容,然后就相关国内政治过程进行分析。

一、英国捆绑援助政策的废止

自 1982 年拉美债务危机爆发起,新自由主义经济意识形态就成为国际发展援助的主导思想。但转型国家和发展中国家在"华盛顿共识"下的各种改革却没有迎来期望中的结果,特别是 1997 年东南亚金融危机和1999 年西雅图反全球化运动的爆发,使得后华盛顿共识呼之欲出。而新制度经济学就成为国际发展援助的新晋指导思想,戴维·兰德斯(David Landes)1998 年推出的《国富国穷》(*The Wealth and Poverty of Nations*)一书和斯蒂格利茨(Joseph Stiglitz)同年在联合国贸发会议上的演讲《走向新的发展范式》(*Towards a New Paradigm for Development*),就是这一趋势的典型代表。而英国 2000 年白皮书对全球化一分为二的看法,和希望以高效的政府与有效率的市场结合,推动全球化向所有人受益的方向发展,在减贫事业中最大限度地发挥积极作用,也是为新制度经济学背书的结果。

2000 年白皮书由 8 个章节组成,第一章介绍了本轮全球化蕴含的各种挑战,如加剧了贫富分化、资本账户开放带来了金融风险等,其余七章为英国政府所提出的以制度路径解决当下困境的相关措施,包括:投资社会部门、增加私人投资和贸易、确保环境可持续以及完善援助有效性与其他多边制度等。其中,第七章"让发展援助更有效"涉及了对外援助去捆绑的相关内容。英国政府在这一章中提出了对外援助的四项承诺,以帮助实现全球化下的包容性发展:一是 ODA 预算在英国 2003—2004 财年相对于 1997—1998 财年上涨 45%,达到 36 亿英镑,使 ODA 占 GNP 的比重提升至 0.33%,并在可期望时段内最终实现 0.7%目标;二是致力于提升国际发展援助用于贫穷国家的比重,提升援助有效性,减轻受援国负担,单边废止捆绑援助政策,并为实现多边去捆绑而努力;三是计划推出一部新的国际发展法案,在 2001 年年初形成草案,以取代过时的 1980 年《海外发展与合作法案》,巩固英国以减贫实现发展的对外援助路径;四是为致力于减贫目标的重债穷国实现更快捷、更大规模的减免债务。

　　英国下议院在审议文件中写道:"对外援助去捆绑的决定,也许是 2000 年全球化白皮书中最具吸引力的地方。"[1]2000 年白皮书认为捆绑援助政策有三大缺陷:一是违背了"物有所值"原则,据估算将援助与购买援助国产品和服务相捆绑会减少援助款本身约 25%的价值;二是非常没有效率,例如医疗援助来源于多个国家捆绑销售的设备或服务,与受援国的需求不匹配,且繁杂的协调工作极大干扰了援助款项的使用效率;三是助长了 ODA 实践中的援助国驱动路径,援助国相关机构关注的是合同与承包商利益,而不是受援国的发展,这影响了英国对外援助减贫目标的实现。[2] 基于这些原因,政府决定自 2001 年 4 月 1 日起实现英国所有 ODA 的去捆绑。

　　在 1997 年和 2000 年白皮书的基础上,英国下议院在 2002 年 2 月通过了《国际发展法案》,规定英国的对外援助仅可用于减贫目标。1980 年

---

　　① "The Globalisation White Paper", International Development Committee, the First Report of Session 2000-2001, House of Commons, p.xvii(Paper No.HC 208).

　　② "Eliminating World Poverty: Making Globalisation Work for the Poor", the White Paper on International Development, House of Commons, Dec., 2000, p.94(Paper No.Cm 5006).

《海外发展与合作法案》仍然是在 1929 年《殖民地发展与福利法案》的文本基础上修改而来的,且是撒切尔夫人执政初期希望增加英国对外援助政治经济动机考量的产物。早在英国下议院 1996—1997 年会期,就有工党议员提出应出台新法案,禁止援助与武器交易挂钩,将英国的对外援助拉回到减贫目标上来,并为声势日大的社会、环境和人权规范背书。1997年白皮书也提到,考虑起草新的对外援助法案以替代已不合时宜的《海外发展与合作法案》。在 1980 年法案中,国务大臣拥有为促进其他国家或地区发展、维持其经济、增加人民福利,而向任何人或团体提供援助的权力。国务大臣可决定提供援助的条款和条件。① 而在 2002 年法案中,国务大臣可向任何人或团体提供发展援助,如果他确信援助的提供有可能对减贫作出贡献。② 这就从法律层面将英国的对外援助限制于单一减贫目标,捆绑援助政策因其内含的国内经济目标而成为非法措施。

此外,2000—2002 年也是多边去捆绑的关键时段。OECD 发展援助委员会在 1998 年得到授权,开始《关于官方发展援助去捆绑建议》文件的起草工作。七国集团作为 OECD 的核心成员,在 2000 年冲绳峰会上确认:"为提高 ODA 有效性,我们决定实现对最不发达国家的援助去捆绑……我们相信这份协议将在 2002 年 1 月 1 日生效。"此后,OECD DAC最终在 2001 年 4 月 1 日同意通过《关于官方发展援助去捆绑建议》文件,要求成员国自 2002 年 1 月起实现对最不发达国家在除技术合作和粮食援助之外的零捆绑。值得注意的是,当时"技术合作"已是国际发展援助的绝对主流,该文件事实上只涵盖了 OECD 所有双边援助的 12%③。前文提过,ODA 在 20 世纪六七十年代获得严格定义前,通常被称为对外经济技术援助。这意味着 ODA 最为重要的两个援助种类就是资金援助和技术援助。前者以向受援国直接提供资金为特点;后者最初是以提供科

---

① The National Archives-UK Legislation,见 http://www. legislation. gov. uk/ukpga/1980/63/pdfs/ukpga_19800063_en.pdf.

② The National Archives-UK Legislation,见 https://www. legislation. gov. uk/ukpga/2002/1/pdfs/ukpga_20020001_en.pdf,登陆时间 2017 年 12 月 1 日.

③ DFID Background Briefing,"Untying Aid",Sept.,2001,p. 1.

学技术为主,后概念外延不断扩展,并最终包含了"能力发展"(Capacity
Development)这样横跨自然科学和社会科学的援助类型,目前多以培训
受援国学习和利用西方先进政治经济社会制度为主要内容。而国际援助
链从生产性部门和基础设施建设领域向减贫、经济改革、制度建设和环境
保护等更多依托咨询服务部门的转变过程,也是技术援助超越资金援助
成为 OECD 国家对外援助主流的变化过程。所以 OECD 2001 年去捆绑
规范文件中技术援助例外的条款,充分展示了西方援助走向全面服务化
后,国内经济动机在相关决策中仍发挥着重要作用。OECD 2007 年文件
也印证了这种判断(系 2001 年 OECD 文件的最后修正版):"一般认为,
OECD DAC 成员国在投资相关技术合作和独立技术合作部分的政策,可
能是由维持援助国国民参与的重要性所引导的。"①

　　而英国在 2002 年所实现的是全面去捆绑,没有任何国别、部门和援
助类型的限制,为什么英国对外援助的承包商不惧怕技术援助去捆绑呢?
将技术合作援助例外条款引入 OECD 2001 年文件的西方国家不具备英
国这样的道德水准吗? 或者说,英国对外政策的道德性高于 OECD DAC
的平均水平吗? 但无论是历史上"没有永远的朋友只有永恒的利益"还
是最近的脱欧公投,都体现出英国在对外事务中突出的现实主义与实用
主义色彩。

二、贸工部与国际发展部的新共识

　　在 2000—2002 年间,国际发展部与贸工部间的关系出现了一个新变
化:英国政府内部的两大机构在全球化及其具体议题领域建立了共识。
服务贸易在乌拉圭回合时就已是本轮全球化的核心内容,2001 年多哈回

---

① DAC Recommendation on Untying Official Development Assistance to the Least Developed Countries and Highly Indebted Poor Countries,25 April 2001–DCD/DAC(2001)12/FINAL amended on 26 Sept.,2007–DCD/DAC(2007)41,"In respect of investment-related technical cooperation and free standing technical cooperation,it is recognized that DAC Members' policies may be guided by the importance of maintaining a basic sense of national involvement in donor countries alongside the objective of calling upon partner countries' expertise,bearing in mind the objectives and principles of the Recommendation."

合的开启又为贸工部与国际发展部在服务贸易自由化相关议题上提供了新的合作空间。此外,在 2000 年白皮书下议院听证会中,传统产业的代表——英国工业联合会竟没有出席,这使得咨询服务行业协会代表——英国咨询局获得了更为重要的地位。同时这也印证了之前的判断:在捆绑援助的两种形式中,混合信贷等与第二产业出口集团密不可分,而作为特殊政府采购的无偿赠款捆绑则与服务出口部门的关系更为密切。

从第四、五章中可看出,英国国内的去工业化和后福特主义趋势在 20 世纪 90 年代已十分明确了,唯一有可能继续支撑对外援助经济动机、挑起国际发展部与贸工部之间传统矛盾的就是军工产业了。例如国际发展部在 2001 年 12 月反对英国航空航天集团对坦桑尼亚价值 2800 万英镑的军用雷达系统出口计划,认为这一项目没有必要,且不符合坦桑尼亚的减债条件。但经过政府内部讨论,首相决定支持贸工部,批准了这项出口计划。但这种情况已越来越少,且基本脱离了捆绑援助的讨论范畴。且服务贸易主导地位的确立又为贸工部与国际发展部建立新共识提供了广阔的空间。

(一)贸工部依托产业重心的变化

贸工部的机构变更历程可反映出其依托产业结构的变化:机构的源头是 1786—1970 年间存在的英国贸易委员会(Board of Trade);1970 年英国政府首设贸工部,在 1974 年后分立为产业部和贸易部两个机构;然后在 1983 年再次合并恢复为贸工部,这种机构建制一直持续到 2007 年,这也完全涵盖了本书的研究时段。在此之后,贸工部被分立为商务、企业与监管改革部(Department for Business, Enterprise and Regulatory Reform)与创新、大学与技能部(Department for Innovation, Universities and Skills),很快在 2009 年又合并为商务、创新与技能部(Department for Business, Innovation and Skills)。2007 年后的机构名称非常能够反映出英国去工业化、第三产业化和后福特主义的产业结构特点。但 2016 年的脱欧又使得英国在 20 世纪八九十年代后建立起的以欧盟价值链为主要依托的第二产业布局面临更多的不确定性。特蕾莎·梅首相也在上任伊始就将商务、创新与技能部和能源与气候变化部合并成为新的商务、能源与产业战略部(Department for Business,Energy and Industrial Strategy),当然这是后话。且第三产业相对于第二产业在政府机构中话语权的提升,也明确表现在贸工部对出口信贷议题的态度上。例如,"英国出口信用担保局与贸工部在支持英国出口商政策上缺乏一致性"①。担保局作为英国的出口信贷管理机构,在行政序列上是直接受贸工部领导的,但由于服务业对出口信贷或捆绑援助政策下混合信贷和软贷款等的兴趣不高,担保局并没有像贸工部那样实现产业依托重心的转移,这也就造成了两者在 2000年担保局政策再评估中的分歧。

(二)国际发展部对服务贸易自由化的支持

英国 2000 年白皮书是回应西雅图反全球化运动的产物:1999 年 12月 WTO 西雅图部长级会议失败后,克莱尔·肖特建议英国国际发展部出版第二份白皮书,关注全球化的影响。② 英国志愿部门在西雅图事件中发挥了重要作用,且有相当部分的 NGO 采取了反全球化的立场,认为全球化所带来的贫富分化不仅发生在发达国家与发展中国家之间,更发生在发展中国家内部,给国际发展援助事业带来了极大的消极影响。而英国国际发展部倾向于肯定全球化的正面价值:

> "在 1999 年西雅图会议上,国际发展部和我(指克莱尔·肖特)坚定地站在支持贸易的一边,认为这将给贫穷国家带来更好的机会。"在对待 WTO 的态度上,"我们没有看到任何证据能够表明 WTO是不民主或不透明的。目前只是一个步骤的失败,而不是结构的失败。"③

---

① "The Future of the Export Credits Guarantee Department", Trade and Industry Committee, the Third Report of Session 1999-2000,House of Commons,p.xx(Paper No.HC 52).

② Barder,Owen,"Reforming Development Assistance:Lessons from the UK Experience", Center for Global Development Working Paper,p. 20.

③ "After Seattle-The World Trade Organization and Developing Countries", International Development Committee,Tenth Report of Session 1999-2000,House of Commons,p.vi(Paper No.HC 227).

具体来讲，WTO 西雅图会议关注两个议题：一是发达国家应减少农业补贴；二是应进一步推动服务贸易自由化、加强知识产权保护。在这两个议题上，英国国际发展部和贸工部都形成共识。英国是欧盟国家中第一产业十分弱势的国家，大量进口农产品。而欧盟的共同农业政策实质上是在补贴法国等地区农业大国；在欧盟多次扩大后，第一产业规模庞大的东欧国家，如波兰、匈牙利等，成为新的受益国。在 WTO 农业相关问题谈判中，英国贸工部相对于欧盟主流而言，是主张减少补贴、推动农产品贸易自由化的。同时在英国国际发展部看来，以共同农业政策为代表的发达国家农业高补贴高保护取向，对发展中国家是十分不利的：一方面推高了国际农产品价格，降低了发展中国家满足国内基本需求的能力；另一方面也使发展中国家难以利用廉价劳动力等优势，实现在国际农产品贸易领域的突破。

更为重要的是，英国国际发展部在服务贸易领域所采取的支持进一步保护知识产权、推动贸易自由化的立场，使其与贸工部在英国贸易政策上形成了更大共识。但这也使得国际发展部与传统支持力量——以 NGO 为代表的志愿部门——产生了明显的分裂。例如克莱尔·肖特在下议院作证时说：

> "我认为在知识产权领域，其实也是可贸易服务领域的一些协定上，NGO 所认为的，这些都将损害发展中国家利益，是对落后国家的压迫等观点，我们是不同意的。我们认为合理的知识产权保护能够为一国吸引外来投资创造条件，能够为发展中国家自己的发明提供保护。"[①]

克莱尔·肖特与 NGO 的分歧还体现在如何在国际层面推动劳工标准等议题上。她认为，探讨和提升劳工标准问题的最佳场合是国际劳工组织，

---

① "After Seattle-The World Trade Organization and Developing Countries", International Development Committee, the Tenth Report of Session 1999-2000, House of Commons, p. 164 (Paper No.HC 227).

而不是 WTO,NGO 执意在 WTO 议程中加入这一议题是十分不明智的。跨国公司在发展中国家设厂所提供的薪资水平和福利待遇虽远远低于发达国家的劳工标准,但在多数时候是优于东道国私营部门的劳工待遇的,在相对意义上有助于改善落后国家贫穷人口的生活质量。在2000年白皮书下议院听证会上,克莱尔·肖特再次明确了其对服务贸易的态度:"如果去过发展中国家,国际发展委员会的委员们就会发现,一些银行系统的开放带来的是质量更高、监管更完善的银行系统,人民更易于获得金融服务以做些小生意;而开放国内的保险、财务、会计等行业,是因为很多发展中国家的确需要这些;服务部门的开放使很多国家获得了更高效的经济管理能力,并最终帮助改善其经济表现。"[1]

(三)两部委在"道德贸易"等议题中的共识与合作

英国企业、NGO 和工会在20世纪90年代中期发起"道德贸易倡议",首先是对英国进口提出更高要求,然后向全球出口企业在劳动力报酬、歧视、童工、强制劳动、自由结社、集体谈判、健康与安全等领域推广高标准,以减少全球化时代的"向下竞争"(Race to Bottom),保护全世界出口企业雇员的劳工权利。英国 ETI 最早的三个监控项目是:南非酿酒业、津巴布韦园艺业和中国服装业。英国贸工部和国际发展部围绕 ETI 开展了一系列合作。贸工部是英国"道德贸易"相关事务的直接负责机构;在英国下议院贸易与产业委员会1999年3月的听证会上,明确表达了对道德贸易的高度支持(very keen to encourage ethical trading)。[2] 而国际发展部则是国际劳工组织劳工标准发展事务在英国的对口管理机构,为支持 ETI 在1997—2000年间的运转提供了50万英镑的经费。

此外,WTO 2001年11月会议是西雅图会议后的第一个部长级会议。其间,WTO 成员方一致决定开启新一回合的贸易谈判,即直到今日仍未

---

① "The Globalisation White Paper", International Development Committee, the First Report of Session 2000-2001, House of Commons, p.5(Paper No.HC 208).

② "Ethical Trading: Report, together with the Proceedings of the Committee, Minutes of Evidence and Appendices", Trade and Industry Committee, House of Commons, Session 1998-99, p.v (Paper No.HC 235).

结束的多哈回合。WTO 成员方希望多哈回合致力于让贸易规则对落后国家更公平,成为一个真正的发展回合(New Round on Development Agenda)。① 多哈回合谈判也成为英国贸工部进入新世纪后的第一项重要工作,西雅图反全球化运动中的核心议题——农业保护、知识产权、服务贸易等也自然是其关注焦点。英国贸工部在 2004 年 7 月发布了白皮书《让全球化成为积极力量》(Making Globalisation a Force for Good),基本内容与国际发展部 2000 年白皮书一致,也是希望通过发挥制度的作用使国际自由贸易体系让贫困人群受益。2005 年 12 月 WTO 香港会议上所提出的"促贸援助",要为最不发达国家建立贸易相关的技术援助综合框架。这既是西雅图事件的一种解决方案,也使得 WTO 进入多边发展援助舞台,同时为各国贸易部与援助部进一步寻求合作空间提供了机遇,英国当然亦不例外。

第二节　英国对外援助的全面服务化

中文文献关于援助的研究多强调西方援助的人工费占总支出的惊人比例,例如欧美对外援助预算 50%—60% 都是人员费,西方援助人员待遇要求高、没有中国人能吃苦等。但值得注意的是,高昂的人工费并不只是因为西方援助工作人员的高工资,而更多是因为其援助多以专业服务的形式输出,这种知识密集型/信息密集型发展援助的主要成本就是具备专业知识的人力资源价格。

一、对外援助服务化的表现

就统计数据而言,英国在 2001—2002 财年各个援助类型的资金占比为:减贫预算支持(17.75%)、其他财务援助(17.48%)、技术合作(31.38%)、赠款与其他援助形式(19.47%)、人道主义援助(12.74%)和

---

① Short,Clare,*An Honourable Deception? New Labour,Iraq,and the Misuse of Power*,London: Free Press,2004,p. 260.

减债(1.17%),其中减贫预算支持是指直接向受援国提供教育、卫生等方面的财政预算,赠款与其他援助形式是指将资金用于支持国际组织和NGO发展中国家办公网络在当地的援助项目。① 在国际发展部上一版的援助统计报告中还是以项目或部门援助、方案援助、技术合作、赠款和其他援助形式、人道主义和减债这样的形式统计的。② 这两版间的最大区别是项目或部门援助这种更多涉及第二产业的援助类型不再具有统计意义,英国的对外援助走向了全面服务化。

就援助形式而言,西方发展援助在20世纪70年代前也是以修路架桥为主的,世界银行还一度被称为"大坝银行"。但20世纪80年代以来,各种新型方案援助如雨后春笋般出现,成为西方援助服务化的主要表现。除了之前就有的技术援助(Technical Assistance)及其基础之上的能力建设外(Capacity Building),全部门路径(Sector-wide Approach,SWAp)和总预算支持(General Budget Support,GBS)等方案援助类型开始成为西方发展援助的主要形式。

具体来讲,技术援助的概念最初是相对狭义的,主要指工业化等相关的理工类技术;20世纪80年代后西方技术援助的概念外延极大扩展,包括制度能力培养(Institutional Capacity)等政治经济社会层面的"技术",如审计能力、选举技术、央行制度的建设与培养等。这样,技术援助与能力建设之间的界限就越来越模糊,被广义地界定为:个人、组织、机构和社会在履行职能、解决问题、制定和实现目标过程中的能力发展过程。③

全部门路径,最初被称为部门投资方案,是指多个援助方协调,以直接资金注入为主要形式来支持受援国某一社会部门的运转,如卫生或教育部门等。相比较于分散的援助项目,全部门路径的优点是将援助作为部门总预算的一部分,在整体框架下推动援助资金更高效地使用,降低交易成本,吸引更多私人资本进入。这种援助方式是在吸取以往项目援助

---

① DFID,"Statistics on International Development",2011.

② DFID,"Statistics on Interantional Development",2006.

③ 周弘:《外援在中国》,社会科学文献出版社2007年版,第52页。

破碎分散、后续资金跟进困难、与受援国整体发展战略难以对接等缺陷的基础上提出的,是援助有效性倡议的重要组成部分。例如,"在许多低收入国家,政府与援助方正在远离传统的援助方式,同时开启了一种新路径来改革卫生部门"①。从表面上看,这种直接将大规模现金注入受援国财政预算的援助方式非常慷慨,但制度经济学主导下的援助实践,其程序往往十分复杂且对政府效率要求很高。受援国要申请全部门路径援助,必须首先制定清晰的部门战略和政策,并形成正式报告,如减贫战略文件(PRSPs),向西方传统援助国或国际组织提交;欧美国家的国际发展咨询公司在协助受援国政府制定方案的过程中获得了巨额利润。例如与英国国际发展部合作密切的发展咨询公司——亚当斯密国际咨询公司(Adam Smith International),在 2011 年"承建"的三个援助项目是:肯尼亚市场援助方案(Kenya Market Assistance Programme)(390 万英镑)、为塞拉利昂国家供水与卫生政策技术援助提供服务(Service Provider for Technical Assistance National Water and Sanitation Policy)(1470.4 万英镑)、尼日利亚基础设施咨询服务第二阶段(Nigeria Infrastructure Advisory Facility Phase 2)(9832 万英镑)②。其次,SWAp 响应援助有效性倡议中的"所有权"原则,主张依靠受援国国内规划与实施体系推进社会部门建设;这就需要西方大量的制度能力建设援助,以全面改革受援国国内政治制度、培训各个官僚体系。最后,SWAp 援助资金的使用要求全程透明,以达到援助有效性等倡议对"问责制"(Accountability)的要求;且援助方会根据受援国披露的阶段性数据来决定是否提供下一时段的援助。这就使得资金使用的审计工作异常重要,会计师事务所等专业咨询机构在这一过程中获得了大量订单。

总预算支持与全部门路径很相似,是指受援国根据自身经济发展的需求向援助方申请预算支持,援助方根据事先设定的前提条件进行审核

---

① Peters,David & Shiyan Chao,"The Sector-wide Approach in Health:What is it? Where is it Leading?" *International Journal of Health Planning and Management*,Vol. 13,No. 2,1998,p. 177.

② Global Justice Now,"The Privatization of UK Aid:How Adam Smith International is Profiting from the Aid Budget",April,2016,p. 21.

后,将援助款项整体下拨给受援国,原则上不再介入援助资金后续的分配和使用工作。受援国在方案制定、具体实施和后续审计等阶段对西方发展类服务提供商有巨大需求。印度、肯尼亚等前西方殖民地国家的企业虽已开始尝试进入发展咨询服务领域,但欧美国家在服务业发展程度、人力资源素质、国际语言能力、长期援助实践等方面的优势仍是其他国家难以比拟的。英、美、法等国在服务咨询部门的垄断在中短期内是难以改变的。

二、服务行业协会在援助政策议程中的崛起

在英国下议院对 2000 年全球化白皮书的审议中,有 32 个利益相关方提交了书面证词,但并未包含以往在对外援助政策议程中十分活跃的英国工业联合会。而代表第三产业利益的英国咨询局则发挥了比以往更大的影响力,并在证词中直言“咨询局可以说是代表了关注这一政策(指捆绑援助)的最大商业群体。”[1] 2000 年白皮书提出废除英国的捆绑援助政策,直接涉及 3 亿英镑的对外援助预算,其中有 1.9 亿英镑是用于咨询业务的,直接与咨询局的工作相关。此外,研究相关的咨询企业还可能受益于另外 1 亿英镑的研究合同预算。这相当于英国咨询局成员全球年收入的 7% 左右。[2] 这也充分证明了英国对外援助的全面服务化态势,一共涉及 3 亿援助预算的政策变动,英国该服务行业协会竟涉及其中的 2.9 亿英镑。

咨询局的主要关切是英国的单边去捆绑很可能使自身失去撬动多边进程的武器。因为咨询局代表了全世界竞争力最强的服务出口企业,所以实现全球零捆绑才是其终极目标,只有当所有的援助项目都进行全球公开招投标时,咨询局成员才能获得最大规模的订单和利润。这个“时机”就是指英国的这次决策能否最大限度地撬动多边去捆绑。英国咨询

---

①   "The Globalisation White Paper", International Development Committee, the First Report of Session 2000–2001, House of Commons, p. 51(Paper No.HC 208).

②   "The Globalisation White Paper", International Development Committee, the First Report of Session 2000–2001, House of Commons, p. 51(Paper No.HC 208).

局在下议院的证词是：

> "单边援助去捆绑毫无疑问是勇敢的一步。如果这能够触发全球范围内的去捆绑，且受援国能够得到实际的益处，这将被证明是非常值得的。虽然如此，认真监控这一举措的结果，不要英国企业为这一政策牺牲了，但最终发现对世界也没什么影响。"①

> "尽管有这些担心，咨询局还是接受英国双边对外援助去捆绑已是既定事实。"②

此外，咨询局本身的演变也能够反映出英国第三产业集团海外业务及其相关行为体的变化历程。咨询局是在工程咨询联合会、建筑产业出口联合会和贸易委员会的联合倡议下于1965年成立的，可以看出辅助生产性部门和基础设施建设的海外工程咨询是其初创阶段的核心业务。在1977年英国下议院征询是否设立"援助与贸易条款"时，咨询局有200个左右的成员企业，涉及石油、农业、矿产、建筑和规划等咨询行业。在被问及英国政府应如何改善对贸易系统驻外官员的培训时，咨询局代表回答道：

> "（英国政府）过于重视推销商品，而不是服务。应在政治考虑和推销制造业商品的同时，增加对无形出口和咨询的重视。"③

> "咨询局成员企业难以支付海外项目可行性研究的费用。英国应该仿照日本和法国，以援助或信贷的方式为可行性研究提供补贴。英国现在的情况是可以向海外发展部申请类似资金，但程序烦琐，经常使东道国政府对此失去兴趣；而贸工部和出口信用担保局现在还

---

① "The Globalisation White Paper", International Development Committee, the First Report of Session 2000~2001, House of Commons, p. 53（Paper No.HC 208）.

② "The Globalisation White Paper", International Development Committee, the First Report of Session 2000~2001, House of Commons, p. 52（Paper No.HC 208）.

③ "Trade and Aid, Volume 2: Evidence and Appendices", Select Committee on Overseas Development, the First Report of Session 1977~1978, House of Commons, p. 91（Paper No. 125-II）.

没有机制来处理这类事务。它们的兴趣集中在已经规划好的项目，或曰大型项目上。"①

这样可以看出，在 ICT 革命未完全展开时期，服务出口集中于矿产勘探、建筑规划等领域，基本为中小企业，相对于第二产业行业领军企业，并未得到英国贸工部和海外发展部的充分重视。而到了 2000 年，英国咨询局的会员企业扩展至 300 余个，涉及 115 个不同的咨询领域，如经济、商务、卫生、教育、农业、制度发展、环境、工程等。会员不仅包括高度专业化的中小企业，也包括如英国文化委员会（British Council）、皇家代理机构这样的政府长期合作伙伴（类似于中国的事业单位），还有如毕马威、普华永道等跨国会计咨询巨头，在发展中国家拥有完善的当地办公网络和无人能撼动的全球竞争力。这是英国第三产业伴随 ICT 革命迎来服务贸易繁荣的表现，同时英国下议院贸工委员会和国际发展委员会等在 20 世纪 90 年代后对咨询局的重视程度也相较于 70 年代有了质的提升。

咨询局在 2006 年更名为英国精英技术咨询局（British Expertise），表现出整个行业对"英国拥有全世界最为发达的独立专业服务部门"的自信。而根据英国政府所设独立机构"对外援助影响评估独立委员会"（Independent Commission for Aid Impact, ICAI）的报告，在 2011—2012 财年，国际发展部公开招标的 135 项企业合同中，前五名承包商所得项目资金规模占总规模（4.89 亿英镑）的 50%；年度实际花费前五位的企业分别为皇家代理机构、亚当斯密国际咨询公司，茂特（Mott McDonald）、普华永道以及剑桥教育集团，都属于提供专业服务的公司，涉及发展咨询、建筑工程咨询、审计财务服务和教育培训等行业，基本是英国咨询局的成员。这与 20 世纪七八十年代以第二产业资本品出口企业占主导的对外援助部门分配格局形成了鲜明对比。伴随英国产业结构的变化，英国咨询局

---

① "Trade and Aid, Volume 2: Evidence and Appendices", Select Committee on Overseas Development, the First Report of Session 1977-1978, House of Commons, p. 94 (Paper No. 125-Ⅱ).

相对于工业联合会获得了更强的国内影响力,成为贸工部主要的沟通对象,这必然会促发贸工部对捆绑援助政策的立场变化,从保护国内落后的第二产业到推动全球服务贸易自由化转变。以下是2016年度英国国际发展部前20位援助项目承建商的情况简介,基本都属于服务咨询行业,绝大多数是英国企业。

表6-1　英国国际发展部2017年前20大援助承建商

排序	公司名称	所在行业	总部所在地	获得的英国援助资金	代表性合同
1	普华永道	会计服务	英　国	9205万英镑	刚果(金)私人部门发展咨询;巴尔干及中亚地区公共部门改革良政基金管理
2	发展选择国际咨询公司	发展咨询	美　国	8650万英镑	埃塞俄比亚财政与经济发展部土地投资转化方案计划
3	亚当斯密国际咨询公司	发展咨询	英　国	8408万英镑	尼日利亚太阳能、经济发展方案
4	守护神咨询公司(Palladium)	发展咨询	澳大利亚	7811万英镑	尼日利亚儿童健康、肯尼亚计划生育、坦桑尼亚人类发展基金
5	毕马威	会计服务	荷　兰	5736万英镑	国际气候基金的管理实施
6	皇家代理银行(Crown Agents Bank)	发展咨询	英　国	4859万英镑	管理索马里稳定基金和发展基金
7	IMC世界咨询公司(IMC Worldwide Ltd)	发展咨询	英　国	4665万英镑	巴基斯坦教育项目
8	牛津政策管理(Oxford Policy Management)	发展咨询	英　国	4637万英镑	巴基斯坦地方治理
9	皇家代理机构	发展咨询	英　国	3716万英镑	以技术手段帮助底层发声

续表

排序	公司名称	所在行业	总部所在地	获得的英国援助资金	代表性合同
10.	艾奕康（AECOM）	综合设计	美 国	3418 万英镑	
11	茂特	工程管理	英 国	3058 万英镑	
12	科菲国际发展	发展咨询	澳大利亚	2539 万英镑	
13	麦肯锡	管理咨询	美 国	2025 万英镑	
14	曼尼思丹尼尔斯公司（Mannion Daniels）	卫生与社会保障	英 国	1268 万英镑	
15	IPE 全球	发展咨询	印 度	1102 万英镑	
16	澳普逊咨询服务公司（Options Consultancy Services Ltd）	卫生发展咨询	英 国	837 万英镑	
17	卡德诺服务公司（Cardno）	基建与环境服务	澳大利亚	797 万英镑	
18	肯尼亚市场信托，NGO（Kenya Markets Trust）	市场构建	英国基金会背景	766 万英镑	
19	WYG 国际公司（WYG International Ltd）	交通规划	英 国	705 万英镑	
20	麦克斯韦斯坦普公共有限公司（Maxwell Stamp PLC）	发展咨询	英 国	642 万英镑	

资料来源:https://www.devex.com/news/top-2017-dfid-private-sector-implementers-92148。

第三节　英国对外援助相关服务咨询企业

第三产业企业的规模异质性突出,既有发展咨询类中小企业,也有跨国咨询巨头。英国咨询局的会员企业也有这样两极分化的特点。本节将挑选这两类企业中的典型代表进行详细介绍,以期为读者理解英国对外援助全面服务化及相关的服务咨询类企业提供参考。

一、中小型发展咨询公司:以 HTS 为例

HTS 集团(Hunting Technical Services Group)是一家主攻国际发展业务的中小型咨询公司,1953 年前后进入发展援助领域,已在 140 多个国家完成了超过 2000 个项目。它还曾作为英国咨询局会员代表参加了 1977 年下议院讨论设立"援助与贸易条款"问题的听证会[1],在发展咨询类中小企业中具有一定的代表性。HTS 在 2011 年出版了回顾其参与国际发展援助链 50 年历程的书籍——《在国际发展中的五十年:HTS 在 1953—2003 年间的工作》(*Fifty Years in International Development:The Work of HTS 1953-2003*)。这本书显示,HTS 的目标市场一直是发展中国家,企业规模小到难以衡量其国际竞争力,所以它在英国废除捆绑援助政策中的角色,很大程度上取决于其产品本身的性质,可作为第 7 类企业(市场在发展中国家/第三产业服务咨询出口/国际竞争力较弱)的代表。作为一家发展咨询类公司,HTS 对于捆绑援助项下的混合信贷和软贷款诉求不高,而对于捆绑援助项下的特殊政府采购有一定需求。但因服务出口商对自身独立性的重视,所以在游说捆绑援助等政府补贴中表现出一定程度的犹豫。

HTS 的母公司(Hunting 集团)诞生于 1874 年的英国,最初业务集中在航运领域;两次世界大战期间,集团开始进入石油和航空产业领域,这

---

① "Trade and Aid, Volume 2: Evidence and Appendices", Select Committee on Overseas Development, the First Report of Session 1977-78, House of Commons, p. 83(Paper No. 125-II).

就涉及航摄勘测等技术,并在 1943 年收购了一家相关的技术公司,并改名为 HAL(Hunting Aerosurveys Limited),第二次世界大战期间曾为英国皇家空军服务。1945 年后,各参战国的重建和殖民地独立建国后的国民经济规划起步等都亟须地质勘测类服务提供商,于是 HAL 转回民用领域,主要业务就是利用航空拍摄技术为资源勘探、土壤调查、用地规划等提供技术服务和数据支持。

　　HAL 的一名管理人员 1953 年在伊拉克出差期间,意外获得了美国一家援助机构在约旦绘制当地植被地图的项目,这就成为公司进入国际发展援助链的标志。之后相关业务接踵而来,例如 1954 年伊拉克发展委员会希望在底格里斯河的支流上修建大坝,并寻找企业为其制定如何利用水库存水进行灌溉的计划。同时 HAL 开始与英国海外工程咨询企业 MMP 等建立合作关系。1956 年苏伊士运河事件及 1958 年伊拉克革命对公司在阿拉伯地区的业务产生了不利影响,甚至出现了公司员工被当地司法机关以间谍罪收监的事情。但风波过后 HAL 在当地的业务逐渐恢复,中东地区就这样成为这家英国公司进入国际发展援助链初期最为重要的市场。

　　在起步阶段,咨询公司的独立性和公正性对企业日后发展的影响就已经成为 HAL 考虑的重点。例如:

　　　　"伴随公司的成长,对于内外关系的担忧和显示出独立性面貌的需求开始出现。这在与工程咨询企业和援助机构(如世界银行)的合作中尤其突出。为解决这一问题,HAL 将其自然资源部改组为子公司 HTS(Hunting Technical Services)。"①

　　这就是说,HTS 的诞生是基于咨询服务商保持独立性的考虑。HTS 的最初业务包含地质和土地资源两大领域,前者多是承接石油和矿业企

---

　　① Thompson,Peter et al., *Fifty Years in International Development：The Work of HTS* 1953-2003,Taupo：Austin Hutcheon,2011,p. 21.

业的数据外包,后者则通常是作为土工工程公司的分包咨询商,为政府或援助机构的项目计划、融资和执行提供数据和信息。1965 年 HAL 再次重组,面向油矿企业的地质相关业务划归给了新建的子公司 HG&G(Hunting Geology and Geophysics Ltd),这使得 HTS 能够更专注于农业咨询业务(主要是土地和水资源的利用),以独立咨询公司的姿态全身心地投入到国际发展事业中去。图 6-1 为 HTS 在 1965 年时的公司组织架构,其市场已完全转向发展中国家。

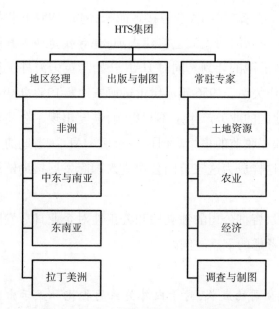

图 6-1 HTS 公司 1965 年时的组织结构图

资料来源:Peter Thompson etc., *Fifty Years in International Development:The Work of HTS 1953-2003*, Taupo:Austin Hutcheon,2011,p. 22。

20 世纪七八十年代是 HTS 发展战略和业务调整的关键时期,在 1977 年后甚至陷入了长达 10 年的亏损。这一方面是因为新技术,如卫星遥感、雷达测绘等的出现,使得 HTS 不得不进行内部升级换代;另一方面各受援国逐渐走上了发展的正轨,再加上国际援助链的变化,使得国际市场对土地和资源基础调查类业务的需求逐渐下降。于是,HTS 开始涉足城市规划、旅游发展和生态保护等领域,并开始直接受雇于受援国政府。HTS 在 70 年代成为印度尼西亚中央政府规划和建议机构的一部分，涉及灌溉、移民安置和环境议题，且这种合作关系持续了十几年。① 所以 HTS 对于自身独立咨询企业的身份和名望无比珍视，在处理与援助国政府关系时非常谨慎。

20 世纪 90 年代，伴随华盛顿共识和后华盛顿共识的到来，制度建设成为国际发展援助的核心。对应发展产业而言，培训能够在新制度下工作的人力资源就成为一个新的增长点，HTS 作为一家专业的发展咨询公司也不失时机地转型了。HTS 在 70 年代就涉足过临时性的培训业务，但使其培训事业走向正轨的关键一步却是 1986 年在中国四川省开始的项目。HTS 在四川农科院开展了为期 4 年的技术援助、设备采购和培训工作，关注焦点是水土保持与农业开发，这种长时段、较大规模的人力资源培训工作为 HTS 带来了更多的机会。HTS 在 1987—1992 年间应英国海外发展署的要求，进入赞比亚中部省开展大型培训项目（350 人/月），重塑其省和地区一级行政机关，培训当地公务员，以使其更好地适应新制度。这一项目使得 HTS 在制度发展类方案援助中站稳了脚跟，1994—1997 年间再次接到了英国海外发展署在赞比亚的治理咨询项目——对赞比亚地方政府与住房部进行公共服务改革培训。制度改革类项目的敏感性使得 HTS 独立咨询企业的身份非常重要，如果不是以公开招投标而是以捆绑援助的形式介入，会影响其工作的质量和可信度。

独立和名望是咨询公司得以生存的命脉。再如 HTS 曾在 20 世纪 90 年代初柬埔寨重建中获得了欧共体援助的一个合同。这项任务要求 HTS 与联合国相关机构及 NGO 紧密合作。NGO 群体在柬埔寨有着举足轻重的地位，甚至被柬政府质疑是要在当地建立平行权威体系。此时突然有 NGO 提出 HTS 的母公司涉及地雷相关的军工技术研发，并发起了对 HTS 的联合抵制。联合国机构与欧共体都希望避免任何对其

① Thompson, Peter et al., *Fifty Years in International Development: The Work of HTS* 1953-2003, Taupo: Austin Hutcheon, 2011, p. 39.

名声有损的风险,选择站在了 NGO 一边,这使得 HTS 不得不退出了柬埔寨项目。

HTS 一直都很清楚,英国政府的 ODA 是其理想的资金来源,能够提供大型合同、公平薪酬和明智技术监督[①],但 HTS 所希望的是以更好的管理和技术水平在对外援助项目招投标中胜出,"不断调整自身角色以适应迅速变化和充满不确定性的市场"[②]。且跟随发展援助链的变化,从地质勘探和辅助工程建设到后来的制度建设和人力资源培训,HTS 的业务在受援国的角色越来越敏感;这使它一方面青睐英国对外援助的资金,一方面又对来自援助国政府任何带有补贴、帮助和扶持企业性质的款项十分犹豫。所以 HTS 很难像建筑部门的代表那样,在议会听证中开诚布公地要求英国对外援助机构设置日本化,以捆绑援助保护英国企业在第三世界市场存活下去。1998 年 HTS 被另一家英国公司兼并;2003 年是 HTS 进入国际发展领域 50 周年,在牛津大学圣安东尼学院资助下,召开了关于国际发展问题的工作坊;2007 年通过管理层收购,新的 HTSPE 公司得以建立,还是一家英国公司,还是专注于国际发展业务。

二、跨国咨询巨头:以普华永道为例

四大会计师事务所(普华永道、德勤、安永和毕马威)是目前全球财务咨询行业的翘楚,分支机构遍及世界各个角落,很难确切说是哪国的企业。其中普华永道、德勤和毕马威都起源于英国,而目前总部依然设在英国的只有普华永道,而安永起源于美国,但目前将总部改设在了伦敦,所以在研究英国财务咨询类企业时,普华永道就成为一个较好的切入点。就市场范围而言,发达国家是四大会计师事务所的传统市场,新兴市场国家是其新的增长点,甚至最不发达国家也有可能是其未来希望。所以在企业分类中,可以将以普华永道为代表的跨国财务咨询巨头

---

① Thompson, Peter et al., *Fifty Years in International Development: The Work of HTS 1953-2003*, Taupo: Austin Hutcheon, 2011, p. 111.

② Thompson, Peter et al., *Fifty Years in International Development: The Work of HTS 1953-2003*, Taupo: Austin Hutcheon, 2011, p. 4.

划入到第 8 类企业(市场涉及发展中国家/第三产业服务出口/国际竞争力强)。

普华永道中的普华部分(Price Waterhouse)1849 年成立于伦敦,主要是因为当时大量英国资本流入美国和其他殖民地,英国的会计师们就需要定期代表客户到东道国开展审计工作,以向英国投资者报告。20 世纪初美国的资本市场发展起来,普华等会计公司找到了更大的市场,例如当美国钢铁公司 1903 年首次上市其投资证券时,雇佣了普华会计师事务所来保证上市文本对英国投资者的吸引力。其实质是通过第三方审计机构,使上市公司的财务信息更加标准化也更具信用,最终更好地实现融资。这是四大会计师事务所和独立审计制度在 100 多年间不断发展壮大的现实基础;也解释了为什么行业内巨头多起源于英国:服务于投资者获取信息的需求,而伦敦是当时的国际金融中心。目前除了最初的审计业务外,四大会计师事务所还普遍利用其人力资本优势拓展税务、咨询等服务领域。

(一)会计咨询行业与发展援助的交集

会计咨询业从表面上看与国际发展援助相距甚远,但普华永道却在相当长的时间内位列英国对外援助十大项目承包商。根据最新的统计数据,普华永道在 2015 年和 2016 年都是英国国际发展部的最大项目承包商。那么这类企业执行的是什么项目?从 20 世纪 80 年代末开始,OECD为中东欧地区建立代议民主和市场经济体制提供了大量援助,也被称为是"建议版马歇尔计划"(A Marshall Plan of Advice);相似地,在其他受援国不断被推进的结构调整计划,一旦涉及私有化、自由化等内容,同样需要普华永道等会计、法律咨询服务商的深度参与。也就是说,会计师事务所是宏观经济改革类和良政方案援助的主要受益企业群体,活动遍及全球欠发达地区。但由于这两类援助在特定时间段内高度聚焦于中东欧转型国家,该地区就成为会计师事务所等专业咨询企业最活跃、最繁忙的地区。例如:

"六大会计师事务所被主要援助国视为推动中东欧国家完成转

型相关援助项目最合适的承包商。这些公司从美国国际开发署、欧盟、英国 KHF 基金(Know How Fund)、世界银行和欧洲复兴开发银行那里获得了大量的合同。"①

英国政府在 1989 年年初建立专门的 KHF 基金,来帮助中东欧国家完成转型。该项基金最初由外交部东欧司管理,后移交国际发展部,作为英国对外援助的一部分。在英国下议院贸易与产业委员会 1998 年关于英国与中东欧经贸关系的报告中写道:

> "在我们赴中欧的考察中,听到的关于 KHF 基金的评价总体上是正面的。大量的英国专家正在当地扮演着重要角色,例如为退休金改革、股票交易和资本市场等制度建设提供建议。"②

英国外交部也组织编写了《冷战后的转型外交:英国 KHF 基金在欧洲前共产主义国家(1989—2003)》(*Transformational Diplomacy after the Cold War: Britian's Know How Fund in Post Communist Europe 1989-2003*)一书,整理记录了英国 KHF 援助的主要内容。书中也列举了 KHF 1989—1990 年间在波兰的所有项目,其中财务服务与宏观经济建议类 34 个、管理培训类 8 个、教育类 8 个、卫生类 11 个、地方治理类 1 个、警察类 1 个、就业服务类 1 个,占据了主导地位;剩下的还有产业项目类 10 个、自然资源类 8 个、能源类 4 个、电讯类 1 个(见表 6-2)。

---

① Wedel,Janine R.,*Collision and Collusion:The Strange Case of Western Aid to Eastern Europe 1989-1998*,Macmillan,1998,p. 29.

② 参见"Industrial and Trade Relations with Central Europe", Trade and Industry Committee, the Twelfth Report of Session of 1997-1998,House of Commons,见 https://publications.parliament.uk/pa/cm199798/cmselect/cmtrdind/893/89308.html,登陆时间 2017 年 12 月 20 日。

表 6-2　1989—1990 年 KHF 援助波兰的项目

类　别	项目名称	金　额	项目描述
财务服务与宏观经济建议	会计部门任务	2.9 万英镑	项目识别
	会计培训项目	40.93 万英镑	在波兰开展 5 年的会计培训项目
	会计规则再评估	1.5 万英镑	建议波兰政府起草会计标准
	在波兰试行私有化项目	160 万英镑	提供咨询团队以识别和帮助波兰国有企业私有化
	建立资本市场	7600 英镑	波兰财政部官员参观伦敦证券交易所
	出口发展银行	61 万英镑	帮助金融市场为波兰私营部门提供金融服务的技术援助
	外国投资机构	10 万英镑	关于外国对波兰投资申请的建议
	经济顾问	6 万英镑	向波兰财政部派遣一名宏观经济顾问
	建立新银行	3 万英镑	建立新银行的技术援助
	数据处理	2.2 万英镑	使波兰的计量经济模型适应 IMF 的标准规范
	保险咨询	30 万英镑	改组波兰国家保险公司

资料来源：Keith Hamilton, *Transformational Diplomacy after the Cold War*: *Britian's Know How Fund in Post Communist Europe 1989-2003*, Routledge(Whitehall History Series) , 2013, pp. 163-174。

　　普华永道中的永道部分(Coopers & Lybrands)是会计师事务所中较早在中东欧地区注册的企业。截至 1991 年,永道已在华沙、布达佩斯、布拉格、布加勒斯特、莫斯科和圣彼得堡建立了办公室。相关书籍记录了这样一段历史:

　　"据永道员工大卫·托马斯描述,他当时 40 岁,英国籍,是带领永道进入中东欧的先锋。当时公司在中东欧约有一半的业务来自对外援助订单:从运营美国与波兰财政部、环保部建立的大型环保项目,到评估转型对波兰女性造成的影响,从评估阿塞拜疆的油气储量,到执行 USAID 支持的波罗的海三国私有化方案,从援助罗马尼亚起草私有化法律,再到保加利亚航空的私有化方案等。"①

(二)捆绑援助如何影响普华永道的利益

经过了 1890 年至第二次世界大战前、1945 年至 20 世纪 70 年代末,以及东欧剧变后至今的三次大规模扩张浪潮后,普华永道的客户遍及全球,甚至是最不发达国家,一旦建立了资本市场,或加入全球价值链,就对独立审计企业产生了现实需求,就成为普华永道等的目标市场。英国咨询局内部出版物曾有记录:

> "在美国一取消对越南的经济封锁后,咨询局在 1992 年 9—10 月间迅速组团赴越南去发现市场机会,却发现此时会计公司已然在越南站稳了脚跟。"②

前文提到华盛顿共识甚至是现在的千年发展目标等也都已将会计咨询行业拉入了国际发展援助链,所以对外援助去捆绑对普华永道的商业利益是会有影响的,但却在很大程度上是正面的。

就国际竞争力而言,四大会计师事务所在 2016 年的全球营业额达到 1280 亿美元,在 150 多个国家设有分支机构,雇佣了超过 89 万员工,就像 19 世纪的大英帝国那样,四大成了"日不落企业"。③ 普华永道又是四大中雇佣人数和市场份额最高的一个,国际竞争力毋庸置疑,包括对外援助预算在内的任何政府采购如果涉及会计咨询行业,一旦采用全球公开招投标的形式,都更可能是普华永道的囊中之物。有学者通过对比英国服务合同去捆绑前后的中标商来源国分析发现,英国的完全去捆绑行为并未影响其经济,84% 的合同被英国和欧盟厂商拿

---

① Wedel, Janine R., *Collision and Collusion: The Strange Case of Western Aid to Eastern Europe 1989-1998*, Macmillan, 1998, p. 51

② *BCB Mission to Vietnam*, 26th September-3rd Oct., 1992, p. 13.

③ Peterson, Jim, *Count Down: The Past, Present and Uncertain Future of the Big Four*, Emerald Publishing Ltd., 2017(2nd edition), p. 4.

到,美国拿到2%、加拿大5%、发展中国家9%。① 就寡头内部竞争而言,虽然存在有从过去八大会计师事务所到现在四大的转变,但这其中的合并和破产却并不是捆绑援助的资金规模可以轻易撬动的,真正的触发点还是在服务产品的敏感性上。在 2001 年的"安然丑闻"(Enron Scandal)中,与安然公司有 16 年合作关系的安达会计师事务所违规销毁相关审计文件,以掩盖做假账、虚报赢利、欺骗投资者的行为。这使其独立审计的信用瞬间崩塌,"八大"之一的安达信破产,并最终奠定了现在的"四大"格局。

在产品属性方面,普华永道与 HTS 是相似的。独立性是服务咨询行业的生存之本,独立审计制度存在的最大功能就是保障财务信息的可获取和真实性。除此之外,知识密集型部门对出口信贷等资金的兴趣相对于第二产业资本品出口部门是非常低的。曾在普华永道长期工作的保罗·吉利斯(Paul Gillis)在书中写到:

> 以四大为代表的会计咨询业对物质资本的需求较低,而人力资本和社会资本才是其运营和获取利润的主要支撑。这样的低资本密集型行业,即使不能获得资本市场的帮助也可以实现业务繁荣,所以人才而不是资方在公司运营中享有更大的权力。②

结合普华永道等在目标市场、产品属性和国际竞争力方面的情况,可以判定它基本属于第 8 类企业(关注发展中国家市场/第三产业服务出口/国际竞争力强)。这类企业对捆绑援助政策是有所关注的,最理想的情况是多边零捆绑,所以援助去捆绑规范在全球范围内的传播和内化对其是有利的。但如果这在短期内实现不了,如英国这样的大国进行单边去捆绑对其现实利益的影响也是很小的。且基于保持企业独立性的考

---

① 数据来源: Chimia, Annamaria La, *Tied Aid and Development Aid Procurement in the Framework of EU and WTO Law*, Bloomsbury Publishing, 2013, p. 179。

② Gillis, Paul L. , *The Big Four and the Development of the Accounting Profession in China*, Emerald, 2014, pp. 42-43.

虑,不会如第 5 类企业那样去阻碍政府的去捆绑决策,而是要尽量将单边去捆绑引导成为撬动多边去捆绑的杠杆。而英国国际发展部也曾多次表态,会利用七国集团峰会、欧盟委员会、OECD 相关谈判等国际场合,积极推动多边去捆绑。

第七章　中国与全球发展治理

20 世纪 90 年代以来,以 OECD DAC 集团为代表的援助卡特尔对国际发展事务的垄断,使得越来越多的受援国对传统援助体系不满,例如非洲联盟在 2001 年提出的"非洲发展新伙伴计划",呼吁受援国主导自身发展的所有权,与援助国建立平等的伙伴关系等。同时,受援国群体中也有发展较好的国家从援助名单中"毕业"并成为新兴援助国,金砖国家就是典型。有学者将这种转变描述为国际发展的革命:北方发达国家不再垄断南方受援国的资金、技术和知识来源。国际援助事业经历了一场"寂静的革命"①。新兴援助国与西方传统援助国在对外援助的指导原则、实施机制、效果评估等方面呈现出较多的差异,甚至被认为是国际发展领域出现的竞争性制度萌芽②。这当然也使得受援国再次获得了在援助国之间进行选择的权利。而中国又是新兴援助国家的代表,在 2000 年后对外援助规模不断扩大,吸引了世界的目光。中国的对外援助被认为在"历史厚度和经验广度上不亚于任何一种成熟的西方援助"③。中国在国际发展领域的崛起,一方面给传统援助体系带来了新鲜气息,另一方面也必然会受到主流制度、规范和文化等的影响和

---

① 查道炯:《南南合作运动历程:对"一带一路"的启示》,《中国国际战略评论》2018 年上,第 205 页。

② 如庞珣:《新兴援助国:垂直范式与水平范式的实证比较研究》,《世界政治与经济》2013 年第 5 期;Mwase, Nkunde & Yongzheng, Yang, "BRICs' Philosophies for Development Financing and Their Implications for LICs", IMF Working Paper, No. 12/74, March 2012;Zimmermann, Felix & Kimberly, Smith, "More Actors, More Money, More Ideas for International Development Cooperation", *Journal of International Development*, Vol. 23, No. 5, 2011, pp. 722–738.

③ Brautingam, Deborah, *Chinese Aid and African Development: Exporting Green Revolution*, London: Macmillan Press, 1998, p. 4.

约束。

　　对外援助去捆绑规范,自 20 世纪 70 年代开始出现,因其符合经济学基本原理和受援国的发展利益,而越来越为世界人民所接受。20 世纪 90 年代开始出现的一系列国际文件也逐步确立了对外援助去捆绑作为主流发展规范的地位:1992 年生效的《赫尔辛基宣言》,敦促主要援助国降低对外援助的商业色彩;2002 年成效的 OECD 建议文件,要求成员国逐步将对最不发达国家的援助捆绑率降为零;2008 年 OECD 又将去捆绑的范围从最不发达国家扩大至重债穷国。2018 年又进一步将适用范围扩展至国际发展协会所有的受援国。此外,对外援助去捆绑率在 2002 年蒙特雷发展融资会议上被列为千年发展目标的量化指标之一(Indicator 8. 3 for Goal 8);在 2005 年有效援助高层论坛巴黎会议上,去捆绑率进入援助有效性指标体系;在 2008 年有效援助高层论坛阿卡拉会议上,援助去捆绑被列入四大核心议题,其他三个为援助可预测性、援助国家体系与援助条件性。

　　本章将着重分析中国与英国在对外援助政策上的差异。同时,笔者将尝试总结产业结构差异对中英两国援外政策的影响,并梳理中国与日本、韩国等第二产业见长的东亚国家在对外援助行为上的相似性和潜在合作空间。

第一节　中英对外援助政策比较

　　中国的对外援助在 2000 年后开始快速增长,但与西方传统援助国集团相比,规模差距仍很大。根据《中国的对外援助》白皮书的数据,中国在 1950—2009 年间对外援助总额为 2562. 9 亿人民币,2010—2012 年间总额为 893. 4 亿人民币。英国在 1960—2009 年间的 ODA 总额为 1498. 75 亿美元,2010—2012 年间的总额为 407. 77 亿美元,约相当于中国对外援助的 4 倍和 3.2 倍。而在 2010—2012 年间,美国作为全球第一援助大国,其援外规模为 912. 75 亿美元,约相当于中国的 7. 15 倍;日本的对外援助规模在同一时段则是中国的 2. 57 倍;OECD DAC 这三年的

ODA 总规模约为 3906 亿美元,相当于中国的 30 倍。① 且 OECD DAC 成员国的援助以赠款为主,2013 年时无偿援助比例超过了 88%;而中国对外援助在 2010—2012 年间的无偿援助比例为 36.2%,其余则为无息贷款 8.1% 和优惠贷款 55.7%。

就对外援助的地区分配而言,中国与西方的差异并不明显,都是以撒哈拉以南非洲、南亚和东南亚等的欠发达国家为主。但就对外援助的投放领域或部门分配而言,中国更多聚焦于经济基础设施建设领域;而西方对外援助的全面服务化态势已十分明显,以一般预算支持、能力发展、技术援助等形式向社会部门投放了大量的援助资源。本节将首先分析中国对外援助管理实施体系的历史由来,然后就中英援助资源部门分配比较及双方在相关领域的已有合作进行梳理。

一、中国的对外援助管理实施体系

目前,中国的对外援助主要由三类资金组成:商务部及下属事业单位负责实施的无偿赠款和无息贷款部分②,以及中国进出口银行负责实施的政府贴息优惠贷款部分。无偿援助主要用于受援方在减贫、民生、社会福利、公共服务以及人道主义等方面的援助需求;无息贷款主要用于受援方在公共基础设施和工农业生产等方面的援助需求。这两类资金的项目实施企业资格认定的基本要求为"系依照中国法律在中国境内设立的法人、所有出资人均为中国投资者"③。优惠贷款主要用于支持受援方有经济效益的生产型项目、资源能源开发项目、较大规模的基础设施建设、提供大宗机电产品和成套设备。这一类资金的使用制度为"由中方企业为

---

① 数据来源:OECD 数据库,https://stats.oecd.org/;《中国的对外援助》白皮书(2011、2014)。

② 2018 年中国国际发展合作署成立后,承担起了原商务部援外司的相关工作;但在对外援助的实施上还是延续了商务部下属国际经济合作事务局负责成套项目和物资援助、下属国际经济技术交流中心负责技术援助,以及商务部培训中心负责人力资源培训援助的机构格局。(来源:对商务部工作人员的访谈 2018 年 11 月 8 日)

③ 中国商务部官网,见 http://ywzggl.mofcom.gov.cn/zhinan.shtml,登陆时间 2018 年 11 月 10 日。

总承包商/出口商,设备、技术、材料和服务优先从中国采购,中国成分原则不低于50%(工程类项目可适当放宽)。"①这种实施机制的产生有着深刻的国内历史根源,也同时受到国际因素的影响。前者是指新中国成立后中国对外援助的实施机制,如总交货人部制和承建部负责制等,是内嵌于国内计划经济体制的,至今仍有相关政府机构及其改制后建立起的各类企业在援外实施中扮演重要角色;后者是指中国改革开放与市场经济体制的建立,特别是与世界银行等西方援助机构的互动,使得招投标制在中国逐步建立完善。

(一)中国对外援助管理实施制度的演变

根据《中国的对外援助》白皮书,新中国在1950年正式开始援外工作。最初中国只是提供少量的物资和现汇援助,由中央政府直接向相关部委下达援外任务,并没有建立专门的管理机构和实施机制。自1954年起,中国开始向外提供成套项目援助,援外工作的内容和程序因此变得复杂起来,援外管理开始实行"两部委制":外贸部负责对外谈判和签订协议,并通过各进出口公司实施物资援助项目,国家计委按照不同的专业向有关部委下达援外任务②。1955年万隆会议后,中国开始着手援助非社会主义国家,1956年柬埔寨成为我国援助的第一个阵营外国家。中国援外规模的扩大使得中央政府开始考虑建立专门的管理机构和实施机制。

1961年3月,第二届全国人大常委会第二次会议批准设立对外经济联络总局,作为国务院的直属机构,归口管理对外经济技术援助工作,后又在1964年升格为对外经济联络委员会。当时的外经系统与外交系统、外贸系统构成了中国对外三大战线,受中央直接领导,充分突出了对外援助的国际政治目标。与此同时,对外经济联络总局确定以"总交货人部制"作为中国对外援助的实施机制,具体内涵为:由一个专业相关的部委担任总交货人,由该部根据援外的具体项目选调人员、准备材料、勘察援建场地、编制援助预算、提供设备材料、进行设计安装并负责调试机器和

---

① 中国商务部官网,见 http://caiec. mofcom. gov. cn/article/g/201610/20161001406979. shtml,登陆时间2018年2月24日。

② 参见周弘编:《中国援外60年》,社会科学文献出版社2013年版,第3页。

培训人员。① 当时,各部委拥有众多的直属企事业单位,在国家计委的领导下,将援外项目编入某一中央部委的年度计划,有利于在计划经济体制下确保援外项目的落实。对外援助纳入国家经济计划意味着几乎全部的援助设备材料都是从国内订货的。现实中,中国外经系统也是以一年两次的援外机电设备订货会为主要采购形式。

表 7-1　中国对外援助管理机构及实施机制演变

时　间	管理机构	实施机制
1950—1960	对外贸易部+国家计委	
1961—1970	对外经济联络总局(委员会)	总交货人部制
1971—1982	对外经济联络部	承建部负责制
1983—1992	外经部与外贸部合并为对外经济贸易部,后改名为对外贸易经济合作部(1993)	承包责任制/投资包干制
1993—2017	对外贸易经济合作部,后又合并为商务部	招投标制
2018 至今	中国国家发展合作署	招投标制

资料来源:根据刘鸿武、黄梅波等著《中国对外援助与国际责任的战略研究》(第四章"体制与机制:中国对外援助的体制机制及其演变")绘制。

伴随"一条线、一大片"外交战略的提出,中国的对外援助规模在 20 世纪 70 年代迅速扩大,四五计划期间(1971—1975 年),每年的援外支出占中央财政支出和国内生产总值的比例平均高达 5.88% 和 1.71%②,对外经济联络委员会也在 1970 年被进一步升格为对外经济联络部。同时中苏矛盾进一步升级,围绕"以战备为纲",中共中央和国务院开始进行精简机构和权力下放,以在各个地方形成相对独立的经济体系,适应随时可能到来的大规模战争。这使得大批原本由各中央部委主管的企事业单位下放地方政府管理。如 1970 年 3 月,国务院拟定了《关于国务院工业交通各部所属企业下放地方管理的通知(草案)》,决定将大庆油田、长春一汽、开滦煤矿、吉林化学工业公司等 2600 多个中央直属企事业单位下放地方管理。③ 这使得在"总交货人部制"下外经部依靠中央部委落实援

①　参见周弘编:《中国援外 60 年》,社会科学文献出版社 2013 年版,第 4 页。
②　本书编写组:《方毅传》,人民出版社 2008 年版,第 501 页。
③　《中华人民共和国国史全鉴·第四卷》,团结出版社 1996 年版,第 4237 页。

外项目有一定困难,以动员各地方在中国对外援助中发挥更高积极性的"承建部负责制"应运而生。这一机制是指援外项目由有关行业主管部门与项目筹建单位所在地方政府共同承担。以中国 1971 年对罗马尼亚"五五计划"的援助实施分工列表为基础,可对我国当时内嵌于计划经济体制的对外援助实施体系有更为直观的理解(见表 7-2)。

1992 年党的十四大确立中国经济体制改革的目标是建立社会主义市场经济体制,对外援助管理实施体制也作出了相应的变革,招投标制度得以建立。1994 年对外经贸部负责人吴仪在中国外经贸战略国际研讨会上提出"大经贸战略":要将外贸、资本流动和国际经济合作有机结合起来,充分利用两个市场、两种资源。对外援助作为中国参与国际经济合作的途径之一,也要进行改革,努力做到资金来源多样化和内容形式多样化。与此同时,组建政策性银行,以实现银行政策性和商业性业务分离的金融系统改革工作也在进行中。中国银行原有的促进国家进出口的相关业务交予新成立的中国进出口银行,中国建设银行原本承担的为国内"两基一支"事业筹融资的相关业务交予新成立的国家开发银行,中国农业银行的政策性金融部分则交予新成立的中国农业发展银行。1995 年 5 月国务院下达了《关于改革援外工作有关问题的批复》,开始由中国进出口银行向外提供优惠贷款,作为中国对外援助在新阶段的重要组成部分。苏丹石油勘探开发项目是中国优惠贷款援助支持的第一个项目:根据中国石油天然气勘探开发公司向中国进出口银行提出的申请,中国政府于 1995 年 12 月批准向苏丹石油项目提供优惠贷款。[①] 此后,中共中央又提出了鼓励中国企业向外投资的"走出去"战略。在这一背景下,中国政府应埃及方面的提议在 1998 年年初设立了第一个海外经贸合作区,由天津开发区承建。截至 2018 年上半年,中国已在 46 个国家建立了 113 个经贸合作区,总投资达到 348.7 亿美元。此外,2000 年 10 月应非洲国家要求,首届中非合作论坛在北京召开。该论坛每三年举行一届部长级会议,另择合适时机举行首脑峰会,例如 2006 年北京峰会、2015 年约翰内斯堡

---

① 石广生编:《中国对外经济贸易改革和发展史》,人民出版社 2013 年版,第 395 页。

峰会以及 2018 年 9 月召开的中非合作论坛北京峰会。应该说,1992 年后的一系列改革与创新,如招投标制的建立、中国进出口银行开始对外提供优惠贷款援助、投资建设海外经贸合作区以及创立中非合作论坛等,奠定了今天中国对外援助的制度基础。当然,在这样的制度框架下,资本密集型第二产业企业,尤其是其前身在计划经济体制时期就参与中国对外援助实施工作的各级工程类企业和国际经济合作类企业,构成了中国对外援助的国内产业基础。

表 7-2　1971 年中国援罗马尼亚成套项目分工表

项目名称	承建部	承建省	承建单位	协作承建省	协作承建单位	设计单位
汽车模具厂	一机部	吉林省	长春第一汽车制造厂			一机部长春汽车工厂设计部
液压气动元件厂	一机部	上海市	上海机电一局	辽宁省	辽宁机械局	一机部机床工厂设计处
电气测量仪表厂	一机部	黑龙江	哈尔滨电表仪器厂	上海市	上海仪表局	一机部第八设计院西安分院
裸铜线厂	一机部	天津市	天津机械局			一机部上海电缆研究所
仪表机械元件厂	一机部	上海市	上海仪表局	上海市	上海机电一局	一机部第八设计院西安分院
电工设备和电工模具厂	一机部	辽宁省四川省上海市	电工模具部分:上海机电一局和辽宁省大连电机厂;电工设备部分:由辽宁沈阳电工机械厂和四川东方电工机械厂的人赴罗考察后,再定筹建单位。			一机部第八设计院西安分院
备注:各项目的规模、具体工作内容和进度,由各承建部分别通知有关单位。						

资料来源:根据外经一字第 199 号文—附表整理(文件照片)(《江泽民在一机部(1970—1980)》,中央文献出版社 2014 年版,第 30 页)。

近年来,中国在全球发展治理中的角色越来越突出,国内相关的制度和机构创新也在紧锣密鼓地推进。2017年8月,国务院发展研究中心设立中国国际发展知识中心。这一机构是习近平主席在参加2015年9月联合国峰会时宣布建立的,旨在同各国一道研究和交流适合各自国情的发展理论和发展实践,为实现联合国2030年可持续发展目标作出贡献。2018年4月,国家国际发展合作署建立,负责拟定中国的对外援助战略方针、规划和政策,将原分属于商务部、外交部和财政部等的对外援助工作归口管理,功能上类似于美国国际开发署和英国国际发展部。以市场选择为基础的招投标制作为中国对外援助的实施机制得到了延续和巩固。国家国际发展合作署于2018年11月开始就《对外援助管理办法(征求意见稿)》面向社会公众征求意见。一套法律、一个归口管理机构、一套国际通行的实施机制,标志着中国对外援助在法制化、科学化和国际化的道路上取得了巨大的进展。

除政府层面外,像英国苏赛克斯大学那样在国际发展领域设立专门的学院或研究院,以学术研究支撑国家对外援助实践的情况在中国也开始出现。南南合作与发展学院是习近平主席2015年9月在联合国成立70周年系列峰会上对外宣布的重大援外承诺,于2016年4月在北京大学挂牌成立,旨在总结分享中国及广大发展中国家的治国理政成功的经验,帮助发展中国家培养政府管理高端人才,是中国推动南南合作、促进共同繁荣的重要举措。之后中国农业大学与西北农林科技大学联合设立了中国南南农业合作学院、上海对外经贸大学在2018年6月成立了国际发展合作研究院以及对外经贸大学在2018年9月成立了国际发展合作学院。学术界作为中国参与国际发展事务的二轨力量迅速壮大,这使得中国援助与受援国发展的结合更为密切、与西方传统援助国的对话更为顺畅。

(二)国际因素对中国对外援助的影响

20世纪70年代末对外援助作为中国国际经济合作组成部分的角色得到加强,对外经济联络部曾直接推动了中国工程承包行业的国际化。20世纪70年代大宗商品价格上涨,中东国家积攒了大量的石油美元,对建筑服务的需求急剧增加。在这样的国际背景下,中国的土工工程和建筑企业开始了首次大规模出海,并从最初的承接劳务和分包业务,慢慢成长为总承包商,甚至成为当下全球建筑工程行业的领军力量。

"当年(1978)11月,外经部和国家建委共同分析研究了当时国际承包劳务市场的形势,由汪道涵和国家建委主任韩光联名向国务院上报《关于拟开展对外承包建筑工程的报告》,提出尽快组织我建筑力量进入国际市场,既可打开一条新的路子,为国家赚取外汇,又便于学习外国先进的建筑技术和管理经验,促进国内建筑业的现代化,并有可能带动与建筑有关的工业设备和建筑材料的发展和出口。……之后着手组建了中国建筑工程总公司、中国公路桥梁工程公司和中国土木工程公司,加上外经部下属的中国成套设备出口公司,这四家中国公司率先进入国际承包劳务市场。"①

前文提到,1982年之前的中国对外援助实施体系是内嵌于计划经济体制的,这使得承担援外项目工作的企事业单位可能并不是最优选择,存在效率不高等问题。在逐步建立中国特色社会主义市场经济体制后,基于市场选择落实对外援助项目的招投标制也由多边发展融资机构带入了中国。1984年,世界银行在援建云南和贵州交界的鲁布革水电站项目中,要求按照其援助规则,必须通过竞争性招标采购选择承建商和供货商。后来这种做法在中国不断得到推广,中国政府在1998年开始在政府采购中全面落实招投标制,2000年出台了《招投标法》。当时负责中国对外经贸事务的李岚清副总理在回忆录中写道:

"按照世界银行的规则,使用该行贷款采购和工程承包,必须在国际上公开招标,项目所在国的企业在同等条件下有优先中标权。因此又组织有关部门学会了一套招标的程序。例如怎样公开招标,

---

① 本书编写组:《报国有心、爱国无限——汪道涵百年诞辰纪念文集》,上海人民出版社2015年版,第28—29页。

怎么投标,怎么进行投标资格审查,怎么制定'标底',怎样对'标底'保密,怎样评标、开标,怎样公示等等,为了真正做到招投标的公平公正,还成立了一个评议小组进行监督,防止招投标中的不法行为。"①

除了中国积极参与国际经济合作和作为受援国逐步接受国际规则外,1982年拉美债务危机后,西方援助机构积极推动的结构调整计划等也对中国的对外援助产生了较大的影响。20世纪80年代末90年代初,中国逐渐发现自己的受援国纷纷加快了经济自由化和私有化进程,以往单纯的双边政府间经济技术合作和传统援外方式已不能适应受援国的需要。② 例如中国于1971年开始援建坦桑尼亚姆巴拉利农场,1977年完工后交付坦桑尼亚政府,隶属其国家粮食公司。这是中国最大的农业援外项目,包括水稻田五万余亩、年产十万只肉鸡的养鸡场、年加工能力逾万吨的稻谷碾米厂以及设备机修厂等配套项目,在顶峰时期满足了坦桑尼亚国内1/4的大米需求。但姆巴拉利农场的最初设计、建设和运营都是在坦桑尼亚特色计划经济体制框架下的,类似于中国新疆农垦的大农场配置。20世纪80年代中期,坦桑尼亚开始接受世界银行等提供的结构调整贷款,实行市场化改革。姆巴利农场的地理位置并不符合市场区位选择的原则,远离人口聚集区,高昂的运输成本等使它丧失了与进口大米和当地小农户生产的比较价格优势,经营难以为继。③ 在此之后,坦桑尼亚领导人曾多次表示希望与中国公司合作运营,但因涉及主权问题等,姆巴拉利农场项目并未谈妥。④ 当然也有在结构调整计划垄断国际发展援助的背景下,中国与受援国较好地协调合资合作事宜,提升对外援助效益的。例如《中国对外经济贸易年鉴(1997/1998)》中记述的中国企业与马里政府的成功合作:

---

① 李岚清:《突围——国门初开的岁月》,中央文献出版社2008年版,第301页。

② 中国对外经济贸易年鉴编辑委员会编:《中国对外经济贸易年鉴(1993/1994)》,中国社会出版社1994年版,第65页。

③ Hyden, Goran & Rwekaza Mukandala, eds., *Agencies in Foreign Aid: Comparing China, Sweden and the United States in Tanzania*, Springer, 1999, p. 156.

④ 参见齐国强:《新形势下对外经援工作探讨》,《国际经济合作》1992年第6期。

"马里政府于1991年宣布对中国援建的纺织厂实行私有化,希望与中方企业合资经营。中国海外工程公司与马里政府有关部门和企业积极探讨,中国政府在政策和资金上给予支持,该公司自筹一部分资金。马里政府将纺织厂80%的股份转让给中国海外工程公司。中国政府从马里政府欠中国的政府债务中扣除,而转由该公司偿还。马里政府还在关税等方面给合资企业以优惠。在中马两国政府的共同支持下,合资企业自1994年10月起,经营两年多已收到较好效果,企业产品供不应求,1996年生产棉纱1100吨、棉布410万米、漂染线450吨、印花布910万米,全年实现产值76亿非洲法郎,比1995年增长60%。"①

总而言之,中国对外援助的管理实施体系经历了长期的发展、改革和积累。那些在总交货人部制和承建部负责制时期作为中国援助重要行为体的企事业单位,在经历了改制、出海等磨炼后,依然在今天的中国对外援助工作中扮演着重要角色。国际因素对中国援外产业基础的变革作用是双向的:一方面以招投标制等促进了中国援外实施体系的公司化改革和适应国际规则;另一方面也在很大程度上使中国援外的实施方更为固化,熟悉体制、较早出海、拥有比较优势的建筑工程类企业成为中国对外援助的标签。与英国等西方国家不同,中国在服务咨询、人力资源培训等后起援助类型需求的第三产业发展方面相对较弱,这部分援助目前仍由事业单位等来主要承担。应当说,对外援助相关服务咨询产业的建设以及高校科研系统的积极参与,是完善我国援助链、更好地参与全球发展治理需要重视的一个方面。

二、比较中英援助资源的部门分配

《中国的对外援助》白皮书用"援助投入领域划分"来描述中国对外援助在不同产业部门的分配情况,与西方援助资源部门分配的定义和统

---

① 中国对外经济贸易年鉴编辑委员会编:《中国对外经济贸易年鉴(1997/1998)》,中国对外经济贸易出版社1997年版,第75页。

计方式略有差异,但两者的比较仍具有重要的现实意义。据统计,中国在
2010—2012 年间在经济基础设施领域(指交通运输、广播电信和电力)的
对外援助投入比例为 44.8%,在社会公共基础设施领域(指医院、学校、
民用建筑、打井供水、公用设施)的投入比例则为 27.6%。这与 OECD 国
家,尤其是英国,轻经济部门重社会部门的分配特点形成了很强的对比。

此外,国内也有学者直接使用"部门分配"的概念,例如唐露萍在《印
度的对外援助及其管理》一文中,以区域分配和部门分配来描述印度的
对外援助特点。她指出,印度对外援助的重点部门在地域上呈现出明显
的差异性:在南亚,印度对外援助主要集中在基础设施、教育和健康部门;
印度在其他国家(特别是非洲国家)的援助资金 60%用于对受援国的公
务员、工程师以及公共部门管理者提供培训,约 30%的资金是向国外政
府提供的优惠贷款,其余 10%为援助项目其他成本,其中包括进行可行
性研究、派遣印度国内专家等。这种差异性反映了印度在这两个地区援
助动机的不同:在南亚援助是服务于扩大国际影响力和争取地区领导权
的政治目标,在非洲援助则更多地服务于经济利益。[①]

就具体案例而言,第六章中提到英国发展咨询公司 HTS 在不同历史
时期不断多元化其业务类型以适应国际发展援助链的演化,从地质勘探
企业最终转向良政援助供应商。结合以往看到的文字材料,地质勘探类
技术援助不仅是英国等 OECD 国家,同时也是中国在 20 世纪 50 年代开
展援外工作之初就十分重视的援助类型。这是因为,当时在宏观层面改
变一国贫穷面貌最快捷的路径就是找到矿藏,这在"资源诅咒"得到人们
充分重视之前尤为突出;在微观层面,打井、引水灌溉等与受援国人民日
常生活息息相关的领域也需要地质人员的帮助;此外,地质勘查也是基础
设施建设等重大援外项目的必备前期工作。笔者曾对一位就职于中国某
省地质环境勘察院的人士进行过访谈。中国各省的地矿局及其前身地质
勘查队,与我们更为熟悉的农业专家和医疗队等一道是构成中国对外技
术援助的核心力量。当英国公司 HTS 不断跟随国际发展援助链、多元化

---

① 唐露萍:《印度的对外援助及其管理》,《国际经济合作》2013 年第 9 期,第 50—56 页。

其业务类型时——"毫无疑问,如果 HTS 一直将业务局限于航拍制图,那么公司的历史就不会这么长了。将市场扩展至中东欧及苏联国家,以及在尼日利亚执行良政项目等例子都能说明 HTS 在回应客户需求方面的能力"①——中国援外事业中的相似行业又是如何演变的呢?受访对象回答说:他所在的地质环境勘察院下属企业最近参加的一个中国援外项目是 2014 年"坦桑尼亚天然气处理厂及输送管线项目",身份是总包商中石油的分包企业;且这一项目具有较强的代表性。也就是说,中国的地质勘察类企业在今天仍享有较为广阔的传统基建市场空间,中国的援外一直具有自身的特色,没有盲目跟随西方 ODA 理念的变化。中国对外援助实施中的主要企业,海外市场集中于发展中国家、多属于第二产业企业。

三、中西援助的巨大合作空间

2000 年后,中国对外援助规模开始迅速扩大,成为新兴援助国的代表。这冲击了 OECD 在冷战结束后对国际发展领域的垄断,西方出现了一些批评质疑中国对外援助的声音。例如 2011 年 6 月时任美国国务卿的希拉里·克林顿在访问非洲时,告诫非洲国家警惕中国在当地的资源索取,认为这是一种"新殖民主义"。但中国与西方在国际发展领域也有很多的共识和合作,这主要来源于双方在援助领域的优势互补。

(一)中国与西方在发展议题上的共识

中国与西方在减免重债穷国债务、为非洲国家提供进口零关税待遇和在气候变化领域提供援助等发展相关议题上有着广泛的共识。

1. 免债议题

免债议题在 1996 年七国集团里昂峰会后成为国际发展援助领域的热点,其所提出的"重债穷国减债计划"也成为西方公民社会运动的焦点,尤其是基于基督教教义每 50 年进行一次债务减免的"大赦 2000 运

---

① Thompson, Peter et al., *Fifty Years in International Development: The Work of HTS* 1953–2003, Taupo: Austin Hutcheon, 2011, p. 5.

动"(Jubilee 2000),为欠发达国家减轻了债务负担,有利于其国内贫困人口的生活改善。几乎与此同时,2000年在北京召开了第一届中非合作论坛,中国承诺减少或免除非洲国家100亿元人民币的债务,且使用了"重债穷国减免债务计划"这一术语。中国在2005年承诺进一步免除或以其他处理方式消除所有同中国有外交关系的重债穷国2004年年底前对华到期未还的全部无息和低息政府贷款。之后的2006年和2008年中国也作出了相似的减债承诺,免除最不发达国家到期的所有政府无息贷款。

2. 关税减免议题

美国于2000年通过了《非洲增长与机遇法案》,单方面为符合条件的撒哈拉以南非洲国家的6000多种商品提供免关税、免赔额进入美国市场的优惠条件。欧盟也通过《科特努协定》等对发展中国家出台了相似的减免关税制度优惠。在2003年年底中非合作论坛亚的斯亚贝巴会议上,中国开始承诺给予非洲最不发达国家进入中国市场的部分商品免关税待遇;2005年年初,中国又公布了非洲190种享受免关税待遇的商品明细;在2006年北京峰会上,中国承诺将受惠商品范围扩大至440余种。

3. 气候变化议题

虽然中国在2009年哥本哈根世界气候大会上还处于较为被动的位置,但近年来中国在气候变化问题上的立场趋于灵活,与西方世界,特别是欧洲国家的合作基础越来越坚实,这尤其体现在2015年巴黎世界气候大会上。在国内机构设置上,发改委应对气候变化司负责国内政策法规起草、碳交易市场建设、国际气候与环境问题谈判等。再加上联合国千年发展目标在2015年取得了阶段性成果,在新加入环境议题后,转变为2030年可持续发展目标,使得环境类援助正式成为国际发展援助的重要部分。

（二）中国与多边发展机构的制度性合作

导论曾提到,发展援助多边体系主要有三大支撑:OECD协调西方国家的双边援助,世界银行主导多边援助,联合国以十年为一周期引导国际发展进程。中国在2000年后以新兴援助国身份与这三个主流国际组织都有了实质性的合作。

1. OECD 及其中发挥主导作用的七国集团

中国在 2005 年参加援助有效性高级别巴黎会议时还是受援国的身份,但在之后的 2008 年阿克拉会议和 2012 年釜山会议上,中国联合印度、巴西等成功将南南合作纳入会议议程。就与 G7 的对话合作而言(2014 年前为 G8,含俄罗斯),在 2005 年格拉斯哥峰会上,新兴六国(中、印、俄、巴、墨、南)第一次作为一个整体出现,参与气候变迁与能源安全议题的讨论。在之后的 2007 年峰会上正式启动了"海利根达姆进程"(Heiligendamm Dialogue Process),G8 邀请中国等五个发展中大国就投资、能源、创新和发展四个议题展开为期两年的磋商,以促进全球经济可持续发展。

2. 世界银行

因未陷入 20 世纪 80 年代发展中国家债务危机、中央与地方政府卓越的执政管理能力、加上广大人民群众艰苦卓绝的努力奋斗,1980 年中华人民共和国恢复在世界银行的合法席位后,中国在 20 世纪八九十年代一度成为接受世行软贷款最多、援助项目成效最显著、还款最及时的受援国。2007 年中国成为世行国际开发协会的新晋捐资国;并建立了中非世界银行信托基金,由世行管理,旨在改进中国对外援助统计,优化中国对外援助结构,进一步促进非洲政策制定者与中国对外援助受益人实现更有效的发展。北京大学林毅夫教授也在 2008 年被任命为世界银行高级副行长,同时成为世行第一位来自发展中国家的首席经济学家。

3. 联合国系统

中国在 1973—1979 年间是联合国系统的净捐助国;在 1979 年后,国家纠正了以往多边援助工作中的极"左"错误,既认捐,也接受援助。中国对外经济联络部六局(专门负责多边援助事务)首任局长卜明在回忆录中详细介绍了中国与联合国系统在历史上的援助资金往来情况:

　　"1973 年至 1991 年,我向开发计划署、工业发展组织、资本发展基金、儿童基金、妇女发展、贸发组织、人口活动基金、救灾协调、资源勘探等 15 个组织机构捐款 3854 万美元,3135 万元人民币。粉碎

'四人帮'后,我纠正了极'左'错误,既认捐,也接受援助。1979 年后,接受开发计划署、工业发展组织、人口活动基金、儿童基金、救灾协调、跨国公司中心、国际贸易中心、科发基金、技术合作部等 11 个机构 82948 万美元,至 1990 年年底,已实际执行 51900 万美元的无偿援助"。①

近年来,中国与联合国系统在全球发展治理领域以"三方合作"为主要形式,为实现千年发展目标作出自己的贡献,例如联合国开发计划署出资金、中国农业部挑选专家,帮助尼日利亚农民增产增收等实践。在制度合作层面,2005 年 5 月中国政府与联合国开发计划署合作,在国务院扶贫办下设立了中国国际扶贫中心,以总结中国改革开放以来的减贫经验(主要涉及粮食自给、基础教育、普惠医疗等领域),并通过多边发展平台将其推广至其他发展中国家。中国近年来还新增了"中国—世界粮食计划署—南方国家三方合作基金""气候变化南南合作基金"等新的多边援助工具。

(三)中英发展援助合作

根据英国国际发展部相关文件,该部 1998—2005 年间在中国的援助项目主要是以减贫为中心的社会经济改革,涉及卫生、教育、可持续发展等领域;在 2006—2011 年间,英国对中国的合作计划新增了"加强与中国在国际发展问题上的合作"这一内容(Engage with China on International Development)。英国国际发展部高级官员、OECD DAC 前主席理查德·曼宁在 2006 年也发文提出,希望在全球发展治理领域与中国实现对接(Engage with China):一方面利用中国在基础设施建设等领域的比较优势,更好地帮助受援国实现发展;另一方面也应确保中国逐步接受国际发展的现有规范体系,如赤道原则、采掘业透明协议、对外援助去捆绑等。同年,英国国际发展部发起了与中国在发展议题上的正式对话,并向非洲的大学和智库提供配套资金专门研究中非关系,如南非斯坦陵布什大学

---

① 卜明:《八十纪行》,人民出版社 1998 年版,第 123 页。

中国研究中心等（Stellenbosch University）。2009 年，国际发展部明确表示欢迎中国加入 OECD 及其中的发展援助委员会。① 2011 年，基于中国经济的迅速增长，已脱离低收入国家群体，英国决定结束所有在华双边援助计划，将中英之间的伙伴关系从援助国—受援国关系，转变为在国际发展领域更多开展对话和合作的关系。

除中国外，英国也在 2010 年成立了全球发展伙伴关系计划（Global Development Partnership Programme，GDPP），支持国际发展部与新兴援助国建立合作关系。英国与这些国家之间的援助合作也带有较强的优势互补特征。例如：

> 英国已与中国在援助非洲领域结成了伙伴关系，以充分利用各自的专业技能。印度也在越来越多地为其他国家提供专业技能。印度相对于英国在很多减贫领域拥有比较优势，如通过卫生和教育大规模地消除贫困、在农村地区统计选民名单，利用 IT 技术传达农业政策、公民权利等。英印合作有助于欠发达地区减贫事业的推进。②

（四）中国与传统援助国的合作基础

除了作为最成功的受援国，积累了大量的自身发展经验外，中国与传统援助国集团合作的基础还有什么呢？在国际发展援助领域，中国基于自身产业结构，在生产性部门发展、城市化进程和基础设施建设领域享有传统援助国集团目前已不具备的比较优势。欧盟委员会发展及与非洲加勒比与太平洋地区关系总司官员白小川（Uwe Wissenbach）曾说：

> 欧盟努力在国际社会中充当一种"规范权力"或"道德权力"的角色，需要将自己的利益与政策内化于各种规范性主张之中，但这是

---

① "DFID and China", International Development Committee, the Third Report of Session 2008-2009, House of Commons, p. 9(Paper No.HC 180-I).

② Johnson, Jo & Rajiv Kumar eds., *Reconnecting Britain and India: Ideas for an Enhanced Partnership*, Haryana: Academic Foundation, 2012, p. 223.

十分困难的。例如欧盟在非洲的经济利益是十分有限的,所以可动员的发展资源也是有限的,尤其是在基础设施建设领域。中国的加入可以帮助非洲解决贫困问题,同时也是帮助欧盟完善了其"规范叙述"。

白小川也提出了中国与欧盟可以在发展领域进行合作的四个领域:(1)维和事务;(2)基础设施建设;(3)自然资源开发与环境可持续;(4)农业与食品安全。以维和事务为例,非洲国家长期动乱,需要联合国等机构投入大量的维和兵力。但传统上的维和军队主力来自欧美国家,派兵成本非常之高,国内压力巨大;欧盟等曾试图在欧洲发展基金项下动用援助款项资助非洲联盟,牵头召集维和兵力,但军队质量堪忧,且士兵相对于当地收入工资高昂,滋生了募兵腐败等问题。于是,中国就成为联合国和欧盟在非洲维和事务上天然的合作伙伴。且这是一个多赢的关系:中国政府希望更多地参与到全球安全治理之中;非洲等地的稳定局势也利于中国海外商业活动的开展;中国士兵数量充足、素质高、组织纪律性强,且参与维和行动等海外经历对士兵退伍后寻找高薪工作,如海外安保公司等,提供了更多渠道。[1]

与在维和事务上的合作相似,中国在生产性部门发展、城市化进程、基础设施建设领域也具备全球比较优势。欧美等发达国家人力成本高昂,且产业结构已全面服务化;而欠发达国家技术落后、劳动力素质较低,缺乏承担大型工程建设项目的能力。在国际发展援助实践中,无论是什么理论指导,不进行基本建设,是难以改善当地生活的,这是铁律。而中国仅在铁路建设(中铁工程公司与中铁建)就有 25 个局,从 20 世纪 60 年代就进入了非洲铁路工程领域。更遑论中建的几十个局,以及各省各市的建筑公司和国际经济技术合作公司。世界银行的报告中写到:中国建筑承包商的竞争力可以从他们中标世行和非洲发展银行等多边机构的项

---

① 以上参见 Wissenbach, Uwe, "The EU's Response to China's Africa Safari: Can Triangular Cooperation Match Needs?" *The European Journal of Development Research*, Vol. 21, No. 4, 2009, pp. 662–674。

目数量来印证。近年来,他们得到了这两家多边机构超过30%的土木工程合同,这超过了任何其他国家在这方面的成就。[①] 且中国的对外援助和投资资本也与西方国家具有互补特征:在基础设施的融资上,多边银行和传统援助者更多投入于供水与卫生设施;私人资本专注于通信设施;中国则填补了交通和能源部门基础设施的供给赤字。

总之,基于产业结构和援助链互补,西方希望将中国纳入现有援助体系,希望中国既贡献资本和建设力量,又服从于现有的发展规范体系。中国则将这种合作一方面视为新兴大国奋发有为对外战略的国家利益与国际责任;另一方面则将其视为中国参与新一轮国际规则制定的切入点。中国国际发展知识中心和国际发展合作署等新机构的建立将是这一轮再全球化中,中国作为一个大国,与西方发展话语体系相互融合、相互塑造,并最终找到自己新角色、新定位的重要信号。

第二节　东亚援助路径及其国内产业基础

日本和韩国等东亚国家的对外援助组成与中国有一定的相似性,所以近年来越来越多的学者开始探讨是否存在一种东亚援助路径。东亚国家在战后的快速崛起得益于地区独特的发展理念。美国加州伯克利大学查莫斯·约翰逊教授(Chalmers Johnson)在1982年提出"发展型国家"的概念,用以解释东亚的高速增长。政府不仅仅为经济发展提供制度平台(Institution),并且是直接参与经济活动的重要行为体(Actor),通过设定明确的发展目标,并利用一系列调控措施(尤其是对银行金融领域的管理)来加速国家工业化和企业国际化。之后的《通产省与日本奇迹》、世行1993年东亚奇迹报告等也是表达了相似的意思。有别于英美资本主义道路的发展理念,可能就会导致独特的对外援助路径。

此外,东亚国家庞大的对外援助规模也是其吸引全球目光的原因。

---

① Foster, Vivien, William Butterfield, & Chuan Chen, *Building Bridges: China's Growing Roles as Infrastructure Financier for Africa*, World Bank, 2009, p. 18.

日本自 1954 年加入科伦坡计划,开始成为一个重要的援助国。1978 年日本启动 ODA 指数增长计划,到 1989 年成为全球最大的双边援助提供国,1999 年日本 ODA 规模达到峰值 153 亿美元。在此之后,日本 ODA 增速开始相对落后,在 2001 年援助规模被美国超过,位居全球第二。韩国在 2010 年加入 OECD 发展援助委员会,成为其第 24 个成员国。而从东亚发展奇迹到东亚援助路径的演化终于在中国成为新的援助大国后被学术界和政策界搬上了讨论日程。

一、日本与韩国的对外援助特点

日本虽是西方传统援助国集团的一分子,但在面临欧美主导的去捆绑等规范时,常处于十分被动的地位。例如为了向其他国家证明其去捆绑是真实存在的,而不仅仅是名义上的,日本曾找到英国皇家代理机构来运营日本 ODA 的招投标事宜。[①] 再如美国政府也常将社会部门援助(卫生、教育、农村基础设施、可再生能源和农业等)称为真诚善意的援助(Bona Fide Development Sector),将电力、通讯、能源管道、制造业等援助称为商业项目或是会扭曲贸易的援助。同时,日韩等东亚国家在全球贸易竞争中以第二产业见长,实现对外援助去捆绑的国内成本更高。根据美国官方文件数据,1991 年时全球捆绑援助规模为 93 亿美元;赫尔辛基协定后,捆绑总量在 1998 年降至 35 亿美元;到 2001 年时,除日本外的捆绑援助规模为 15 亿美元。日本的捆绑援助政策在 1998 年前后发生变化,由跟随国际规范实现去捆绑转变为恢复以往的捆绑方式,2001 年捆绑规模上升至 19 亿美元。[②] 有文献认为这是日本国内企业游说政府的

---

① Ireton, Barrie, *Britain's International Development Policies: A History of DFID and Overseas Aid*, Springer, 2013, p. 174.

② United States General Accounting Office, "Export Promotion: Export-Import Bank and Treasury Differ in Their Approaches to Using Tied Aid", Report to the Chairman, Subcommittee on International Monetary Policy and Trade, Committee on Financial Services, House of Representatives, p. 12 (Paper No.GAO-02-741).

结果。[①] 韩国在 1995 年时的双边援助捆绑率为 98.92%,且在 2006 年之前一直是超过 95% 的;但为了加入 OECD 发展援助委员会,韩国在 2007 年后急速下调援助捆绑率,2009 年降至 51.61%。这在一定程度上对韩国的资本品出口产生了负面影响。[②] 也就是说,对外援助去捆绑从表面上看是一个由 OECD 国家推动的、中立的、普适的、为更好实现受援国利益的国际规范,但各援助国却因国内产业结构及其基础上的出口结构差异,而被施加了不同的去捆绑成本。欧美国家基本已步入后工业社会,第三产业化最为突出的英国可被看作这一类国家的极端案例,实现援助去捆绑的国内成本较低。并且在国际发展援助链全面服务化的时代,服务出口越具备全球竞争力的国家越受益于对外援助去捆绑规范的扩散。英国在 2002 年首先实现零捆绑,在多边平台上获得了更多的话语权,给其他援助国造成了更大的道德压力,从而起到了加速去捆绑规范扩散的作用,使得英国服务出口商可以获得更多的援助项目订单。此时以第二产业见长的东亚国家,即使制造业拥有较强的国际竞争力,也会因资本品出口的自身特点束缚,面临更多的产业利益集团压力,从而被施加了更高的去捆绑国内成本。

此外,日韩的对外援助在部门分配特点、决策管理模式和援助资金形式等方面有很多相似性,也通常与其捆绑援助政策相关联。例如日本在 1981—1982 财年将 55% 的双边援助用于经济基础设施与生产性部门,与 OECD 发展援助委员会平均 33% 的比例形成了较大反差;1992 年 ODA 宪章出台后,日本有意向国际主流和既有规范靠近,提高了援助资源用于社会部门的比例,但仍保有重视生产性部门的特点;2001—2002 财年时,日本对经济基础设施与生产性部门的援助资源分配比例下降到 38%,但此

---

① "Fifty Years of Japan ODA: A Critical Review for ODA Reform", Reality of Aid, Asia-Pacific 2005 Report, p. 6.

② 参见 Chung, Soyoon, Young Ho Eom & Heon Joo Jung, "Why Untie Aid? An Empirical Analysis of the Determinants of South Korea's Untied Aid from 2010 to 2013", *Journal of International Development*, Vol. 28, Issue 4, May 2016, pp. 552-568. La, Lung, "Korea's Tied Aid for Export and Competition with China", *Journal of East Asian Economic Integration*, Vol. 17, No. 1 March 2013, pp. 81-100。

时发展援助委员会的平均水平只有 16% 了。① 再如日本通产省在其 ODA 政策中发挥着重要的作用。澳大利亚学者艾伦·瑞克斯(Alan Rix)曾提出日本对外援助决策的"四部制"模式——外交部、通产省、财政部和经济企划厅为各自的官僚体系利益围绕援外的预算分配和决策权力展开争夺。其中外交部希望日本逐步向国际规范靠拢,以改善国际形象,增强软实力;而通产省则是国内产业利益的代表,希望以捆绑援助、日元贷款等形式为大财团的全球扩张铺平道路。② 还有就是 OECD 发展援助委员会成员的对外援助多以无偿赠款为主,而日本却更偏爱优惠贷款的援助方式。1970 年时,贷款援助占到日本对外双边援助的 67%,2002 年时这一数字下降至 35%;但此时发展援助委员会的平均比例则降到了 2.3%。③韩国的对外援助也是以偏好贷款、捆绑贸易投资、多部委负责、外勤能力弱等为特点的。西方学者认为,韩国难以逃脱日本已经面临的这些本质性问题,改革国内制度、协调各政治行为体对 ODA 体系的控制,使对外援助趋向于国际主流的减贫导向、受援国所有、与其他援助国和公民社会行为体建立广泛的伙伴关系是亟须推进的工作。④

二、东亚援助路径是否存在?

近年来,伴随着越来越多的东亚国家成为援助国,特别是中国对外援助规模的迅速扩大,使得学术界和政策界关于是否存在东亚援助路径的讨论越来越多。东亚国家在援助行为上的相似性来源于哪里? 东亚是否能够形成与西方传统援助国集团在国际发展领域的制度性竞争? 冷战结束后,OECD 成员国垄断国际发展事务的态势是否会发生改变? 东亚援助路径能为全球发展治理作出怎样的贡献呢?

---

① Arase, David, *Japan's Foreign Aid: Old Continuities and New Directions*, Routledge 2005, p. 7.

② Rix, Alan, *Japan's Economic Aid: Policy Making and Politics*, London: Routledge, 1980.

③ Arase, David, *Japan's Foreign Aid: Old Continuities and New Directions*, Routledge 2005, p. 5

④ Arase, David, *Japan's Foreign Aid: Old Continuities and New Directions*, Routledge 2005, p. 16.

（一）现有研究

来自日本、韩国和欧美国家的学者围绕这些议题已发表了较多的学术成果。瑞典国际事务学会（Swedish Institute of International Affairs）曾在 2007 年 11 月组织了一场关于"是否正在出现一个东亚援助模式"的研讨会，后将收到的论文结集出版，提出苏联模式在 1989—1991 年间的衰落使得再没有任何西方新自由主义之外的发展道路可供受援国选择，但现在亚洲似乎为世界提供了另一种发展模式——政府在一国工业化和现代化中发挥引导性作用。[①] 来自美国和韩国的学者在 2017 年合作推出了《促进发展：东亚对外援助的政治经济学》一书，详细分析了日本、韩国和中国的对外援助历史及制度结构，并以越南为案例研究对象，比较东亚和西方援助模式的利弊，得出结论：东亚援助路径是对受援国发展有利的，当然也还有提升空间。[②] 日本东京政策研究大学院（National Graduate Institute for Policy Studies）在 2002 年设立发展论坛项目，并与劳特里奇出版社合作出版系列图书，关注日本对越南、埃塞俄比亚等在工业化援助项目上的投入和结果。其中，《东方与西方关于非洲增长的理念：发展援助中的多元化与互补性》一书，冲击了西方传统援助国对国际发展的垄断，点明了东方国家在对外援助领域的相似性和潜在的合作空间。[③] 也有日本学者直接提出，应从亚洲视角出发来理解中国的对外援助。[④]

（二）东西方援助特点比较

表 7-3 显示了东亚和西方援助的主要区别。第一，东亚国家以促进受援国经济增长作为援助的首要目标，认为落后国家需要通过自身的勤奋努力，建立本地工业生产能力，在全球价值链中形成比较优势，才能最

---

① Sorensen, Jens eds., *Challenging the Aid Paradigm: Western Currents and Asian Alternatives*, Palgrave Macmillan, 2010.

② Stallings, Barbara & Eun Mee Kim, *Promoting Development: The Political Economy of East Asian Foreign Aid*, Palgrave, 2017.

③ Ohno, Kenichi & Izumi Ohno eds., *Eastern and Western Ideas for African Growth: Diversity and Complementarity in Development Aid*, Taylor & Francis, 2013.

④ Shimonura, Yasutami & Hideo Ohashi eds., *A Study of China's Foreign Aid: An Asian Perspective*, Palgrave Macmillan, 2013.

终摆脱不发达状态。而西方发展学认为过多强调受援国工业体系建设，特别是由政府主导推动，会扭曲当地市场经济、滋生腐败、扩大贫富差距、部分贫困人口的"人权"会被牺牲掉，这样的增长不能持续，所以还不如不要。西方在农村、教育、医疗、性别等社会部门的援助投入，关注最贫困人口、最弱势群体的生存权和发展权，力图使每个人享有平等的机会和尊严。第二，东亚国家倾向于项目援助的方式，例如修建一座桥梁、一个港口或一条铁路等，以实实在在与物质性为主要特征。而西方现在越来越倾向于方案援助，例如对受援国年度教育预算的资助或为受援国建立现代审计系统等，这样有助于受援国的能力发展，以制度性与软性为主要特征。当然，西方推崇的方案援助会在很大程度上涉入受援国内政。第三，东亚援助国的政府机构及与其密切相关的财团、企业集团等在其对外援助中发挥着重要作用，且受援国政府也是主要的援助对接方。而各类NGO已经成为欧美国家重要的就业部门，因历史和语言优势等，在全球公民社会和跨国倡议网络中发挥着核心作用。源自西方的国际NGO不仅获得了大量的援助预算，并且在受援国实施项目和方案援助时，更倾向于与本土NGO对接。第四，前文中就曾提到英国建筑工程行业协会曾不满政府将过高比例的援助资源以多边渠道投送，不像日本等国更青睐双边援助渠道。一般认为，多边发展组织的援助行为更为中立、受道德驱动。当然，欧美国家也直接控制或通过委托—代理制主导着多数的国际组织。第五和第六就是前文反复提到的，东亚国家倾向于以优惠贷款形式向经济基础设施及生产性部门投放援助资源，西方则多以无偿赠款向社会部门分配援助。一国的援助部门分配倾向、资金形式往往与其捆绑援助政策联系紧密。

表7-3　东亚与西方援助特点比较

	东　亚	西　方
1.援助目标	增长	减贫
2.援助方式	项目援助	方案援助
3.援助行为体	政府主导	NGO发挥重要作用

续表

	东 亚	西 方
4.援助渠道	双边援助为主	多边援助为主
5.部门分配	经济基础设施及生产性部门	社会部门,如卫生、教育、性别平等
6.资金形式	优惠贷款	无偿赠款

资料来源:笔者绘制。

(三)东亚发展奇迹与东亚援助路径

为什么东亚形成了不同于西方的对外援助路径呢? 曾有学者说:"外援的活动不限于经济领域,在援助原则和援助方式中凝聚了援助者的国力、社会力和文化力。"[1]本书也认为,一国或一个地区的对外援助特点是植根于其国内政治经济的,可细分为国内发展模式、国内优势资源和国内产业压力这三个层面。首先,发展援助是一国发展模式的外溢。东亚国家保有独特的发展模式,这也是东亚奇迹产生的基础。国内工业能力建设与出口导向型发展战略相结合,政府在推动国家工业化与现代化过程中发挥引导性作用,推崇自力更生、勤奋上进的发展文化等,都是东亚模式的题中之义。发展援助作为战后各国对外援助的主流,其本质是援助国发展思想、理论和模式的外溢,西方的新自由主义和新制度主义等会影响其对外援助行为,东亚发展的价值体系也必然会有同样的作用。"相信只有这样才能发展得更好"是援助国为受援国提供发展援助时的潜台词。第二,援助国倾向于、也不得不以国内优势资源为依托向外提供援助。例如东亚强国家与弱社会的结构特点,使得该地区的 NGO 发展程度普遍较低。即使东亚国家希望跟随西方步伐,以社会组织作为对外援助的实施主体,其国内 NGO 也难以承担起如此重任。因英法等是历史上主要的宗主国,所以其语言也就成了现在的国际通用语言,东亚国家拥有较好外语能力的劳动力价格是相对昂贵的,在市场原则的驱动下,会更多地流向金融、ICT 等利润回报率更高的产业部门。欧美国家的 NGO 是能

---

[1] 周弘、张浚、张敏:《外援与发展:以中国的受援经验为例》,《欧洲研究》2007 年第 2 期,第 1 页。

够为普通民众提供更多就业选择的"平民产业",而东亚国家的 NGO 通常具有"贵族性"、难以落地等特点,家庭收入水平较高、具备海外留学经历、缺乏社会经验等,是其主流从业人员的特征。在国际层面也是同理,欧美国家在多边组织拥有的话语权是高于东亚的,所以会倾向于多边渠道,这也是利用优势资源的一种表现。第三,第二产业是多数东亚国家的主导产业,而欧美国家多已走向后工业社会,这使得两者面临的国内产业压力是不同的。前文已提到,欧美国家的对外援助已走向全面服务化,这是其国内产业结构和出口结构发生质变的结果,英国这样第三产业化程度最高的国家,对外援助的功利性作用也已从过去的补贴落后制造业出口,向推动全球服务贸易自由化转变。东亚国家无论是面临第二产业利益集团自下而上的游说压力,还是政府自上而下通盘考虑经济增长速度,以优惠贷款支持资本品出口都是理所应当的对外援助选择。应该说,这些相似性是中国与日本等东亚国家开展第三方市场合作的重要基础。

结　语

对外援助是一个十分复杂的议题领域,其决策本身就涉及道德、国际政治、国内经济等多元动机。ODA 在第二次世界大战后逐渐成为最主流的对外援助类型,这样援助与发展议题又结合在了一起。这就使得该议题领域更为复杂化,涉及援助国的发展认知、发展理论甚至是发展模式在对外援助事务中的投射问题。伴随战后西方发展理念的不断演变,不同的产业和企业类型在不同历史时期分别主导了国际援助链,呈现出从传统第二产业部门向公共服务业,再向生产性服务业转变的趋势。这就使得援助国援外决策的国内经济动机内核与其国内产业结构变化密切相关。所以研究捆绑援助问题,考察国内企业利益群体,就不能忽略其国内产业结构特征,这也是本书核心观点的逻辑来源。结论部分将包括三个方面的内容:一是本书的核心观点与研究框架回顾;二是对案例研究部分的总结;三是本书的研究价值与政策启示。

一、核心观点与研究框架

英国为什么会在 2002 年废除捆绑援助政策是本书的研究问题。相对于主流的道德解释说,笔者提出这是英国基于自身产业结构变化而作出的理性选择。所以因变量是 1992—2002 年间英国的对外援助去捆绑进程;自变量是英国国内产业结构的变化,具体是指去工业化、第三产业化和制造业完成后福特主义转型。四条因果机制分别为:一是服务产品的自身特点使其相对于制造业,对政府补贴的需求低;二是英国出口的主导海外市场,从亚非前殖民地国家转变为融入欧盟地区价值链,瞄准中高端市场,援助与出口、投资的东道国重合度降低;三是英国服务出口的全球竞争力使其成为去捆绑规范加速扩散的最大受益国;四是服务业主导国民经济触发了英国贸工部机构利益的质变——从与国际发展部争夺援助预算补贴制造业出口,到与国际发展部形成新共识,全球服务贸易自由化才是第三产业化英国的最佳选择。

　　具体而言,产业结构变化导致的英国出口特点变化主要体现在三个方面:一是出口产品差异——第三产业取代第二产业成为英国的主导出口力量,但两者对捆绑援助的需求程度存在很大的差异。一方面无形产品难以像资本品那样提供延期信用,与出口信贷交集很少,更遑论捆绑援助中的混合信贷和软贷款;另一方面独立性是服务咨询行业生存的底线,对于捆绑援助等政府补贴或保护政策非常谨慎。二是海外市场差异——英国在 20 世纪 90 年代后的主导出口市场集中于欧美地区,涉及制造业出口从最终产品向中间产品的转变和服务出口专注于中高端市场两个具体表现。这意味着英国的出口企业与国际援助链的距离越来越远了。三是国际竞争力差异——英国在 20 世纪 90 年代后,以服务贸易为主导的对外经济关系,帮助其摆脱了 20 世纪以来在资本品出口国际竞争中长期处于劣势的艰难境况。这意味着英国新兴的服务出口集团因其卓越的国际竞争力,受益于对外援助去捆绑规范在世界范围内加速传播。以英国的优先去捆绑给其他国家施加道德压力,促使更多的国家降低捆绑率,更多援助项目的全球公开招投标意味着英国服务出口厂商更多的订单和利润。

　　产业结构变化的同时导致了贸工部对捆绑援助政策的立场变化:英国贸工部是产业出口集团向政府表达自身利益诉求的主要渠道,也是推动国内经济动机在对外援助决策中占有一席之地的主要机构力量,在第二产业占主导阶段时,其国内经济动机主要体现为将援外预算用于出口补贴,支持捆绑援助政策就是其中的一种表现形式。而英国国际发展部及其前身则是制定和实施援外政策的主要政府部门,出于理性动机而坚持英国对外援助的道德性,以保持组织级别、岗位数量和预算规模,体现了这一机构的特殊性。英国贸工部和国际发展部及其前身曾围绕对外援助预算长期处于权力博弈态势。但在第三产业成为英国新的主导出口力量后,因产品性质、国际竞争力等特点,对维护和加强捆绑援助政策缺乏意愿,甚至存有推动全球去捆绑的理性动机。此时贸工部所坚持的对外援助国内经济动机就外化为推动全球服务贸易自由化。在这样的背景下,英国贸工部与国际发展部及其前身围绕捆绑援助政策的长期冲突就淡化了。

二、案例研究与假设论证

本书通过 1994 年英国援建马来西亚柏高大坝事件、1997 年英国废除贸易与援助条款和 2002 年英国废除捆绑援助政策三个案例来论证上述观点。

在第四章柏高大坝事件中,英国建筑公司及其行业协会,也包括本属于电子电气部门但因民用市场难以支撑最终与军工企业合并重组的GEC,基本属于第 5 类企业(第二产业/竞争力弱/以发展中国家为市场),是 20 世纪七八十年代支持和加强英国捆绑援助政策的主要市场力量。他们在 1994 年柏高事件下议院听证会上的"最后演出",充分反映了第二产业传统出口企业在捆绑援助政策上的利益诉求。这反映了假设 1 的内容:海外目标市场的经济水平越低,出口企业对捆绑援助政策的需求就越高;也验证了假设 2:资本在产品生产要素中所占的比例越高,对捆绑援助政策的需求就越高;以及假设 3:企业国际竞争力越弱,对捆绑援助政策的需求就越高。但假设 3 本身也蕴含了转变机制,国际竞争力弱到一定程度后,这些企业就破产消失了,或放弃现有业务寻求转型了,这也就是第五章中将要介绍的,英国的机动车制造企业和品牌,一部分消失了,一部分从第 5 类企业转型成了 1—4 类企业(以发达国家为市场),从而脱离了国际援助链。此外,柏高事件也充分展示出英国贸工部与第二产业出口利益集团在 20 世纪 80 年代末 90 年代初仍保有十分紧密的关系,是捆绑援助政策在英国政府内部最为重要的支持力量;又因柏高事件牵涉军工部门,所以也揭示出国防部与捆绑援助之间的联系。这些部委都对当时海外发展署所掌握的对外援助预算有所企图,希望借此补贴利益相关企业的出口事业。

与第四章中传统第二产业集团对保存捆绑援助政策的最后请求不

同,第五章所展示的是传统制造企业在经历了去工业化洗礼和后福特主义转型后,因海外目标市场的变化而与捆绑援助政策逐渐剥离的过程。从企业类型上看,1977年推动"援助与贸易条款"面世的英国利兰汽车公司属于第5类企业——对外出口资本品、依赖发展中国家市场且国际竞争力较弱,所以它对捆绑援助政策的需求非常高,其在下议院的强势表现就是明证。而到了1997年,英国机动车企业一部分破产消失了,剩下的无论是整车、零部件还是技术咨询都已转型进入1—4类企业,专注于欧美和已从受援国名单中"毕业"的新兴国家市场。所以机动车制造虽直到今天仍是英国国内仅次于航空航天的第二产业部门,但英国已经没有面向第三世界市场的中低端整车制造企业了,在1997年下议院听证会上也根本没了声音。这验证了假设1:海外目标市场的经济发展水平越高,对捆绑援助政策的游说意愿越低。在机构层面上,贸工部并未被英国对外援助的道德目标感化,还是在反对国际发展部主推的废除"援助与贸易条款",机构间围绕权力和预算的争夺还一如既往的存在。只是因为国际发展部更符合英国中央政府"道德权力"战略定位的需要;且冷战的结束使其与外交部在援外国别选择上从潜在冲突转变为"良政援助"时代的全面合作;再加上与国际发展部理念相合、密切合作的志愿部门能够为英国提供大量的就业机会。在这些变化的综合作用下,国际发展部在白厅(英国行政部门的代称)中获得了前所未有的权力。当然对英国中央政府而言,废除"援助与贸易条款"能够配合其提出的"道德权力""企业社会责任""道德贸易"等概念,成为一整套匹配英国国内产业发展方向和结构变化政策体系的有机组成部分,毕竟在中国等成为出口大国的今天,再以补贴出口政策进行全球竞争,对英国来讲是不现实的。

在第六章中与1997年废除"援助与贸易条款"时贸工部出面反对不同,2000年白皮书面世后,贸工部甚至出版了相似的文件为其背书,这是其与国际发展部建立新共识的表现之一。两部委合作的基础在于第三产业成为英国名副其实的主导产业,服务贸易和知识产权等成为英国对外贸易关系的核心议题。英国拥有全世界最为发达的第三产业,所以其在国际贸易谈判中的立场就从以往考虑如何保护国内第二产业,向着积极推动国际服务贸易自由化的方向转变。这使得贸工部自 20 世纪 70 年代以来希望以捆绑援助制度插手对外援助预算以补贴出口企业的诉求大大减弱。此时,即使传统第二产业部门中还有未完成破产或转型的,其在政府机构中的游说渠道也被堵塞了。这反映了假设 3 的内容:第三产业化越突出,贸工部支持捆绑援助政策的理性动机就越弱。从英国对外援助的统计数据和行业协会的证词中可以看到,英国对外援助已经全面服务化了。HTS 和普华永道作为英国发展服务咨询行业的两类企业代表,都青睐发展中国家市场且涉入国际援助链已久,就市场而言对捆绑援助政策是有诉求的,代表了第 7 类和第 8 类企业。但同时这两者的产品属性使其对独立性的要求非常高,所以很难公开反对废除捆绑援助政策。此外,以普华永道为代表的跨国咨询业巨头最希望的结果是多边去捆绑。如果英国政府 2002 年废除捆绑援助的举措可以给其他援助大国带来道德压力,对外援助去捆绑规范加速扩散,那么普华永道这样具备全球竞争力的强势服务咨询企业将是最大赢家。

三、研究价值与政策启示

本书的理论价值体现在两方面:一是阐明了在国际关系研究层面,新自由制度主义相对于建构主义在英国对外援助去捆绑问题上更具解释力。目前道德动机是西方学者解释援助去捆绑的主流路径,同时认为对外援助议题经历了从结构现实主义到新自由制度主义再到建构主义的进化。本书的核心正是在批判这种过于简单化的道德解释,尝试解构英国在 2002 年优先废除捆绑援助政策的理性基础;同时也认为,OECD 国家的援外逻辑并未完全从新自由制度主义走向建构主义,前者依然保有对援助议题的解释力。二是厘清了如何从国际政治经济学角度研究对外援助议题。本书以对外援助行为的主客体——援助国和受援国——划分了ODA 研究的两大路径。以援助动机及资源分配作为研究援助国的核心概念,尤其是部门分配这一子概念是理解对外援助决策所包含的、来自国内不同经济社会利益集团的、各种具体的政治压力的捷径,也是将"开放政治的经济学"路径与该议题领域进行结合的关键。以援助效果及有效性作为研究受援国的核心概念,当 ODA 作为一种外来力量进入受援国时,研究其对当地既有利益结构和制度规范等的干预和改变,则能够匹配经济社会学和国际政治经济学等现有分析框架。而援助去捆绑就是ODA 研究>援助国>援助动机及资源分配>部门分配这一路径下的子议题,能够较好地适用国际政治经济学的分析框架。

本书的现实意义也体现在两方面:一是如何应对 OECD 国家推动的援助去捆绑规范是中国参与全球发展治理必然要面对的挑战。英国作为西方大国中首个实现对外援助零捆绑的国家,本书对其 1992—2002 年间的去捆绑进程进行研究,将为中国理解该问题提供帮助。二是英国的产业结构就像是中国的"镜中影像",第三产业化国家与工业国在援助去捆绑过程中所遭遇的成本和潜在收益差异,是这两种援助国在全球发展治理中不同利益结构的表现之一。这对于中国而言既是机遇也是挑战。前者的内涵是明确的,后者则主要体现为中国在国际援助链中的比较优势。也就是说,传统援助国的去工业化和第三产业化等使其在最不发达国家的经济利益十分有限,所以可动员的援助资源也就十分有限,但单单进行服务部门援助,是难以真正解决落后国家的发展问题的。这样,中国作为新一代"世界工厂",在第二产业援助方面的传统优势,表面看似与国际援助链南辕北辙,但实际上却成为中国与传统援助集团寻求合作、帮助受援国实现全面发展、在全球发展治理中提出中国方案的切入点。

总而言之,本书为理解当下的西方发展援助、东西方援助之间的区别、中英对外援助政策的国内政治基础等提供了一个新的观察视角——国内产业结构差异。欧美国家对外援助的全面服务化是西方发展理念演变的结果,当然也可能是发展理论演变的原因,奠定了目前国际发展主流规范的产生和扩散基础。本书研究英国主要是将其作为欧美走向后工业时代的极端案例。中国对外援助的坚守与变革、优良传统与现代化进程,都难以规避西方规范所带来的影响,如何趋利避害、完善自我,是中国积极参与全球发展治理需要考虑的问题。与东亚工业国等基于国内产业基础开展垂直性合作,与欧美服务经济国基于援助链比较优势开展互补性合作,是本书提出的主要政策建议。

附　　录

附录 A　1992—2000 年间发展中国家接受 ODA 规模与
占当年中央财政支出的比值　　（单位%,精确到整数位）

国家＼年份	1992	1993	1994	1995	1996	1997	1998	1999	2000	平均
1 尼加拉瓜	149	71	136	144	200	83	114	109	87	121
2 卢旺达	120	—	—	—	—	—	—	—	—	120
3 蒙　古	56	109	139	123	112	130	99	112	86	107
4 不　丹	123	156	142	120	81	92	87	89	63	106
5 马　里	—	—	—	—	—	—	—	—	102	102
6 埃塞俄比亚	97	117	123	96	86	54	53	46	—	84
7 布隆迪	103	82	134	121	56	—	35	45	—	82
8 赞比亚	—	—	—	—	—	—	50	114	—	82
9 吉尔吉斯斯坦	—	—	—	67	60	65	72	128	99	82
10 塞内加尔	—	—	—	—	—	—	—	91	72	82
11 马达加斯加	—	—	—	—	—	—	—	—	79	79
12 乌干达	—	—	—	—	—	—	—	68	89	79
13 塞拉利昂	—	—	—	—	—	—	—	50	99	74
14 瓦努阿图	—	—	—	88	54	49	81	74	—	69
15 格鲁吉亚	—	—	—	—	—	45	40	61	49	49
16 玻利维亚	67	48	50	60	59	45	38	34	28	48
17 刚果(金)	20	10	97	66	52	46	23	30	46	43
18 肯尼亚	53	95	48	31	29	19	—	—	24	43
19 马尔代夫	70	52	50	78	40	26	23	23	12	42
20 阿尔巴尼亚	—	—	—	29	34	29	35	—	—	32

续表

年份 国家		1992	1993	1994	1995	1996	1997	1998	1999	2000	平均
21	刚果(布))	11	18	61	20	68	34	9	22	—	30
22	巴布亚新几内亚	35	21	22	33	29	26	40	21	26	28
23	津巴布韦	40	30	37	22	13	12	—	—	—	26
24	约 旦	32	21	24	31	26	23	18	20	24	24
25	安哥拉	—	—	—	—	—	—	—	32	15	24

资料来源：World Development Indicators。

附录 B 1961—2010 年间英国的对外援助数据

（单位：百万英镑）

1961—1968 年数据[①]			
年 份	英国的对外 援助总量	偿还给英国	偿还利息	对外援助 净流出
1961	172.6	10.4	11.1	151.1
1962	164.7	10.7	12.3	141.7
1963	164.3	15.6	20.4	128.3
1964	194.8	18.3	23.8	152.7
1965	197.3	24.0	26.2	147.1
1966	213.6	30.3	27.7	155.6
1967	208.4	29.4	28.2	150.8
1968	210.2	32.1	27.9	150.2

1970—2010 年数据[②]			
年 份	ODA	OOF	市场私人资本	志愿部门赠款
1970	186	3	317	14
1971	231	5	297	19
1972	243	6	315	20
1973	246	25	307	23
1974	307	34	655	24
1975	388	14	633	24

1970—2010 年数据②			
1976	487	17	3882	29
1977	638	57	3329	29
1978	763	185	3887	29
1979	1016	67	5226	51
1980	797	−71	4475	52
1981	1081	173	4549	47
1982	1028	89	2405	57
1983	1061	137	2769	55
1984	1070	350	2091	105
1985	1180	299	292	130
1986	1185	220	3024	130
1987	1142	161	693	135
1988	1485	181	607	134
1989	1578	280	3756	160
1990	1485	354	1652	184
1991	1815	293	866	215
1992	1848	170	3035	250
1993	1945	87	3523	300
1994	2089	22	5356	350
1995	2029	135	5661	307
1996	2050	52	11345	245
1997	2096	−69	8830	216
1998	2332	−33	4048	253
1999	2118	−15	7056	297
2000	2974	−47	1383	354
2001	3179	2	3242	216
2002	3281	−3	1573	231
2003	3847	30	7251	238
2004	4302	−85	12858	213
2005	5916	−54	19212	399
2006	6770	−102	7676	295

续表

1970—2010 年数据[②]				
2007	4921	−22	23909	334
2008	6356	−12	16524	256
2009	7223	195	8193	211
2010	8452	−12	7930	228

资料来源:①Overseas Development Institue,"The Pearson Commission on International Development",
　　　　　October 1969,p. 3。
　　　　②DFID,"Statistics on International Development"(2006/07−2010/11),2011,p. 24。

附录 C　英国国际发展部 1998—2003 年的双边对外援助地区分布

(单位:百万英镑;%)

区域分配	1998/1999 财年		2002/2003 财年		2016 年	
	规模	占比	规模	占比	规模	占比
DFID 双边援助总额	1162	—	1813	—	8537	—
按区域分配的部分	958	100	1493	100	5599	66
非洲	446	47	750	50	2858	51
其中的撒哈拉以南非洲	423	45	711	48	—	—
美洲	110	12	99	7	242	4.3
亚洲	314	33	554	37	2344	41.8
欧洲	83	9	85	6	159	2.8
太平洋	5	1	5	0	<10	0.1—0.2
其中英联邦的部分	624	65	977	59	—	—
英联邦中的海外领土部分	47	5	36	2	—	—

资料来源:DFID,"Statistics on International Development(1998/99−2002/03)",2003,p. 111(英国国际
　　　　发展部会定期出版"Statistics on International Development"中有详细的受援国国别信息,由
　　　　于篇幅过长,故此处不再详列)。

附录 D　《国际标准行业分类(第四版)》的 21 个门类

门　类	类	说　明
A	01—03	农业、林业及渔业
B	05—09	采矿和采石

续表

门　类	类	说　明
C	10—33	制造业
D	35	电、煤气、蒸气和空调的供应
E	36—39	供水;污水处理、废物管理和补救活动
F	41—43	建筑业
G	45—47	批发和零售业;汽车和摩托车的修理
H	49—53	运输和储存
I	55—56	食宿服务活动
J	58—63	信息和通信
K	64—66	金融和保险活动
L	68	房地产活动
M	69—75	专业、科学和技术活动
N	77—82	行政和辅助活动
O	84	公共管理和国防;强制性社会保障
P	85	教育
Q	86—88	人体健康和社会工作活动
R	90—93	艺术、娱乐和文娱活动
S	94—96	其他服务活动
T	97—98	家庭作为雇主的活动;家庭自用、未加区分的物品生产和服务活动
U	99	国际组织和机构的活动

资料来源:联合国官网,《所有经济活动的国际标准行业分类》(修订本第 4 版), 见 https://unstats.un.org/unsd/cr/registry/regdnld.asp? Lg = 1。

附录 E　1990—1999 年间英国军工出口规模出口信用担保局出资比例

(单位:百万英镑;%)

财　年	国防出口	担保局出资部分	担保局所占比例
1990—1991	4735	640	13.51
1991—1992	3580	276	7.70
1992—1993	5324	1591	29.88
1993—1994	7074	1973	27.89
1994—1995	4608	543	11.78

续表

财　　年	国防出口	担保局出资部分	担保局所占比例
1995—1996	4970	841	16.92
1996—1997	5080	374	7.36
1997—1998	5540	763	13.77
1998—1999	6049	1700	28.10

资料来源:"The Future of the Export Credits Guarantee Department-Report, together with the Proceedings of the Committee, Minutes of Evidence and Appendices", Trade and Industry Committee, the Third Report of Session 1999-2000, House of Commons, p. 16。

参 考 文 献

1. ［美］理查德·加德纳:《英镑美元外交:当代国际经济秩序的起源与展望》,符荆捷等译,江苏人民出版社 2014 年版。

2. ［美］马丁·威纳:《英国文化与工业精神的衰落 1850—1980》,王章辉等译,北京大学出版社 2013 年版。

3. ［英］布莱尔:《布莱尔回忆录》,李永学等译,译林出版社 2011 年版。

4. ［英］罗兰·罗伯特等编:《全球化百科全书》,王宁译,译林出版社 2011 年版。

5. 中国对外经济贸易年鉴编辑委员会编:《中国对外经济贸易年鉴》,中国社会出版社 1984—2003 年版。

6. 国务院新闻办公室:《中国的对外援助(2011)》《中国的对外援助(2014)》。

7. 中国商务年鉴编辑委员会编:《中国商务年鉴》,中国商务出版社 2014—2018 年版。

8. 白云真:《21 世纪日本对外援助变革及其对中国的启示》,《教学与研究》2014 年第 7 期。

9. 白云真:《中国对外援助的战略分析》,《世界经济与政治》2013 年第 5 期。

10. 本书编写组:《报国有心、爱国无限——汪道涵百年诞辰纪念文集》,上海人民出版社 2015 年版。

11. 本书编写组:《方毅传》,人民出版社 2008 年版。

12. 本书编写组:《江泽民在一机部(1970—1980)》,中央文献出版社 2014 年版。

13. 本书编写组:《中华人民共和国国史全鉴》,团结出版社 1996 年版。

14. 卜明:《八十纪行》,人民出版社 1998 年版。

15. 查道炯:《南南合作运动历程:对"一带一路"的启示》,《中国国际战略评论》2018(上)。

16. 常工:《英马关系再起风波》,《世界知识》1994 年第 7 期。

17. 陈乐民编:《战后英国外交史》,世界知识出版社 1994 年版。

18. 丁韶彬、阚道远:《对外援助的社会交换论阐释》,《国际政治研究》2007 年第 3 期。

19. 丁韶彬、杨蔚林：《西方国家的对外援助：政策目标及其实现》，《世界经济与政治》2008 年第 6 期。

20. 丁绍彬：《国际援助制度与发展治理》，《国际观察》2008 年第 2 期。

21. 谷牧：《谷牧回忆录》，中央文献出版社 2009 年版。

22. 黄梅波：《中国对外援助中的经济动机和经济利益》，《国际经济合作》2013 年第 4 期。

23. 黄梅波编：《中国对非援助及其投资的效应研究：中国发展经验及其对非洲的意义》，中国社会科学出版社 2017 年版。

24. 黄梅波等编：《南南合作与中国的国际发展援助》，中国社会科学出版社 2018 年版。

25. 李岚清：《突围——国内初开的岁月》，中央文献出版社 2008 年版。

26. 李小云：《国际发展援助概论》，社会科学文献出版社 2009 年版。

27. 李小云编：《普通发展学》，社会科学文献出版社 2005 年版。

28. 刘鸿武：《中非合作的战略价值与时代意义》，《参考消息》2018 年 8 月 27 日。

29. 刘鸿武、黄梅波等：《中国对外援助与国际责任的战略研究》，中国社会科学出版社 2013 年版。

30. 罗志如、厉以宁：《二十世纪的英国经济》，商务印书馆 2013 年版。

31. 马凌：《美国对撒哈拉沙漠以南的非洲政策研究：20 世纪 40—60 年代》，厦门大学出版社 2014 年版。

32. 庞珣、王帅：《中美对外援助的国际政治意义——以联合国大会投票为例》，《中国社会科学》2017 年第 3 期。

33. 庞珣：《新兴援助国：垂直范式与水平范式的实证比较研究》，《世界政治与经济》2013 年第 5 期。

34. 齐国强：《新形势下对外经援工作探讨》，《国际经济合作》1992 年第 6 期。

35. 沈志华、杨奎松编：《美国对华情报解密档案（1948—1976）》，东方出版中心 2009 年版。

36. 石广生编：《中国对外经济贸易改革和发展史》，人民出版社 2013 年版。

37. 宋新宁、陈岳：《国际政治经济学概论》，中国人民大学出版社 1999 年版。

38. 唐保庆、黄繁华、杨继军：《服务贸易出口、知识产权保护与经济增长》，《经济学（季刊）》2011 年 10 月。

39. 唐露萍：《印度的对外援助及其管理》，《国际经济合作》2013 年第 9 期。

40. 汪素芹编：《国际服务贸易》，对外经济贸易大学出版社 2011 年版。

41. 谢华：《冷战的新边疆：美国第四点计划研究》，中国社会科学出版社 2012 年版。

42. 杨明基编：《新编经济金融词典》，中国金融出版社 2015 年版。

43. 郑宇:《援助有效性与新型发展合作模式构想》,《世界政治与经济》2017 年第 8 期。

44. 中国出口信用保险公司编译:《英国出口信用担保局 90 年》,知识出版社 2016 年版。

45. 周弘、张浚、张敏:《外援与发展:以中国的受援经验为例》,《欧洲研究》2007 年第 2 期。

46. 周弘编:《对外援助与国际关系》,中国社会科学出版社 2002 年版。

47. 周弘编:《中国援外 60 年》,社会科学文献出版社 2013 年版。

48. 朱英初:《英国海外承包和对外援助》,《国际经济合作》1985 年第 1 期。

49. "After Seattle—The World Trade Organization and Developing Countries", International Development Committee, the Tenth Report of Session 1999–2000, House of Commons(Paper No.HC 227).

50. "British Aerospace Industry", Trade and Industry Committee, the Third Report of Session 1992–93, House of Commons(Paper No.HC 563).

51. "British Aerospace/Rover-Minutes of Evidence", Trade and Industry Committee, Session 1987–1988, House of Commons(Paper No.HC 487–ii).

52. "British Development Policies", *Development Policy Review*, 1969.

53. "British Development Policy", *Development Policy Review*, 1972.

54. "Competitiveness of UK Manufacturing Industry", Trade and Industry Committee, the Second Report of Session 1993–1994, House of Commons(Paper No.HC 41).

55. "DAC Recommendation on Untying Official Development Assistance to the Least Developed Countries and Highly Indebted Poor Countries, 25 April 2001 – DCD/DAC (2001)12/FINAL amended on 26 Sept., 2007", OECD DAC, 2007.

56. "Department for International Development: 2000 Departmental Report", International Development Committee, the Eight Report of Session 1999–2000, House of Commons(Paper No.HC 475).

57. "DFID and China", International Development Committee, the Third Report of Session 2008–2009, House of Commons(Paper No.HC 180–I).

58. "Eliminating World Poverty:A Challenge for the 21st Century", the White Paper on International Development, 1997(Paper No.Cm 3789).

59. "Eliminating World Poverty:Making Globalisation Work for the Poor", the White Paper on International Development, House of Commons, 2000(Paper No.Cm 5006).

60. "Fifty Years of Japan ODA:A Critical Review for ODA Reform", Reality of Aid, Asia-Pacific 2005 Report.

61. "Future of the Export Credits Guarantee Department", Trade and Industry

Committee, the Third Special Report of Session 1988–1989, House of Commons (Paper No. HC 587).

62. "Making Globalization a Force for Good", Trade and Investment White Paper, 2004 (Paper No.Cm 6278).

63. "Minutes of Evidence", Select Committee on Overseas Development, Session 1976–77, House of Commons (Paper No. 179-xiii).

64. "NGOs in Development", Overseas Development Institute, Briefing Paper, August 1988.

65. "ODA Bilateral Country Programmes-Minutes of Evidence", Foreign Affairs Committee, Session 1985–1986, House of Commons (Paper No. 183-v).

66. "Public Expenditure: The Pergau Hydro-Electric Project, Malaysia, the Aid and Trade Provision and Related Matters", Foreign Affairs Committee, the Third Report of Session 1993–1994, House of Commons (Paper No.HC 271).

67. "Reauthorization of the Export-Import Bank: Issues and Policy Options for Congress", Congressional Research Service, May 7, 2012.

68. "Sale of Rover Group to British Aerospace", Trade and Industry Committee, the First Report of Session 1990–1991, House of Commons (Paper No.HC 34).

69. "The Aid Debate", *Development Policy Review*, 1969.

70. "The Competitiveness and Productivity of UK Manufacturing Industry", Trade and Industry Committee, the Third Report of Session 2001–2002, House of Commons (Paper No. HC 597).

71. "The Development White Paper", International Development Committee, the Second Report of Session 1997–1998, House of Commons (Paper No.HC 330).

72. "The Export Credits Guarantee Department-Development Issues", International Development Committee, the First Report of Session 1999–2000, House of Commons (Paper No.HC 73).

73. "The Future of the Export Credits Guarantee Department", Trade and Industry Committee, the Third Report of Session 1999–2000, House of Commons (Paper No.HC 52).

74. "The Globalisation White Paper", International Development Committee, the First Report of Session 2000–2001, House of Commons (Paper No.HC 208).

75. "The United Kingdom's Entry into Europe and Economic Relations with Developing Countries", Select Committee on Overseas Development, Session 1972–1973, House of Commons (Paper No. 294-I).

76. "Trade and Aid, Volume 2: Evidence and Appendices", Select Committee on Overseas Development, the First Report of Session 1977–1978, House of Commons (Paper

No. 125-II).

77. "UK Aerospace Industry-Minutes of Evidence and Appendices", Trade and Industry Committee, Session 2000-2001, House of Commons(Paper No.HC 171-i & ii).

78. "Vehicle Manufacturing in the UK", Trade and Industry Committee, the Third Report of Session 2000-2001, House of Commons(Paper No.HC 128).

79. Action Aid Alliance, "Towards Effective Partnership: Untie Aid", April, 2003.

80. Adeleke, Ademola, "Playing Fairy Godfather to the Commonwealth: The United States and the Colombo Plan", *Commonwealth & Comparative Politics*, Vol. 42, No. 3, 2004.

81. Akramov, Kamiljon, "Foreign Aid Allocation, Governance, and Economic Growth", IFPRI, Nov., 2012.

82. Arase, David, *Japan's Foreign Aid: Old Continuities and New Directions*, Routledge, 2005.

83. Arvin B.Mak & Byron Lew eds., *Handbook on Economics of Foreign Aid*, Edward Elgar Pub, 2015.

84. Ball, Michael, *Rebuilding Construction: Economic Change in the British Construction Industry*, Routledge, 1988.

85. Barder, Owen, "Reforming Development Assistance: Lessons from the UK Experience", Center for Global Development Working Paper, Oct., 2005.

86. *BCB Mission to Vietnam*, 26th Sept.-3rd, Oct., 1992.

87. Becker, William H.& William M.McClenahan Jr, *The Market, the State, and the Export-Import Bank of the United States*, 1934-2000, Cambridge University Press, 2003.

88. Berrios, Ruben, *Contracting for Development: The Role of For-profit Contractors in US Foreign Development Assistance*, Praeger Pub Text, 2000.

89. Bianchi, Patrizio, *International Handbook on Industrial Policy*, Edward Elgar Publishing, 2008.

90. Blackmon, Pamela, *The Political Economy of Trade Finance: Export Credit Agencies, the Pair Club and IMF*, Routledge, 2017.

91. Bose, Anuradha & Peter Burnell eds., *Britain's Overseas Aid Since* 1979: *Between Idealism and Self-Interest*, Manchester University Press, 1991.

92. Boyle, Peter G., "Britain, America and the Transition from Economic to Military Assistance, 1948-1951", *Journal of Contemporary History*, Vol. 22, No. 3, July, 1987.

93. Casey, John P., "What is the Role of For-Profit Companies in International Aid and Development", Conference: Association for Research on Nonprofit Organizations and Voluntary Action, 2016.

94. Castle, Barbara, *The Castle Diaries* 1964 - 1970, London: Weidenfield &

Nicolson, 1984.

95. Chenery, Hollis B. & Alan M. Strout, "Foreign Assistance and Economic Development", *American Economic Review*, Vol. 56, No. 4, Sept., 1966.

96. Chhotray, Vasudha & David Hulme, "Contrasting Visions for Aid and Governance in the 21st Century: The White House Millennium Challenge Account and DFID's Diver of Change", *World Development*, Vol. 37, No. 1, 2009.

97. Chimia, Annamaria La, *Tied Aid and Development Aid Procurement in the Framework of EU and WTO Law*, Hart Publishing, 2013.

98. Chung, Soyoon, Young Ho Eom & Heon Joo Jung, "Why Untie Aid? An Empirical Analysis of the Determinants of South Korea's Untied Aid from 2010 to 2013", *Journal of International Development*, Vol. 28, Issue 4, May, 2016.

99. Coates, David, *Industrial Policy in Britain*, Macmillan Press Ltd., 1996.

100. Cockburn, Charles, "Construction in Overseas Development: A Search for Appropriate Aid and Trade Measures for the 1970s", Overseas Development Institute, 1970.

101. Coopey, Richard & Peter Lyth ed., *Business in Britain in the Twentieth Century*, Oxford University Press, 2009.

102. Council of International Development Companies, "50 Years in Development: How Private Companies Adapt & Deliver", 2013.

103. Cox, Andrew, Simon Lee and Joe Sanderson, *The Political Economy of Modern Britain*, Edward Elgar Publishing Limited, 1997.

104. Deborah Brautingam, *Chinese Aid and African Development: Exporting Green Revolution*, London: Macmillan Press, 1998.

105. Department for Business Enterprise & Regulatory Reform of UK, "Competitiveness and Productivity of the UK Design Engineering Sectors", Feb., 2008.

106. Department for Business Innovation & Skills of UK, "Industrial Strategy: UK Sector Analysis", Sept., 2012.

107. DFID, "International Development: Eliminating World Poverty: a Challenge for the 21st Century", 1997.

108. DFID, "Making Connections: Infrastructure for Poverty Reduction", 2002.

109. DFID, "Untying Aid", Background Briefing, Sept., 2001.

110. Dinwiddy, Bruce, "Chapter 1: The International Development Situation", *Development Policy Review*, 1973.

111. Drake, William J.& Kalypso Nicolaidis, "Ideas, Interests, and Institutionalization: 'Trade in Services' and the Uruguay Round", *International Organization*, Vol. 46, No. 1, 1992.

112. Easterly, William, *The Whiter Man's Burden: Why the West's Effort to Aid the Rest Have Done So Much Ill and So Little Good*, Penguin Books, 2006.

113. Feinberg, Richard E. & Ratchik M. Avakov eds., *U.S. and Soviet Aid to Developing Countries: from Confrontation to Cooperation?* Transaction Publishers, 1991.

114. Floud, Roderick eds., *The Cambridge Economic History of Modern Britain*, Vol. 3: *Structural Change and Growth*, 1939–2000, Cambridge University Press, 2008.

115. Foster, Vivien, William Butterfield & Chuan Chen, *Building Bridges: China's Growing Roles as Infrastructure Financier for Africa*, World Bank, 2009.

116. Fraser, W. Hamish, *A History of British Trade Unionism 1700 – 1998*, Palgrave, 1999.

117. Gillis, Paul L., *The Big Four and the Development of the Accounting Profession in China*, Emerald, 2014.

118. Global Justice Now, "The Privatization of UK Aid: How Adam Smith International is Profiting from the Aid Budget", April, 2016.

119. Grant, James P., "Development: the End of Trickle down?" *Foreign Policy*, No. 12, Autumn 1973.

120. Grant, Wyn, *Pressure Groups and British Politics*, Palgrave, 2000.

121. Haan, Arian De, "Will China Change International Development as We Know It?" *Journal of International Development*, Vol. 23, Issue 7, 2011.

122. Hadjimatheou, G. & A. Skouras, "Britain's Economic Problem: The Growth of the Non-Market Sector?" *The Economic Journal*, Vol. 89, No. 354, 1979.

123. Hall, Steven, "Managing Tied Aid Competition: Domestic Politics, Credible Threats, and the Helsinki Disciplines", *Review of International Political Economy*, Vol. 18, No. 5, 2011.

124. Hamilton, Keith, *Transformational Diplomacy after the Cold War: Britian's Know How Fund in Post Communist Europe 1983 – 2003*, Routledge (Whitehall History Series), 2013.

125. Hancockl, Graham, *Lords of Poverty: The Power, Prestige, and Corruption of the International Aid Business*, New York: Atlantic Monthly Press, 1992.

126. HANSARD1803–2005, hansard.millbanksystems.com(英国议会议事录).

127. Harris, John R. & Michael P. Todaro, "Migration, Unemployment and Development: a Two-sector Analysis", *American Economic Review*, Vol. 60, No. 1, 1970.

128. Hart, Judith, *Aid and Liberation: A Socialist Study of Aid Policies*, London: Victor Gollancz Ltd, 1973.

129. Hartley, Keith, *The Political Economy of Aerospace Industries: A Key Driver of*

Growth and International Competitiveness? Edward Elgar Publishing Ltd., 2014.

130. Harvey, Roger C. & Allan Ashworth, *The Construction Industry of Great Britain*, Laxton's, 1997.

131. Hewitt, Adrian & Mary Sutton, "British Aid: A Chang of Direction", *Development Policy Review*, 1980.

132. Hewitt, Adrian eds., *Crisis or Transition in Foreign Aid*, Overseas Development Institute, 1994.

133. Hilton, Matthew, James McKay & Jean-François Mouhot, *The Politics of Expertise: How NGOs Shaped Modern Britain*, Oxford University Press, 2013.

134. Imam, Patrick, "Rapid Current Account Adjustments: Are Microstates Different?" IMF Working Paper, Sept. 2008.

135. Ireton, Barrie, *Britain's International Development Politics: A History of DFID and Overseas Aid*, Palgrave Macmillan UK, 2013.

136. Japan International Cooperation Agency, www.jica.go.jp(日本国际协力机构官网).

137. Jepma, Catrinus, *The Tying of Aid*, Paris: OECD, 1991.

138. Johnson, Jo & Rajiv Kumar eds., *Reconnecting Britain and India: Ideas for an Enhanced Partnership*, Haryana: Academic Foundation, 2012.

139. Kaufman, Burton Ira, *Trade and aid: Eisenhower's Foreign Economic Policy*, 1953-1961, Johns Hopkins University Press, 1982.

140. Killick, Tony, *Aid and the Political Economy of Policy Change*, London: Overseas Development Institute, 1998.

141. Kleibl, Johannes, "Tertiarization, Industrial Adjustment, and the Domestic Politics of Foreign Aid", *International Studies Quarterly*, Vol. 57, No. 2, 2013.

142. Krozewski, Gerold, "Global Britain and the Post-colonial World: The British Approach to Aid Policies at the 1964 Juncture", *Contemporary British History*, Vol. 29, No. 2, 2015.

143. La, Lung, "Korea's Tied Aid for Export and Competition with China", *Journal of East Asian Economic Integration*, Vol. 17, No. 1 March, 2013.

144. Lancaster, Carol, *Foreign Aid: Diplomacy, Development, Domestic Politics*, Chicago: University of Chicago Press, 2008.

145. Lankester, Tim, *The Politics and Economics of Britain's Foreign Aid: The Pergau Dam Affair*, Routledge, 2013.

146. Lewis, Arthur, "Economic Development with Unlimited Supplies of Labor", *The Manchester School*, Vol. 22, No. 2, 1954.

147. Lin, Yifu, "From Flying Geese to Leading Dragon: New Opportunities and Strategies for Structural Transformation in Developing Countries", Policy Research Working Paper, World Bank, 2011.

148. Martinez-Zarzoso, Inmaculada et al., "Does German Development Aid Pomote German Export?" *German Economic Review*, Vo. 10, No. 3, 2009.

149. McGillivray, Mark & Oliver Morrissey, "Aid and Trade Relationships in East Asia", *World Economy*, Vol. 21, No. 7, 1998.

150. McLean, Elena V., "Multilateral Aid and Domestic Economic Interests", *International Organization*, Vol. 69, No. 1, 2015.

151. McMichael, Philip, *Development and Social Change: A Global Perspective*, SAGE Publications, 2012, 5th Edition.

152. Millikan, Max F., and W. W. Rostow, *A Proposal: Key to an Effective Foreign Policy*, New York: Harper & Brothers, 1957.

153. Milne, David, *America's Rasputin: Walt Rostow and the Vietnam War*, New York: Hill and Wang, 2008.

154. Milner, Helen V. and Dustin H. Tingley, "The Political Economy of US Foreign Aid: American Legislators and the Domestic Politics of Aid", *Economics & Politics*, Vol. 22, No. 2, 2010.

155. Moravcsik, Andrew, "Disciplining Trade Finance: the OECD Export Credit Arrangement", *International Organization*, Vol. 43, No. 1, Winter 1989.

156. Morgan, David J., *The Official History of Colonial Development*, MacMillan Press Ltd., 1980.

157. Morrissey, Oliver et al., *British Aid and International Trade: Aid Policy Making*, 1979–1989, Open University Press, 1992.

158. Morrissey, Oliver, "ATP is Dead: Long Live Mixed Credits", *Journal of International Development*, Vol. 10, No. 2, 1998.

159. Morrissey, Oliver, "British Aid Policy 1978 to 1989: Business Lobbies and Donor Interests", PhD Dissertation, University of Bath, 1991.

160. Moyo, Dambisa, *Dead Aid: Why Aid Is Not Working and How There Is a Better Way for Africa*, Farrar, Straus and Giroux, 2010.

161. Mukandala eds., *Agencies in Foreign Aid: Comparing China, Sweden and the United States in Tanzania*, Springer, 1999.

162. Mwase, Nkunde & Yongzheng Yang, "BRICs' Philosophies for Development Financing and Their Implications for LICs", IMF Working Paper No. 12/74, March 2012.

163. National Archives, www.archives.gov(美国国家档案馆官网)。

164. OECD Development Co-operation Peer Reviews: United Kingdom, 2014.

165. OECD, "Managing Aid: Practices of DAC Member Countries", 2009.

166. OECD, "Measuring the Information Economy", 2002.

167. OECD, "New Rules on Tied Aid Credit to Developing Countries", Feb., 15, 1992.

168. OECD, "Recommendation on Untying Official Development Assistance", 2001.

169. OECD, "Shaping the 21st Century: The Contribution of Development Cooperation", 1996.

170. Ohno, Kenichi & Izumi Ohno ed., *Eastern and Western Ideas for African Growth: Diversity and Complementarity in Development Aid*, Taylor and Francis, 2013.

171. Overseas Development Institute, "British Aid-1: Survey and Comment", 1963.

172. Overseas Development Institute, "NGOs and Official Donors", Aug., 1995.

173. Owen, Geoffrey, *From Empire to Europe: the Decline and Revival British Industry since the Second World War*, Harper Collins, 2010.

174. Pearce, Kimber, *Rostow, Kennedy, and the Rhetoric of Foreign Aid*, Michigan State University Press, 2001.

175. Peet, Richard & Elaine Hartwick, *Theories of Development: Contentions, Arguments, Alternatives*, Guilford Publications, 2015.

176. Petermann, Jan-Henrik, *Between Export Promotion and Poverty Reduction: the Foreign Economic Policy of Untying Official Development Assistance*, Springer Science & Business Media, 2012.

177. Peterson, Jim, *Count Down: The Past, Present and Uncertain Future of the Big Four*, Emerald Publishing Ltd, 2017, 2nd edition.

178. Preeg, Ernest H., "The Tied Aid Credit Issue: US Export Competitiveness in Developing Countries", The Center for Strategic and International Studies, 1989.

179. Ray, John E., *Managing Official Export Credits: The Quest for a Global Regime*, Peterson Institute, 1995.

180. Richard Heffernan, *New Labour and Thatcherism: Political Change in Britain*, Palgrave Macmillan UK, 2001.

181. Riddell, Roger, *Does Foreign Aid Really Work?* Oxford University Press, 2008.

182. Rist, Gilbert, *The History of Development*, London: Zed Books, 2008.

183. Rix, Alan, *Japan's Economic Aid: Policy Making and Politics*, London: Routledge, 1980.

184. Rodrick, Dani, "Goodbye Washington Consensus, Hello Washington Confusion?" *Journal of Economic Literature*, Dec., 4, 2006.

185. Rubinstein, Alvin Z., *The Soviets in International Organizations*, Princeton

University Press, 1964.

186. Ruttan, Vernon W., *United States Development Assistance Policy: The Domestic Politics of Foreign Economic Aid*, The Johns Hopkins University Press, 1996.

187. Sachs, Jeffery, *The End of Poverty: Economic Possibilities for Our Time*, Penguin Books, 2005.

188. Shimonura, Yasutami & Hideo Ohashi eds., *A Study of China's Foreign Aid: An Asian Perspective*, Palgrave Macmillan, 2013.

189. Short, Clare, *An Honourable Deception? New Labour, Iraq, and the Misuse of Power*, London: Free Press, 2004.

190. Solow, Robert M., "A Contribution to the Theory of Economic Growth", *Quarterly Journal of Economics*, Vol. 70, No. 1, Feb., 1956.

191. Sorensen, Jens eds., *Challenging the Aid Paradigm: Western Currents and Asian Alternatives*, Palgrave Macmillan, 2010.

192. Stallings, Barbara & Eun Mee Kim, *Promoting Development: The Political Economy of East Asian Foreign Aid*, Palgrave, 2017.

193. Sutton, Mary & Adrian Hewitt, "Taking Stock: Three Years of Conservative Aid Policy", *Development Policy Review*, April, 1982.

194. Thompson, Peter et al., *Fifty Years in International Development: The Work of HTS 1953–2003*, Taupo: Austin Hutcheon, 2011.

195. Tomlinson, Jim, "De-industrialization Not Decline: A New Meta-narrative for Post-war British History", *Twentieth Century British History*, Vol. 27, No. 1, 2016.

196. Tomlinson, Jim, "The Commonwealth, the Balance of Payments and the Politics of International Poverty: British Aid Policy, 1958–1971", *Contemporary European History*, Vol. 12, No. 4, Nov., 2003.

197. UK Parliamentary Papers, parlipapers.proquest.com(英国议会文件数据库)。

198. UK Trade Policy Observatory, "Services Trade in the UK: What is at Stake?" Nov., 2016.

199. United States General Accounting Office, "Export Promotion: Export-Import Bank and Treasury Differ in Their Approaches to Using Tied Aid", Report to the Chairman, Subcommittee on International Monetary Policy and Trade, Committee on Financial Services, House of Representatives(Paper No.GAO-02-741).

200. US. Government Printing Office, *The Sino-Soviet Economic Offensive in the Less Developed Countries*, New York: Greenwood Press, 1969.

201. Walters, Robert S., *American & Soviet Aid: A Comparative Analysis*, University of Pittsburgh Press, 1979.

202. Webster, Alan, "New Labour, New Aid? A Quantitative Examination of the Department for International Development", *International Public Policy Review*, Vol. 4, No. 1, Sept., 2008.

203. Wedel, Janine R., *Collision and Collusion: The Strange Case of Western Aid to Eastern Europe* 1989–1998, Macmillan, 1998.

204. William Easterly, "The Cartel of Good Intentions", *Foreign Affairs*, No. 131, July/August, 2002.

205. Wissenbach, Uwe, "The EU's Response to China's Africa Safari: Can Triangular Cooperation Match Needs?" *European Journal of Development Research*, Vol. 21, No. 4, 2009.

206. Wren, Anne, *The Political Economy of the Service Transition*, Oxford University Press, 2013.

207. www.imf.org(IMF 官网)。

208. www.legislation.gov.uk(英国立法文件)。

209. www.mofcom.gov.cn(中国商务部官网)。

210. www.oecd.org(OECD 官网)。

211. www.parliament.uk(英国议会官网)。

212. www.un.org(联合国官网)。

213. www.worldbank.org(世界银行官网)。

214. www.wto.org(WTO 官网)。

215. Zaidi, S. Akbar, "NGO Failure and the Need to Bring back the State", *Journal of International Development*, Vol. 11, No. 2, March/April 1999.

216. Zimmermann, Felix & Kimberly Smith, "More Actors, More Money, More Ideas for International Development Cooperation", *Journal of International Development*, Vol. 23, No. 5, 2011.

索　引

后　记

　　在博士一年级的期末,我的导师丁斗教授希望我以国际发展援助作为主要研究方向。那时我对这一议题还不太了解,甚至理不清国际发展学与冷战史对外援助研究的区别。经过近三年的阅读、访谈、实践和写作,我对这一议题领域越来越熟悉,也开始整理自己的分析框架,并在一手材料的基础上完成了本书的写作。也是在这一过程中,我开始接触到黄梅波老师等人的著述,深感受益良多。实在太过幸运,我在毕业之时恰逢黄梅波老师在上海对外经贸大学创设国际发展合作研究院,并成为这个新机构的一分子。也十分感谢学校的资助,我才能如愿出版博士论文。在日本,发展援助相关的硕士项目是在20世纪90年代初期开始出现的。当时日本成为国际发展领域的最大援助国,面临着为国内外发展机构培训更多人力资源的要求。而今天,中国也成为新兴援助国家中最耀眼的明星,国内也自然到了建立发展学科、培养援助人才的时间。希望我及所在的机构,能够为中国更好地参与全球发展治理、在开放中实现民族复兴,贡献力量。

　　现在回忆起来,我在2008年时选择国际关系学科作为自己的专业是多么冒险而充满理想主义,幸好求学10年间遇见了太多的善意,才支撑我到如今。外交学院给了我人生第二个起点,很多老师和同学都给过我帮助。我的硕导刘曙光教授,桃李满天下,学生多就职于对外经贸事业一线,有时玩笑道,我若能理解师哥师姐们工作的实质,博士也就能毕业了。果然在这本书的准备和写作期间,在中国进出口银行等单位工作的师兄师姐为我提供了大量的访谈资源。2014年我能够进入北京大学国际关系学院国际政治经济学系读书也是人生莫大的幸运。系里七位老师皆是风采卓著、高屋建瓴，尤其是丁老师，治学严谨、微言大义、求真求实，为我今后的学术和生活指引了方向。也是在学院的帮助下，我得以公派至美国康奈尔大学学习，接触到美国国际发展学和国际政治经济学研究的前沿。其间，徐昕教授、戚凯师哥和张友谊师哥等，对我照顾颇多。还有在国家开发银行中非发展基金实习实践期间，郝睿和徐泽来两位老师为我介绍了中国对外援助与非洲研究领域的多位著名学者，帮我争取到了赴商务部研究院国际发展研究室访谈的机会，带我参加了世界银行与中国对话会，也是在该会议后我形成了本书核心观点的雏形——中国与西方援助最大的区别是在产业选择领域。郝老师等长辈曾给予的肯定和善意，我将一生感恩于心。

也谢谢我的家人，没有他们的牺牲与坚持，我难以走到今天。

王钊